本书的研究出版得到了
中国政法大学大健康法治政策创新中心的资助！

健康医疗数据立法研究

JIANKANG YILIAO SHUJU LIFA YANJIU

翟宏丽◎著

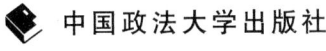

中国政法大学出版社

2022·北京

图书在版编目（ＣＩＰ）数据

健康医疗数据立法研究/翟宏丽著. —北京：中国政法大学出版社，2022.8
ISBN 978-7-5764-0483-8

Ⅰ.①健… Ⅱ.①翟… Ⅲ.①医学－数据管理－信息法－研究－中国
Ⅳ.①D922.84

中国版本图书馆CIP数据核字(2022)第121893号

出　版　者　　中国政法大学出版社
地　　　址　　北京市海淀区西土城路 25 号
邮　　　箱　　fadapress@163.com
网　　　址　　http://www.cuplpress.com (网络实名：中国政法大学出版社)
电　　　话　　010-58908435(第一编辑部) 58908334(邮购部)
承　　　印　　固安华明印业有限公司
开　　　本　　880mm×1230mm　1/32
印　　　张　　10.25
字　　　数　　239 千字
版　　　次　　2022 年 8 月第 1 版
印　　　次　　2022 年 8 月第 1 次印刷
定　　　价　　56.00 元

前　言

当今世界，在以数字为代表的第四次工业革命浪潮中，随着信息技术的发展和持续应用，人类迈进了以数字化方式再现世界状态和运行的数据世界。在中国，大数据已上升为国家战略，对数据的占有和控制成为国家核心资产和核心竞争力。数据成为社会基础资源，早在 2012 年，世界经济论坛上发布的《大数据，大影响》研究报告发布称，大数据已经成为新的资产类别。2015 年国务院发布的《促进大数据发展行动纲要》中指出："大数据是以容量大、类型多、存取速度快、应用价值高为主要特征的数据集合，正快速发展为对数量巨大、来源分散、格式多样的数据进行采集、存储和关联分析，从中发现新知识、创造新价值、提升新能力的新一代信息技术和服务业态。"《"十四五"数字经济发展规划》指出："数字经济是继农业经济、工业经济之后的主要经济形态。"大数据显示出前所未有的价值，并成为这个时代的基本图景。

随着大数据时代的迅猛发展，数据已渗透到每一行业和领域，医疗卫生行业亦概莫能外。数据驱动科技的创新，为医疗卫生领域带来了翻天覆地的变化。健康医疗数据是医疗卫生领域生成的数据，是信息网络技术应用于公共卫生服务、医疗服务、药品保障、医疗保障等医疗卫生领域产生的数据，是人从出生到死亡的整个生命周期中产生的与健康医疗有关的数据。2016 年国务院办公厅印发的《关于促进和规范健康医疗大数据应用发展的指导意见》明确指出："将健康医疗大数据应用发展纳入国家大数据战略布局……更好满足人民健康医疗需求。"2018 年国家卫生健康委员会发布的《国家健康医疗大数据标准、安全和服务管理办法（试行）》第 4 条规定，"健康医疗大数据，是指在人们疾病防治、健康管理等过程中产生的与健康医疗相关的数据"。健康医疗数据为人们生命全周期的健康医疗信息，如患者就医过程、临床医疗研究和实验室实验、制药企业和生命科学研究、可穿戴设备记录等健康信息，其中医生对患者诊疗过程中产生的数据，包括患者的基本数据、电子病历、诊疗数据、医学影像数据、医学管理、经济数据、医疗设备和仪器数据等构成健康医疗数据的主要组成部分。在"以患者为中心"的现代医学伦理学的基本理念下，以患者更健康、更方便等权益为出发点，收集、整理、挖掘和利用患者在诊疗过程中产生的健康医疗数据，为更好地理解疾病的机理、寻找更好的治疗途径、合理配置医疗资源和确定合理的医疗支出，为切实实现医疗、医药、医保三医联动，并最终使人们达到高的健康水平提供了广阔的空间。随着信息化和现代化时代的到来，健康医疗数据越来越成为一项重要的基础性战略资源。在医疗卫生领域，健康医疗数据的发展给整个医疗卫生的运行带来了翻天覆地的变化，这有助于有效提升医疗卫生管理和医疗卫生服务的效率和质量，有利于不断满足人民群众多层次、多样化的健康需求。

健康医疗数据带来了医疗卫生管理模式、服务方式与医疗卫生信息传播方式的巨大变化，客观上促使医疗卫生行业发生了深刻的变革。在医疗卫生领域，在对海量健康医疗数据进行收集、挖掘和运用的过程中，逐渐产生了新的法律关系，引发了新的法律问题。法律应社会需求而生，面对健康医疗数据这样一个全新的调整对象、新的社会问题，急需发挥法律的作用，根据社会关系的变化和健康医疗数据本身的规律，进行整体结构设计，用法律规制健康医疗数据的应用和发展，引导健康医疗数据在法治的轨道上发展。健康医疗数据战略既关乎每一个公民，也关乎社会和国家。如何构建和完善健康医疗数据保护与利用制度，以适应数据时代医疗卫生数据服务的需求，维护数据时代人们健康权的实现，是摆在立法者以及全社会面前的重大课题。

本书将健康医疗数据作为一个独立、完整的体系加以研究，力求站在时代的高度，在对域内健康医疗数据制度进行全景式扫描的基础上，深入探讨我国健康医疗数据立法的理论基础和实践规律，提出我国健康医疗数据制度的整体性构建设想和内部微观制度设计，以期为立法及司法实践提供有价值的参考。

本书共包括两大部分内容，第一部分为"健康医疗数据立法理论研究"，共包括七章内容。本书第一部分从健康医疗数据含义、特征、分类及健康医疗数据权的规范构造、健康医疗数据立法原则、价值取向原则等基本问题进行分析探讨入手，进一步全景扫描域内外健康医疗数据制度现状，从社会因素、客观因素、制度背景等角度考察了构建和完善我国健康医疗数据应用制度的现实依据。

健康医疗数据保护与利用微观制度设计是健康医疗数据保护与利用立法研究的关键环节。从健康医疗数据应用类型化的角度分析，健康医疗数据的应用主要分为健康医疗个人数据的保护利用，以及健康医疗数据的开放和共享规则。对于健康医疗个人数据的处理，以健康医疗数据个人知情同意为原则，以基于特殊情形下的健康医疗数据的强制使用为例外。而健康医疗衍生数据来源于健康医疗个人数据，是经过算法加工处理后脱离了原始数据的个性化特征，不再具有个体可识别性，健康医疗衍生数据的价值是创造。因而健康医疗数据立法应鼓励在保障数据安全的前提下，将健康医疗衍生数据依法开放共享，以期真正实现健康医疗数据使用自由。笔者的上述观点集中体现在本书第四章至第七章的论述中，构成本书的核心章节。

　　本书第二部分为"健康医疗数据立法实践研究"。笔者从立法建议的法律实践角度，尝试撰写第八章"《健康医疗数据条例》专家建议稿"及第九章"《健康医疗数据条例》专家建议稿法律条文精编"，供同道参考。

翟宏丽

2022 年 8 月

目 录

第一部分　健康医疗数据立法理论研究

第二部分　健康医疗数据立法实践研究

第一部分　健康医疗数据立法理论研究

第一章　健康医疗数据权的基本理论

在大数据时代，医疗卫生领域无时无刻不在生产、创造健康医疗数据，对于医疗卫生领域而言，大数据时代意味着对健康医疗数据最大限度地开发利用及保护。同时医疗卫生服务和运行在网络环境下的任何轨迹数据都是其医疗卫生活动的映射，一旦掌握了这些健康医疗数据，就可以对医疗卫生服务细节进行全面掌握和预测。无论在公共卫生服务、医疗服务、药品保障还是医疗保障中，公民无论是作为患者、消费者还是投保人等，基于医疗卫生服务要求、诚实信用原则以及国家安全需要，都需要将个人健康医疗数据提供给医疗卫生机构，医疗卫生机构也在诊疗活动中形成了诸如病历、电子健康档案等健康医疗数据，这些数据成为医疗卫生活动运行和医疗卫生安全的基石，也是其他各类健康医疗数据开发和利用的基础数据。

第一节　健康医疗数据概述

法的名称取决于法的内容，也就是法的内容要体现在法的名称上。法的名称应与法的内容保持一致。无论是在立法还是在法律实务中，关于法律概念的不同立场，将导致不同的法律决定。在健康医疗数据立法中，对立法所涉及的概念和重要名称术语进行定义是必要的。只有明确了相关概念、术语的含义，才能在共同的专业语境下规制法律关系。

一、健康医疗数据的含义

健康医疗数据虽然在医疗卫生活动中被广泛运用，但其在法律上的概念并不清晰。目前理论与实务界对健康医疗数据的认识并不一致，差异性直接体现在对健康医疗数据的称谓上。目前在各级各类相关法律规范设定的法律称谓上，有关健康医疗数据的概念界定不一。2020 年 12 月国家质量监督检验检疫总局和国家标准化管理委员会联合发布的《信息安全技术 健康医疗数据安全指南》第 3 条第 1 款规定，个人健康医疗数据是指能够单独或者与其他信息结合识别特定自然人或者反映特定自然人生理或心理健康的相关电子数据，个人健康医疗数据涉及个人过去、现在或将来的身体或精神健康状况、接收的医疗保健服务和支付的医疗保健费用服务等。第 2 款规定，健康医疗数据包括个人健康医疗数据以及由个人健康医疗数据加工处理之后得到的健康医疗相关电子数据。该概念将健康医疗数据定义为"生理或心理健康的相关电子数据"，这显然不能涵盖健康医疗数据的全部内容。国家卫生健康委员会颁布的《国家健康医疗大数据标准、安全和服务管理办法（试行）》第 4 条规定健康医疗数据是指，"在人们疾病防治、健康管理等过程中产生的与健康医疗相关的数据"。《山东省健康医疗大数据管理办法》第 2 条第 2 款规定："本办法所称健康医疗大数据，是指在疾病防治、健康管理等过程中产生的，以容量大、类型多、存取速度快、应用价值高为主要特征的健康医疗数据集合，以及对其开发应用形成的新技术、新业态。"《贵阳市健康医疗大数据应用发展条例》第 30 条第 1 款规定："本条例所称健康医疗数据，主要包括卫生健康等有关主管部门、卫生健康机构、健康医疗服务企业依法履行职责和提供服务过程中产生的医疗服务、公共卫生、健康管理等方面的数据。"《四川省健康医疗大数据应用管理办法（试行）》则将健康医疗大数据规定为医疗卫生机构在城乡居民疾病防治、健康管理等过程中产生的与健康医疗相关的业务数据。

目前，理论界对健康医疗数据相关概念的界定存在一定不确定性，有诸如"健康数据""健康医疗数据""医疗数据""健康医疗大数据""医疗信息""个人医疗信息""个人医疗数据""医疗资料"等称谓，不一而足。目前学界对于健康医疗数据的概念观点不一，表述混乱。有的学者认为，每个人从出生到死亡的整个生命周期中产生的与健康相关的数据，都属于健康医疗大数据。[1] 也有的学者认为，健康医疗大数据是临床医疗大数据，[2] 甚至一些文献中还出现了医疗健康大数据、医疗卫生大数据、医疗大数据、生物医学大数据等不同的表述。总体上看，健康医疗数据立法名称的研究，采"信息"还是"数据"，"健康数据"还是"健康医疗数据"，采"健康医疗大数据"还是采"健康医疗数据"等问题比较突出，且尚存在一定争议。立法名称争议的背后实质是有关健康医疗数据发展时间

---

〔1〕 参见袁杨："健康医疗大数据应用发展的 SWOT 分析"，载《医学信息学杂志》2018 年第 7 期。徐志祥、王莹："我国医疗行业大数据应用现状及政策建议"，载《中国卫生信息管理杂志》2017 年第 6 期。

〔2〕 参见颜延等："医疗健康大数据研究综述"，载《科研信息化技术与应用》2014 年第 6 期。

相对较短，为新兴事物，尚存在立法经验不足、基础理论研究不够成熟及法律实践经验不足等客观限制。为保证法律实施的准确性和实效性，立法研究应首先以相关基本概念界定为逻辑起点。

（一）"信息"还是"数据"

"数据"英文名称为"data"，"信息"英文名称为"information"，《布莱克法律词典》将"data protection"释义为"any method of securing information, esp. formation stored on a computer, from either physically lost or seen by an unauthorized person"。该词典用"information"一词来解释"data"，可见两者无本质差别。《牛津英语同义词词典》将"data"描述为"Informationthat has been gathered about something, especially when it is examined and used to find out things or it make decisions informaton that it stored on a computer"，可见从词源上看，信息和数据概念差别不大。"之所以出现不同的表述主要是源于不同的译法及使用习惯，并不影响其实质内容。"[1] 2000 年 7 月《美国-欧盟的隐私安全港原则与常涉问题（FAQ）》也将 data 和 information 混用，未作明显区分。可见无论从词源还是实际应用上看，区分"信息"与"数据"意义不大。且在实践操作中，对信息和数据一般不作严格区分。鉴于欧盟、欧盟成员国及受欧盟《个人数据保护条例》影响的国家立法中多采用"数据"一词，以及目前多个国际组织与国家相关立法也都继受欧盟《个人数据保护条例》中关于"数据"的概念，以及我国医疗卫生领域立法常采用"数据"一词，且本书关于健康医疗数据立法所要解决的关键问题是承载人的医疗服务行为信息的收集、发掘使用、处理和保

---

[1] 张继红:《大数据时代金融信息的法律保护》，法律出版社 2019 年版，第 19 页。

护等应用的法律问题，因此笔者认为采"数据"一词更为妥当。

(二)"健康医疗大数据"还是"健康医疗数据"

"大数据"称谓起源于互联网技术行业，是指无法在一定时间范围内用常规及其他软件工具对其进行感知、获取、管理和服务的数据集。[1] 此概念是从网络技术的角度出发对新型数据类型所作的定义，这种数据观点是互联网行业对数据的技术类型作出分类，本是互联网技术领域的专业术语，也是除了少数互联网大企业谁也没有的数据。另一方面，信息技术革命与人类经济社会活动的交汇融合，引发了数据爆炸式增长，产生了大量的数据，人们将其称为"大数据"，用以形容数据的"海量性"。互联网浪潮下，此种数据"海量性"语义下的大数据称谓广泛地出现在社会生活各个领域。2015 年 8 月国务院发布《促进大数据发展行动纲要》，是我国促进数据发展的第一部权威性、系统性文件。该纲要中所称大数据，与互联网行业从技术角度提出的大数据概念不同，是指我国现代信息化进程中产生的和可被利用的海量数据集合，是当代信息社会的数据资源总和，是信息时代的全数据，既包括互联网数据，也包括政府数据和行业数据。[2] 此纲要中的"大数据"内涵实际上与"数据"概念无异，无非是强调的是各种数据信息体量广大。2018 年《国家健康医疗大数据标准、安全和服务管理办法（试行）》第 4 条规定："本办法所称健康医疗大数据，是指在人们疾病防治、健康管理等过程中产生的与健康医疗相关的数据。"此办法在没

---

〔1〕 李国杰、程学旗："大数据研究：未来科技及经济社会发展的重大战略领域——大数据的研究现状与科学思考"，载《中国科学院院刊》2012 年第 6 期。

〔2〕 单志广："《促进大数据发展行动纲要》解读"，载国家信息中心网，http://www.sic.gov.cn/News/609/9713.htm，访问日期：2020 年 3 月 4 日。

有规定健康医疗数据概念的前提下，直接定义了健康医疗大数据，从此规定的文义解释可见，此办法中的"健康医疗大数据"实际上等同于"健康医疗数据"的文义。现行法所称"健康医疗大数据"实际上即"健康医疗数据"。自 2020 年 6 月 1 日开始实施的《中华人民共和国基本医疗卫生与健康促进法》（以下简称《卫生健康法》）第 49 条第 1 款规定："国家推进全民健康信息化，推动健康医疗大数据、人工智能等的应用发展，加快医疗卫生信息基础设施建设，制定健康医疗数据采集、存储、分析和应用的技术标准，运用信息技术促进优质医疗卫生资源的普及与共享。"此条中虽同时出现了"健康医疗大数据"和"健康医疗数据"两个概念，但是该法并没有对二者进行详细概念界定，且从本条规定中关于健康医疗数据的采集、存储、分析和应用的数据处理手段上看，其所指的"健康医疗数据"实际上与"健康医疗大数据"处理手段无异。为体现法律语言的严谨，故化繁为简，直接将之称为"健康医疗数据"应为适当。本书所称"健康医疗数据"与《国家健康医疗大数据标准、安全和服务管理办法（试行）》所称"健康医疗大数据"文义相同。

（三）"广义的健康医疗数据"还是"狭义的健康医疗数据"

健康医疗大数据"是涉及人们生老病死、衣食住行、工农商学等生命全周期、生活全方位、生产全过程中所产生、发生及交互产生的有关生理、心理、生产、生活、道德、环境及社会适应、疾病防治、公共卫生、健康管理等方面形成的数据"。[1] 广义的健康医疗数据指人从出生到死亡的整个生命周

----

〔1〕 金小桃主编：《健康医疗大数据》，人民卫生出版社 2018 年版，第 2 页。

期中产生的一切与健康有关的数据，是信息网络技术应用于公共卫生服务、医疗服务、药品供应、医疗保障等医疗卫生领域以及医疗卫生以外的，如体育卫生、劳动卫生、环境卫生、交通安全等其他一切与健康医疗相关领域的数据。

医疗卫生领域指公共卫生服务、医疗服务、药品保障、医疗保障领域。狭义的健康医疗数据仅指医疗卫生领域产生的数据，是信息网络技术应用于公共卫生服务、医疗服务、药品保障、医疗保障等医疗卫生领域产生的数据，是指人从出生到死亡的整个生命周期中的涉及医疗卫生活动产生的与健康医疗相关的数据。由于医疗卫生活动是保障人的生命健康权的最为直接、有效的手段，狭义的健康医疗数据构成健康医疗数据的核心内容。狭义的健康医疗数据，涵盖公共卫生服务、医疗服务、医疗保障和药品保障活动形成的各种数据信息，健康医疗数据产生于医疗卫生服务体系的各个环节，亦广泛应用到医疗卫生服务的各个领域。

另外，需要明晰的是，本书所称健康医疗数据，是从人的出生到死亡的医疗卫生活动中产生的健康医疗数据，其本质上是人们的医疗卫生服务活动及行为的反映和记录。一些医疗卫生行业领域所涉及的反映人的医疗卫生活动以外的数据，如卫生行政部门及组织的财务数据、工资数据、经营数据等，本质上不是患者的医疗卫生活动的医疗卫生专业数据，而是分别属于其他专业领域的数据，故应被排除在健康医疗数据概念之外。

二、健康医疗数据的特征

（一）数据的基本特征

健康医疗数据作为数据的重要组成部分，理所当然地具备一般数据的基本特征。

从数据技术视角看，大数据具有海量化（vome）、多样性（variety）、价值性（value）、高速性（velocity）的特征。[1] 由于互联网和智能终端的大范围普及使用，人机交流已经非常频繁，每个个体均是数据制造者。人们每时每刻都在不断制造数据，引发了数据的海量增长。大数据的类型亦呈现出多样化的特点。目前社会群体在数据处理上，不仅仅局限于数据的管理与保存，更重要的是对数据进行整理、分析，以深入发掘其潜在联系和内部规律。随着网络信息技术的快速发展，网络传递效率获得大幅提高，而数据量呈现爆发式增加，大数据的数据体量大并时时产生着新的数据，大数据处理技术呈现出高速性的特点。

从法理学的视角看，数据的特征，一般指数据之所以为数据，其内在的规定性如何。数据的本质特征则表现为数据的关联性，是数据能力的重要的判明标准。关联性是数据的本质属性和唯一内核。与个人或群体的行为事实毫无关联也就不能用来证明个人或者群体的行为的实质性事实，当然也就不能称为数据。数据的关联性是数据的本质特征，是指数据同个人或者群体的行为事实存在某种联系，对案件事实具有实际意义。因此数据必须与个人或者群体的行为事实有联系，这种联系可能表现为直接的联系或间接的联系；也可能表现为肯定的联系或否定的联系。也就是说，数据的关联性要求数据应该能够全部或部分、直接或间接地反应客观事实存在与否。健康医疗数据作为数据的组成部分，具有数据的关联性的基本特征。

在我国，虽然法律上没有对数据能力作出明确规定，但我

---

〔1〕 参见刘红：《大数据时代数据保护法律研究》，中国政法大学出版社 2018 年版，第 10~12 页。

们依然有理由认为数据应当具备法律性。数据的法律性又称"合法性"。数据的合法性，反映出数据本身是基于人类理性的一种创制。数据的合法性具体包括：数据必须具有合法的形式；提供、收集数据的主体必须合法；数据的内容必须合法；数据必须依据法定程序收集、违反法律程序收集的数据不具有合法性。不具有法律性、诉讼规范性的数据，不能被认定为是具有合法性的数据。

（二）健康医疗数据具有医学专业性的特征

我们对任何事物的属性进行探讨时，在关注其普遍性的特征外，更应关注其特殊属性。为此有必要对健康医疗数据所具有的特殊属性进行深入探讨，与一般数据相比，健康医疗数据具有医学专业性的特征。

健康医疗数据与一般数据的根本区别在于健康医疗数据具有医学技术性，医学知识性是健康医疗数据的重要特征。首先，健康医疗数据的形成过程本身就是医学科学技术的产物。健康医疗数据是在医疗卫生服务方对患方实施医疗卫生服务过程中所形成的，医疗卫生服务是医方依据自己的医学知识以医疗卫生行为的方式施加于患方以显示疗效的过程。医疗行为所传递的信息成为数据信息。医疗行为以医学为基本内容和方法，没有医疗行为，没有医学科技，也就没有数据的产生。其次，健康医疗数据处理需要医学专业技术。医学专业领域生成的数据，不仅需要计算机知识，同时还需运用医学科学知识进行处理。脱离医学知识处理健康医疗数据，很可能会影响数据的真实性和有效性。健康医疗数据的医学专业性决定了健康医疗数据保护和利用法律会具有医学技术性的特征。例如，对于基因数据的隐私保护问题，即使基因数据去标识化后，由于基因的强劲个性，即便将基因上某个位点去掉，还是可以通过其他基因来确认，势必需要法律与基因研究、数据安全技术相关领域人才进行跨界合作，才能构建更加先进的基因数据保护制度。

随着健康医疗大数据应用的深入，更多隐私安全挑战正在出现，需要更加先进的隐私安全保护技术和方法帮助我们应对"魔镜"可能会带来的困扰。例如，美国就一方面在加强相关数据安全法律建设，另一方面也在积极鼓励细分领域的科技创新。

三、健康医疗数据的分类

健康医疗数据的分类，是指在理论上按照不同的标准将健康医疗数据划分为不同的类型。在理论上对健康医疗数据进行划分，有利于认识不同类别健康医疗数据的特点，把握规律，以便在立法及司法实践中正确运用。

当前，关于健康医疗数据的分类，出于对数据信息安全的考量，在数据使用中，立法和司法实践中将数据区分个人数据信息和不具有标识特征的数据信息。如将信息分为"个人信息"和"匿名化""去标识化""数据脱敏"等。[1] 上述概念仅能体现个人信息与不再体现个人信息的数据的区别，这种不再体现个人信息的数据并不能较好地体现数据的新的创造价值。

有研究将其他领域的数据类型区分为原始数据和衍生数据，认为原始数据具有个体识别特征而衍生数据不具有个体识别特征，并据此作出数据确权论证。[2] 司法实践中，"淘宝诉美景案"中，法院支持了原始数据和衍生数据的区分，并以此作为

---

〔1〕 参见 2020 年 4 月《网络数据安全标准体系建设指南（征求意见稿）》附件 1 术语定义之"个人信息""匿名化""去标识化""数据脱敏"的概念。

〔2〕 金松、张立彬："图书馆大数据：权利界分、因应之道与风险破解"，载《情报理论与实践》2020 年第 3 期。

审理案件的依据以实现数据权益的合法分配。"淘宝诉美景案"为我国首例涉及大数据产品不正当竞争案件，本案中，法院将数据区分为原始数据和衍生数据，确认平台运营者对其基于所收集的原始数据而研发的大数据产品享有独立的财产性权益，并妥善运用《中华人民共和国反不正当竞争法》（以下简称《反不正当竞争法》）原则性条款对擅自利用他人大数据产品内容的行为予以规制，依法保护了研发者对大数据产品所享有的竞争优势和商业利益。该案中，审理法院将数据区分为原始数据和衍生数据进行审理，并据此作出财产性权益保护的判决对健康医疗数据类型化研究颇具有启示意义。结合司法实践及健康医疗数据的生成来源的理论研究，健康医疗数据可以分为健康医疗个人数据（健康医疗原始数据）及健康医疗衍生数据。

"大数据应当由海量数据及海量数据为'原始数据'加工处理后产生的新数据信息两部分组成，即大数据是以容量大、类型多、存取速度快、应用价值高为主要特征的数据集合以及对海量数据收集、汇编与整合、发掘与分析、使用，从而生成有价值的新数据信息。"[1] 依据数据生成来源的不同，数据可以分为原生数据和衍生数据。原生数据是指不依赖现有数据而产生的数据；衍生数据是指对原生数据进行加工处理后得到的数据。[2] 健康医疗数据既包括健康医疗个人数据（健康医疗原始数据），也包括健康医疗个人数据经算法加工处理、数据发掘和数据分析而产生的健康医疗衍生数据。

---

〔1〕 朱鹿杰主编：《大数据商业应用与法律实务》，知识产权出版社2020年版，第4页。

〔2〕 陈小江："数据权利初探"，载《法制日报》2015年7月11日，第6版。

【案例】淘宝（中国）软件有限公司诉安徽美景信息科技有限公司不正当竞争纠纷案[1]

淘宝（中国）软件有限公司（以下简称淘宝公司）系淘宝网运营商。淘宝公司开发的"生意参谋"数据产品（以下简称涉案数据产品）能够为淘宝、天猫店铺商家提供大数据分析参考，帮助商家实时掌握相关类目商品的市场行情变化，改善经营水平。涉案数据产品的数据内容是淘宝公司在收集网络用户浏览、搜索、收藏、加购、交易等行为痕迹信息所产生的巨量原始数据基础上，通过特定算法深度分析过滤、提炼整合而成的，以趋势图、排行榜、占比图等图形呈现的指数型、统计型、预测型衍生数据。

安徽美景信息科技有限公司（以下简称美景公司）系"咕咕互助平台"的运营商，其以提供远程登录已订购涉案数据产品用户电脑技术服务的方式，招揽、组织、帮助他人获取涉案数据产品中的数据内容，从中牟利。淘宝公司认为，其对数据产品中的原始数据与衍生数据享有财产权，被诉行为恶意破坏其商业模式，构成不正当竞争。遂诉至法院，请求判令：美景公司立即停止涉案不正当竞争行为，赔偿其经济损失及合理费用 500 万元。

杭州铁路运输法院经审理认为：其一，关于淘宝公司收集并使用网络用户信息的行为是否正当。涉案数据产品所涉网络用户信息主要表现为网络用户浏览、搜索、收藏、加购、交易

---

[1] "典型案例分析：淘宝（中国）软件有限公司诉安徽美景信息科技有限公司不正当竞争纠纷案"，载青岛市发展和改革委员会网，http://dpc. qingdao. gov. cn/n32569102/n32569106/n32569177/200108113540567430. html，访问日期：2022 年 2 月 1 日。

等行为痕迹信息以及由行为痕迹信息推测所得出的行为人的性别、职业、所在区域、个人偏好等标签信息。这些行为痕迹信息与标签信息并不具备能够单独或者与其他信息结合识别自然人个人身份的可能性，故不属于《中华人民共和国网络安全法》（以下简称《网络安全法》）规定的网络用户个人信息，而属于网络用户非个人信息。但是，由于网络用户行为痕迹信息包含涉及用户个人偏好或商户经营秘密等敏感信息，因部分网络用户在网络上留有个人身份信息，其敏感信息容易与特定主体发生对应联系，会暴露其个人隐私或经营秘密。因此，对于网络运营者收集、使用网络用户行为痕迹信息，除未留有个人信息的网络用户所提供的以及网络用户已自行开放披露的信息之外，应比照《网络安全法》关于网络用户个人信息保护的相应规定予以规制。经审查，淘宝隐私权政策所宣示的用户信息收集、使用规则在形式上符合"合法、正当、必要"的原则要求，涉案数据产品中可能涉及的用户信息种类均在淘宝隐私权政策已宣示的信息收集、使用范围之内。故淘宝公司收集、使用网络用户信息，开发涉案数据产品的行为符合网络用户信息安全保护的要求，具有正当性。其二，关于淘宝公司对于涉案数据产品是否享有法定权益。单个网上行为痕迹信息的经济价值十分有限，在无法律规定或合同特别约定的情况下，网络用户对此尚无独立的财产权或财产性权益可言。网络原始数据的内容未脱离原网络用户信息范围，故网络运营者对于此类数据所享有的权利应受到网络用户对其所提供的用户信息的限制，不能享有独立的权利，网络运营者只能依其与网络用户的约定享有对网络原始数据的使用权。但网络数据产品不同于网络原始数据，数据内容经过网络运营者大量的智力劳动成果投入，通过深度开发与系统整合，最终呈现给消费者的是与网络用户信息、网络原始数据无直接对应关系的独立的衍生数据，可以为运营者所实际控制和使用，并带来经济利益。网络运营者对于其开发的数据产品享有独立的财产性权益。其三，关于被诉行为是否构成不正当竞争。美景公司未经授权亦未付出新的劳动创造，直接将涉案数据产品作为自己获取商业利益的工具，明显有悖公认的商业道德，如不加禁止将挫伤数据产品开发者的创造积极性，阻碍数据产业的发展，进而影响到广大消费者福祉的改善。被诉行为实质性替代了涉案数据产品，破坏了淘宝公司的商业模式与竞争优势，已构成不正当竞争。根据美景公司公布的相关统计数据估算，其在本案中的侵权获利已超过 200 万元。

综上，该院于 2018 年 8 月 16 日判决：美景公司立即停止涉案不正当竞争行为并赔偿淘宝公司经济损失（含合理费用）200万元。一审宣判后，美景公司不服，向杭州市中级人民法院提起上诉。杭州市中级人民法院经审理认为，一审判决认定事实清楚，适用法律正确。遂于 2018 年 12 月 18 日判决：驳回上诉，维持原判。

（一）健康医疗个人数据

健康医疗个人数据是个人从出生到死亡的整个生命周期中产生的与医疗卫生有关的数据。个人医疗数据是医疗卫生服务方在为患者诊断和治疗疾病过程中形成的医疗卫生活动记录。健康医疗个人数据是个人基本信息与个人健康医疗服务数据的综合数据，健康医疗个人数据是指仅仅通过收集而未经过加工的原始资料，是物理上存在于电子设备终端的数据，本质上属于健康医疗原始数据。健康医疗个人数据，个人医疗数据主要包括电子病历、电子健康档案（Electronic Health Record，EHR）、个人电子处方、个人医学证明形式等，无论其作成主体为何，健康医疗个人数据的鲜明特点使此类数据均是显示个人特征的数据信息，具有可识别性。健康医疗个人数据亦可称为健康医疗原始数据。电子病历是患者个人在医疗机构诊疗活动的数字化记录，存储在该患者就医的医疗机构的数据系统中。电子病历的法律属性与纸质版病历无异。电子健康档案是电子化的健康档案。国际标准化组织卫生信息技术委员会将电子健康档案定义为"居民电子健康档案是个人健康资料的数字化记录"。[1]国际医疗卫生领域信息系统指标体系及交换协议对电子健康档案的定义为：向患者个体提供的、安全保密的、记录患者在医疗活动范围内关于全生命周期健康水平与接受医疗服务的档案。[2]

我国2009年原卫生部发布的《健康档案基本架构与数据标准（试行）》（已失效）中规定，健康档案是居民健康管理（疾病防治、健康保护、健康促进等）过程的规范、科学记录。并明确健康档案的基本内容主要由个人基本信息和主要卫生服务记录两部分组成。[3]电子健康档案是个人健康资料的数字化记录，电子病历由医疗机构上传至上级卫生行政机构授权的数据平台，患者个人在不同时期、在不同医院就医后形成的电子病历，经该数据平台加工整理加入居民电子健康档案，构成居民电子健康档案的重要组成部分。

---

〔1〕 Health informatics – Electronic health record – Definition, scope and context [EB/OL]. 〔2015-4-2〕. http：//www.iso.org/obp/ui/#so：std：iso：tr：2015/4：ed-1：v/：en.

〔2〕 那旭、郭珉江、谢莉琴："国外居民电子健康档案共享服务体系建设及启示"，载《中华医学图书情报杂志》2015年第10期。

〔3〕 中华人民共和国卫生部："原卫生部关于印发《健康档案基本架构与数据标准（试行）的通知》"，载http：//www.gov.nl.ca/，访问日期：2019年1月23日。

需要说明的是，2009年原卫生部发布的《健康档案基本架构与数据标准（试行）》目前虽然已经失效，但是其后发布相关的文件涉及此概念时，并未对该概念加以修改。电子健康档案是以个人健康为核心，贯穿整个生命过程，涵盖各种健康相关因素，满足居民自我保健和健康管理、健康决策需要的系统化信息资源。[1] 在互联网时代，这些信息资源可以随时被采集并且上传，实现对个人健康状况的监控。监测的具体内容包括个人一般情况，健康状况和疾病家族史，生活方式、体格检查，实验室检查、疾病情况甚至死亡资料。尽管电子健康档案可能表现为数据集合，但其是单纯的数据集合，电子健康档案是具有居民个人健康特征的数据，居民电子健康档案的主要特征是表示个人健康特征的具有个体识别性的健康信息，属于健康医疗个人数据。

健康医疗个人数据的上位概念是个人数据，个人数据最为主要的特征是个人数据的可识别性。"这种识别性是指与某个个体直接相联系，或者通过这些信息（数据）可以将信息（数据）主体直接或者间接识别出来。"[2] 1995年欧盟《个人数据保护指令》第2条a项规定，个人数据是指一个身份已被识别或者身份可识别的自然人（数据主体）的相关的任何信息。德国的《联邦数据保护法》第3条规定，个人数据是指关于个人或已识别、能识别的个人（数据主体）的客观情况的信息。2021年11月1日开始实施的《中华人民共和国个人信息保护法》（以下简

---

〔1〕 孟群等："城乡居民健康档案基本数据集"，载 http://nhf-pc.gov.cn/zwgkzt/s9497/201108/52775.shtml.访问日期：2019年3月5日。

〔2〕 钱亚芳：《大数据时代个人健康数据法律规制》，中国社会科学出版社2018年版，第12页。

称《个人信息保护法》）第 4 条第 1 款规定："个人信息是以电子或者其他方式记录的与已识别或者可识别的自然人有关的各种信息，不包括匿名化处理后的信息。"个人数据最为核心的特征即数据的可识别性，而这种可识别性又与个人的人格权具有密切联系。

（二）健康医疗衍生数据

个人医疗数据的收集和使用是任何人无法阻止的历史趋势。衍生数据由原始数据经过算法加工处理，已脱离原始数据的个体化特征，形成了新的质变的数据集。健康医疗衍生数据是健康医疗个人数据经过算法加工处理后衍生形成的新的质变的数据。健康医疗衍生数据来源于健康医疗个人数据，如电子健康档案、电子病历，还包括来源于医疗机构的信息管理系统、医疗机构人体生命体征设备、人体可穿戴医疗设备、临床决策支持设备等的数据。在区域健康医疗大数据建设和发展中，随着健康医疗个人数据的不断丰富、大数据技术的发展和对原始数据的不断发掘，健康医疗衍生数据正在成为区域健康医疗大数据的增长点。健康医疗衍生数据虽然来源于健康医疗个人数据，但其经过算法加工处理后脱离了原始数据的个性化特征，不再具有个体可识别性，健康医疗衍生数据的价值是创造。健康医疗衍生数据呈现出功能多样性、应用协同性等优势，在保障个体健康、集体健康和社会健康中具有重要作用和价值。

自进入互联网信息时代以来，我国医疗卫生领域运用计算机与网络收集、处理各类健康医疗数据的相关技术迅猛发展，大数据时代充分挖掘和运用健康医疗数据资源的趋势日益明显。健康医疗数据在健康医疗资源开放共享、辅助治疗方面的作用越来越大，健康医疗数据的应用推动了传统健康医疗服务模式的改革。利用健康数据技术可以实现医疗支付系统的革新，减轻当前医疗支付系统面临的压力；可以提高管理效率，提高管理的精细化程度；实现个人健康高效管理；辅助临床治疗；实现疾病疫情预测。[1]

在医疗服务和医学研究领域，随着科技的发展，医疗行业融入了更多的高科技，这使医疗服务走向智能化，推动医疗事业向智慧化发展。通过利用计算机技术对患者健康医疗个人数据进行发掘和整理进而形成的健康医疗衍生数据，可以为临床提供知识模型支撑和分析参考，可以帮助医生正确诊断、有效诊治。

通过大数据技术加工处理的健康医疗衍生数据可以为医学研究提供了强大的数据基础，从而促进医学科研进步。如在医疗人工智能领域，健康医疗数据助力医疗人工智能开发，健康医疗数据与人工智能业已形成共生关系。健康医疗衍生数据技术亦有助于药品开发创新，通过数据监测实现药物不良反应预警，也将强化制药企业对于药品反应的追踪，为药品安全提供数据支撑。

在公共卫生领域，健康医疗数据为预防接种、传染病及非传染病防治、职业病防控、国境卫生检验及检疫信息系统提供数据支持，促进医疗机构、公共卫生机构和口岸检验检疫机构的健康医疗数据共享和业务协同，提升全球健康治理及国际公共卫生突发事件应急处理能力。

---

〔1〕 参见齐常程：" '互联网+' 的健康医疗大数据应用"，载《电脑知识与技术》2020 年第 6 期。

第二节 健康医疗数据权的规范构造

一、健康医疗数据权的性质

当前，国家已经多次提出数据确权的要求。习总书记在党的十九大会议上，明确提出"制定数据资源确权、开放、流通、交易相关制度，完善数据产权保护制度"的要求。随着大数据的兴起，我国陆续对网络数据安全、个人信息保护及网络运行中的数据安全等领域进行立法规制。但是有关数据权利性质、属性等立法却付之阙如，迄今为止，相关立法上并没有作出正面回应。健康医疗数据更是新兴事物，现行法对于健康医疗数据的规制尚处于初步阶段，没有形成体系性的立法规定。2016年国务院办公厅印发的《关于促进和规范健康医疗大数据应用发展的指导意见》虽从国家层面提出促进健康医疗数据发展，但是对于健康医疗大数据权的性质这一基本问题却未作出了规定。同样，2018年发布的《国家健康医疗大数据标准、安全和服务管理办法（试行）》对健康医疗数据使用和运行作出了规定，却没有回答健康医疗数据性质的问题。被称为卫生法基本法的《卫生健康法》亦没有对健康医疗数据权利性质作出明确规定。《个人信息保护法》对个人信息处理作了详尽的规定，但依然回避了个人信息性质的问题。

目前，学界和实务界对健康医疗数据权利性质存在较大争议，关于健康医疗数据权的性质和权属问题主要集中在四个方面：一是数据权利是人格权还是新型的人格权兼财产权的混合权问题。二是健康医疗数据权属问题，也就是健康医疗数据主体享有哪些权利和义务的问题。三是健康医疗数据是否完全适用物权法的问题。四是健康医疗数据的获益权问题。

（一）健康医疗数据权体现国家主权

医疗卫生服务是一个国家为本国国民提供的获得健康的物质帮助，国家在履行国家义务的同时，也体现了本国医疗卫生活动的国家主权特性。健康医疗数据服务属于国家医疗卫生服务，因此，无论是健康医疗个人数据还是衍生数据均首先体现国家主权。

（二）健康医疗个人数据权是一种新型的人格权兼知识产权的混合权

在健康医疗数据权利是人格权、财产权还是知识产权的问题上，需要具体问题具体分析。健康医疗个人数据具有较高个人识别性，健康医疗数据原始数据在收集、处理过程中引入了算法和脱敏技术以实现去个人特征化，并形成了衍生数据。由于健康医疗个人数据与经算法处理、脱敏后的健康医疗衍生数据之权利性质具有较大差异，所以对经算法处理脱敏前后的健康医疗数据应分别进行讨论。

健康医疗个人数据是直接来自于个人的未经处理的原始数据，通常包含大量具有人格权识别性质的个人信息。国内学术界对个人数据权利属性存在较大争议，《中华人民共和国民法典》（以下简称《民法典》）也未对个人数据信息权利进行详细分类。对于健康医疗个人数据的法律性质有较多争议，一是人格权说，即个人信息权是专属于自然人的权利，其目的在于维护自然人的人格尊严和个人自由；二是人格权兼财产权说，认为健康医疗个人数据具有人格权属性的同时兼具财产属性，可以实现经济价值，应当受财产权的保护。

无论人格权说、人格权兼财产权说，都对健康医疗个人数据的人格权性质并无争议，所以健康医疗数据因体现个人信息，应首先界定为具有人格权属性。《民法典》第六章对隐私权和个人信息保护作出专章规定，凸显了个人信息的人格权属性。脱敏前医疗数据因具有强烈的个人识别性，且在实践中主要为患者个人接受医疗卫生服务时使用，所以对于脱敏前健康医疗个人数据应更着重强调其人格权属性，通过明确个人数据处理的控制权加以保障。个人数据的人格权性质要求权利主体对个人数据处理应当享有绝对的、排他的控制权，有权自主决定信息的使用、存储等全方面内容。现行立法中收集个人数据须征得个人数据权利主体的同意，就是权利主体对个人数据处理的控制权的表现。因此，健康医疗个人数据体现强烈的人格权性质。患者个人健康医疗数据知情同意权、数据查阅权、数据更正及删除请求权均为患者人格权的具体体现。

若认定个人对其数据拥有财产权性质的所有权，并适用所有权对世的规则，无疑会阻碍健康医疗数据的利用，不利于数据的流通。因此将健康医疗数据权归属于传统的财产权并不能适应健康医疗数据的保护和利用。"一个人的数据权是对个人数据'信息化处理'的控制，而非对'个人数据'的控制。对一般个人数据而言，只有进行了信息化处理，才有可能导致个人人格方面的损害，也才能使个人数据具有普遍意义上的经济价值。"[1] 个人数据的财产权，并非是占有数据的财产权，而是个人对个人数据"数据处理"的新型财产权，由此，在私法领域，健康医疗个人数据需经本人知情同意方可加工处理的，本人也应享有一定的个人数据处理带来的经济效益。如此，方能鼓励个人参与健康医疗数据的开发和利用。同时健康医疗个

---

〔1〕 郭瑜：《个人数据保护法研究》，北京大学出版社2012年版，第211页。

人数据也为数据作成机构的法人财产，因此，健康医疗个人数据体现了一定的财产权属性。

人格权更强调数据保护，而财产权更加强调数据的利用。大数据时代使社会关系发生了深刻变革，有别于传统民法领域的人格权和财产权，对于健康医疗个人数据的保护和利用立法，应将健康医疗数据创设为一种新型的人格权与财产权的混合权，以有利于准确反映健康医疗数据立法精神，实现制度本身的目的。

在"互联网+"时代，患者个人医疗数据对于医疗研究、医药改进和健康管理都具有特别重要的应用价值。国家为促进医疗资源下沉，平衡发达地区与欠发达地区的医疗资源分配，鼓励通过发展"互联网+健康医疗"，促进各地区之间的医疗技术与资源的交流。《中华人民共和国人类遗传资源管理条例》（以下简称《遗传资源管理条例》）、《人口健康信息管理办法（试行）》、《"健康中国2030"规划纲要》等一系列法律政策文件确立了健康医疗数据的保护和利用原则，明确不仅要注重患者知情权与隐私权保护，还要重视医疗数据的流通使用。这在一定程度上是出于社会公共利益考量对患者医疗数据控制权的削弱，旨在利用健康医疗数据更好地为中国的医疗健康事业服务，提升医疗健康服务能力。

（三）健康医疗衍生数据权具有财产权性质

健康医疗衍生数据不再具有特定个人识别特征，不再具有人格权属性，其公共性和社会性得到增强，因而此时健康医疗个人数据中的个人对健康医疗衍生数据不再享有绝对而排他的控制权。

脱敏后健康医疗数据的人格权属性弱化也是健康医疗数据的保护和利用原则的基础与原理保障。而健康医疗衍生数据则不再具有人格权属性，仅仅表现为一种知识产权性质的财产权，因此更应注重保护其公共性与社会性。

二、健康医疗数据权的归属

从法理上分析，数据权归属于数据作成主体。健康医疗数据分为健康医疗个人数据和健康医疗衍生数据两大类，按照数据作成主体不同，健康医疗个人数据和衍生数据权主体存在差异。

（一）健康医疗个人数据权的归属

健康医疗个人数据，是具有个人特征的数据信息，由个人主动参与，包括个体特征、遗传信息、疾病信息、免疫信息、行为习惯信息、家族信息等，并且根据上述信息可以直接或间接进行特定个体识别。健康医疗个人数据主要包括电子病历及电子健康档案。

1. 电子病历。病历是关于患者在接受医疗服务期间所有过程情节的书面记录与文件。我国 2010 年 3 月 1 日开始施行的《病历书写基本规范》不仅仅是一个技术性的规范，还是一个临床医疗活动中的法律规范。《病历书写基本规范》第 1 条对病历的定义是："病历是指医务人员在医疗活动中形成的文字、符号、图表、影像、切片等资料的总和，包括门（急）诊病历和住院病历。"我国病历的种类主要包括文字病历、影像资料、病理切片、电子病历。随着计算机在医疗实践中的普及，我国医疗机构出现了采用计算机存储方式保存的病历。《电子病历应用管理规范（试行）》第 3 条规定，电子病历是指医务人员在医疗活动过程中，使用信息系统生成的文字、符号、图表、图形、数字、影像等数字化信息，并能实现存储、管理、传输和重现的医疗记录，是病历的一种记录形式，包括门（急）诊病例和住院病历。使用文字处理软件编辑、打印的病历文档，不属于电子病历。该规范对电子病历的录入、身份识别、电子签名、复制管理等提出了基本要求，对实施电子病历的基本条件作了具体规定，亦对电子病历的管理作了专章规定，电子病历，尽管需借助计算机、网络等电子设备记录、存储、传输，但电子病历与文字病历只是在记录的方式上和记载内容的介质上存在差异，两者在根本上具有相同的功能，仍然靠其所记载的内容和思想来反映客观事实，一般情况下，医疗机构即使应用计算机录入病历，在医疗机构存档的同时，仍然会打印出一份与其记载内容相同的纸质病历供临床使用和患者复印。我国《电子病历应用管理规范（试行）》第 7 条规定，《医疗机构病历管理规定（2013 年版）》《病历书写基本规范》《中医病历书写基本规范》适用于电子病历管理。因此，将电子病历权的归属纳入病历范畴探讨应为适当。我国的电子病历作成的主体包括患者个人和医疗机构，一份电子病历数据的产生，主要作成主体是记录者医疗机构及被记录者患者个人。电子病历的主观病历部分是医生智慧的产物，是创新性的，而脱离了患者具体信息的创新是无意义的，二者密不可分。所以，电子病历的价值是医疗机构和患者共同创造的，因此我国电子病历权为个人与医疗机构所共有。健康医疗个人数据具有私权利的属性。

2. 电子健康档案。随着电子计算机技术的普及和发展，我国开始致力于建立全国统一的电子健康档案系统，目前一些省市区域电子健康档案系统已经建设完成或正在推进中。

总体上来看，我国电子健康档案立法法律位阶低，仅为一些规范性文件和标准，且主要是关于数据建设的目标和任务的规定，而关于电子健康档案的权利属性则没有作出规定。

目前，我国开始致力于建立全国统一的电子健康档案系统，电子健康档案数据系统中包括个人健康医疗数据内容，同时涉及部分公共卫生服务数据及药品使用、医疗保险信息，是目前区域健康医疗大数据平台比较成熟的数据资源。尽管电子健康档案是以电子形式存储的、以共享为核心的健康信息集合，[1] 这种信息库和信息集合依然是显示居民个人健康特征的数据。

电子健康档案由电子病历数据集合而成，电子病历为个人和医疗机构所共有。区域卫生行政机关基于社会公共利益可以强制医疗机构上传电子病历。电子健康档案由个人、医疗机构、卫生行政部门授权的区域卫生信息平台建设机构作成，因此，电子健康档案的使用权由个人、医疗机构、卫生行政部门授权的区域卫生信息平台建设机构所共同共有。《民法典》、《个人信息保护条例》、《网络安全法》、《中华人民共和国医师法》（以下简称《医师法》）、《医疗事故处理条例》、《医疗纠纷预防和处理条例》、《全国人民代表大会常务委员会关于加强网络信息保护的决定》、《征信业管理条例》、《医疗机构病历管理规定（2013 年版）》、《电子病历应用管理规范（试行）》、《基于健康档案的区域卫生信息平台建设指南（试行）》等法律法规赋予了数据主体知情同意权、查阅权、更正权、删除权等权利，这实际上体现了健康医疗个人数据的个人数据人格权。

健康医疗个人数据权是一种具有人格权和财产权的双重属性的新型的混合权，健康医疗个人数据财产权由其作成主体共有。这种共有的原因是财产的不可分割性，此乃健康医疗个人数据在权益相关者中有限共享的法律权利基础。因此，电子病历属医疗机构和个人共有，由医疗机构保存。基于公共利益，

---

[1]　徐健："加拿大电子健康档案建设新进展及启示"，载《医学信息学杂志》2018 年第 7 期。

国家可以强制规定医疗机构向上级卫生行政机构提供电子病历数据，此时基于社会公共利益，私权在一定程度上让渡于公权。

有关电子病历和电子健康档案归属的问题一直是理论界争论的焦点。众所周知，所有权意味着对世权，一旦在立法中确立电子病历和电子健康档案的所有权，那么可能对电子病历和电子健康档案的使用造成障碍。客观上，由于电子病历和电子健康档案是一种特定物，且其最显著的特点是不可分割物，是由一系列主观和客观的医学记录组成；从医学意义上看，无论离开了哪一部分，整体都将失去存在的意义，无法反映个体健康医疗状况。所以，在医疗卫生管理活动中都十分强调病历和电子健康档案的完整性，电子病历和电子健康档案均由医疗卫生机构保存。因此，实践中，个人的病历及电子病案权客观上转化为个人的"病历数据处理权"及"电子病案数据处理权"，这种数据处理权包括个人电子病历和电子健康档案的知情同意权、隐私权、查阅权、复制权、申请修改权等具体权利，这或许是我国现行法没有明确规定数据权利性质，而是直接规定诸如"数据查阅权、数据处理权"等个人数据处理权的缘由。

（二）健康医疗衍生数据权的归属

随着健康医疗数据的爆发式增长和区域协同医疗服务体系的推进发展，医疗健康进入了大数据和云计算时代，海量的电子病历、居民个人健康档案等健康医疗个人数据汇集到区域医疗卫生行政机关授权的区域医疗卫生信息平台建设机构的数据系统中，这些健康医疗个人数据经算法加工处理、数据发掘和数据分析形成了新的衍生数据，医疗卫生行政机关授权的区域医疗卫生信息平台建设机构数据系统上的数据包括两类，即健康医疗个人数据和健康医疗衍生数据。如个人电子健康档案为健康医疗个人数据，由个人电子健康档案经过算法加工处理、数据发掘而形成的电子健康档案系统数据则为衍生数据，这种健康医疗衍生数据脱离了个体特征，产生新的价值，并以"创造"为特征。该衍生数据是卫生行政部门实现健康医疗数据开放和共享的重要数据资源。

健康医疗衍生数据来源于健康个人医疗数据，但是经过算法加工处理，已形成了新的数据集系统。随着电子健康档案、可穿戴健康医疗设备、转化医学和基因测试的兴起和流行，越来越多的个人健康医疗数据，经过算法和数据信息技术脱敏，形成了新的衍生数据。健康医疗数据权属事关数据开发和使用。卫生行政部门授权的区域卫生信息平台建设机构合法收集并运用算法加工处理形成的新的衍生数据，创造了具有新的价值的资产，符合财产性权利产生的法理基础。

虽然健康医疗衍生数据来源于健康医疗个人数据，但是，健康医疗个人数据权利人只是提供了原材料，并没有参与新的衍生数据的价值创造。新的衍生数据是卫生行政授权的卫生信息机构基于卫生健康公共利益，对健康医疗个人数据进行算法加工处理而创造出的新的大数据。这种数据已经不具有个人可识别特性，不再具有个体特征的可识别性。我国《个人信息保护法》第4条第1款规定："个人信息是以电子或者其他方式记录的与已识别或者可识别的自然人有关的各种信息，不包括匿名化处理后的信息。"显然，健康医疗衍生数据并非《个人信息保护法》第4条规定的数据信息，其已经不具有个人数据信息的特征。健康医疗衍生数据是卫生行政机构授权的卫生信息平台建设机构基于社会公共利益，对海量健康医疗个人数据进行专业化处理后形成的衍生数据，是新的数据价值的创造者，此时，该健康医疗衍生数据的财产权属应归于衍生数据的作成者——卫生行政部门授权的卫生信息平台建设机构。因此，健康医疗衍生数据的财产权本质上应为国家所有。由于健康医疗衍生数据脱离了个体化特征，健康医疗衍生数据不再具有人格权属性，而只表现为知识产权类型的财产权。司法实践中，"大众点评网诉爱帮案"[1]"大众点评网诉百度案"[2]"新浪诉脉脉案"均确认了数据的财产属性。数据作成主体拥有数据处理权。健康医疗衍据数据由卫生行政部门授权的卫生信息平台建设机构作成，因此，卫生行政部门授权的健康医疗数据机构具有健康医疗衍生数据处理权。健康医疗数据机构在数据收集、汇交和共享中付出了巨大的经济代价，健康医疗机构享有数据的知识产权、再利用权。立法应禁止他人未经许可，发行、出租、传输健康医疗数据机构的全部或部分数据内容。未经健康医疗数据所有权人同意或许可，他人不得将通过共享获取的数据内容转移到其他载体上，以实现健康医疗数据机构权利和义务上的平衡。

【案例】 新浪微博诉脉脉案[3]

新浪微博运营商北京微梦创科网络技术有限公司（以下简称微梦公司）诉称，北京淘友天下技术有限公司（以下简称淘支技术公司）、北京淘友天下科技发展有限公司（以下简称淘支科技公司）运营的"脉脉软件"绕开新浪微博开放接口，非法

---

[1] "大众点评网诉爱帮不正当竞争案维持原判"，载 https://tech.qq.com/a/20110711/000356.htm，访问日期：2021 年 11 月 1 日。

[2] "动态报道：'大众点评诉百度'不正当竞争案一、二审判决理由精要"，载搜狐网，https://www.sohu.com/a/169133884_825373，访问日期：2021 年 12 月 20 日。

[3] 黄斌："新浪微博诉脉脉：网络不正当竞争行为的判定"，载无讼网，https://victory.itslaw.com/victory/api/v1/articles/article/1363acfd-c589-4b4a-af76-86241db015fa?downloadLink=2&source=ios，访问日期：2021 年 12 月 20 日。

大量抓取微博平台的用户数据，恶意抄袭"新浪微博"产品设计内容，诋毁微梦公司声誉，非法牟利，损害微梦公司的合法权益，构成不正当竞争。

法院认为：淘友技术公司、淘友科技公司未经新浪微博用户的同意及新浪微博的授权，获取、使用脉脉用户手机通讯录中非脉脉用户联系人与新浪微博用户对应关系的行为，违反了诚实信用原则及公认的商业道德，破坏了 openAPI 的运行规则，损害了互联网行业合理有序公平的市场竞争秩序，一定程度上损害了微梦公司的竞争优势及商业资源，根据《反不正当竞争法》第 2 条的规定，淘友技术公司、淘友科技公司展示对应关系的行为构成不正当竞争行为。

需要阐明的是，数据是计算机利用其特定语言方式对人类生产、生活的记录。在数字经济时代，数据不再单纯是计算机的比特载体，更是可以产生经济效应和社会效应的资源。要想明确以数据表现出来的信息到底由谁享有、由谁支配，需要首先解决数据的权利属性问题。数据兼具财产权属性、人格权属性以及国家主权属性，所以数据权问题难以适用物权法的相关规定。首先，传统物权法规制客体以有体物为主，而属于虚拟无体物的数据在外在表现上与有体物存在较大差异。同时，物权法本质上是调整人对物之支配关系的法律规范，强调对物之支配的排他性；而数据的非物质化形态，决定主体对其的支配在客观上不具有排他性。这一非排他性表现在：在占有方面，主体对数据的掌握不具有客观上的物理垄断性，同样的数据可以同时被多个权利主体拥有；在价值方面，数据使用价值在其被多主体支配的过程中没有受到损害，一权利主体从数据的使用或交易获得利益时无法排除其他主体通过相同方式获得相同经济利益。由此可见，数据不同于物权法的客体"物"，不能完全适用现行物权法中有关所有权的法律规定。

三、健康医疗数据权的内容

（一）隐私权

隐私权是指"自然人享有的私人生活安宁与私人信息秘密依法受到保护，不被他人非法侵扰、知悉、收集、利用和开放的一种人格权"[1]。而且权利主体对他人在何种程度上可以介入自己的私生活，对自己的隐私是否向他人开放以及开放的人群范围和程度等具有决定权。隐私权是一种基本人格权利。《民法典》第 1032 条第 2 款规定："隐私是自然人的私密生活安宁和不愿为他人知晓的私人空间、私密活动、私密信息"。《民法典》第 1034 条规定："自然人的个人信息受法律保护。个人信息是以电子或者其他方式记录的能够单独或者与其他信息结合识别特定自然人的各种信息，包括自然人的姓名、出生日期、身份证件号码、生物识别信息、住址、电话号码、电子邮箱、健康信息、行踪信息等。个人信息中的私密信息，适用有关隐私权的规定；没有规定的，适用有关个人信息保护的规定。"据此，个人隐私数据应为自然人不愿被他人知晓的涉及私人秘密的个人数据。理论上，有的个人数据属于隐私，有的个人数据不属于隐私。然而实践操作中，这种"个人主观上的私密性"难以用客观标准加以衡量和判断。例如，身高和体重数据，对一个人来说可能是一般个人信息，不是隐私；但是对另一个人来说，可能就是其个人隐私。无论如何，我国《民法典》对个人信息都更倾向于人格权、隐私权保护。尤其是健康医疗数据

---

〔1〕 王利明主编：《人格权法研究》，中国人民大学出版社 2012 年版，第 9 页。

系涉及个人生命健康的人体数据，通常具有高度私密性。《个人信息保护法》第 28 条规定："敏感个人信息是一旦泄露或者非法使用，容易导致自然人的人格尊严受到侵害或者人身、财产安全受到危害的个人信息，包括生物识别、宗教信仰、特定身份、医疗健康、金融账户、行踪轨迹等信息，以及不满十四周岁未成年人的个人信息。只有在具有特定的目的和充分的必要性，并采取严格保护措施的情形下，个人信息处理者方可处理敏感个人信息。"据此，我国法上将健康医疗数据定义为个人敏感数据，更加强调了个人人格权、隐私权保护。将个人健康医疗数据纳入隐私权保护具有现实意义及可操作性。在我国现行的法律体系中，尽管宪法、民法、刑法及其相关司法解释和法规条例对公民隐私权都有相关规定，但尚未形成比较完整的隐私权相关法律体系。我国《民法典》中第七编第六章"医疗损害责任"第 1226 条规定："医疗机构及其医务人员应当对患者的隐私和个人信息保密。泄露患者的隐私和个人信息，或者未经患者同意公开其病历资料的，应当承担侵权责任。"在对医疗执业行为进行规范的行政法规及相关规章制度中，如《医师法》《医疗机构管理条例》《医疗事故处理条例》均对患者隐私及个人信息予以保护。我国《卫生健康法》中明确规定保护信息安全和个人隐私，禁止任何组织和个人非法收集、使用、加工、传输个人健康信息。[1] 当前，越来越多的国家对个人数据的保护予以关注并制定相关的法律。从各国的相关立法来看，各国对个人数据的称谓并不统一，比较常见的有"个人数据""个人

---

〔1〕 详见《卫生健康法》第 92 条，国家保护公民个人健康信息，确保公民个人健康信息安全。任何组织或者个人不得非法收集、使用、加工、传输公民个人健康信息，不得非法买卖、提供或者公开公民个人健康信息。

隐私"等。在美国，没有单独的个人数据保护法，对个人数据的保护主要是通过将其以"个人隐私"的形式纳入《隐私法》这一方式实现的。欧盟《个人数据保护指令》使用"个人数据"这一称谓。尽管称谓不同，但是均强调了个人数据与隐私数据的同质性。"个人数据的保护主要是对数据主体隐私权的保护。"[1]

个人健康医疗数据的处理以保护数据个人隐私权为原则，但是仍有一些隐私权保护的例外情形。从国际层面来看，美国在《健康保险可携性和责任法案》下的《隐私规则》和《安全规则》中对健康医疗数据保护作了全面规范，但也规定了大量例外情形，保证了对医疗数据的利用空间。例如该法明确列举了数据利用前无需进行告知和征询同意的情形。[2] 欧盟的《通用数据保护条例》第 9 条第 2 项规定，数据处理在公共健康领域为公共利益之必要，如抵御严重的跨境健康威胁，确保卫生保健、药品或医疗器械高标准的质量和安全，依据欧盟或成员国的法律规定通过适当、具体的措施，尤其是专业保密措施，以保障数据主题的权利与自由等情形，可不适用第 9 条第 1 项的特殊类型个人数据的禁止处理规定。[3]

2021 年 11 月 1 日开始施行的《个人信息保护法》第 13 条规定，符合下列情形之一的，个人信息处理者方可处理个人信息：①取得个人的同意；②为订立、履行个人作为一方当事人的合同所必需，或者按照依法制定的劳动规章制度和依法签订

---

〔1〕 张新宝：《隐私权的法律保护》，群众出版社 2004 年版，第 139 页。

〔2〕 See Lewis Bass, Thomas Parker Redick, Pharmaceutical Industry and FDA Use of Big DataProd. Liab. No. 9, 2017, pp. 43-47.

〔3〕 欧盟《通用数据保护条例》第 9 条。

的集体合同实施人力资源管理所必需；③为履行法定职责或者
法定义务所必需；④为应对突发公共卫生事件，或者紧急情况
下为保护自然人的生命健康和财产安全所必需；⑤为公共利益
实施新闻报道、舆论监督等行为，在合理的范围内处理个人信
息；⑥依照《个人信息保护法》规定在合理的范围内处理个人
自行公开或者其他已经合法公开的个人信息；⑦法律、行政法
规规定的其他情形。依照本法其他有关规定，处理个人信息应
当取得个人同意，但是有第②至⑦项规定情形的，不需取得个
人同意。"据此，个人健康医疗隐私数据在《个人信息保护法》
第13条第1款第②至⑦项规定的情形下，数据处理者可以不取
得个人同意处理个人数据。在健康医疗隐私数据涉及社会公共
利益需要的特殊情形下，私权应对公权力作出适当让渡，健康
医疗隐私数据可以依法公开和使用。新冠肺炎疫情下，出于疫
情防控的需要，一些个人健康医疗个人数据信息向社会适度公
开即为最好的体现。

（二）知情同意权

健康医疗个人数据主体知情同意权是指患者个人知悉与其
生命健康相关信息的权利。患者享有知情同意权，是第二次世
界大战后的纽伦堡审判以后通过的《纽伦堡法典》所确认的一
项准则。[1] 在西方国家，公民的权利意识浓厚，医师尊重患者
的权利，患者的独立人格和个体尊严受到尊重，医生履行告知
义务为医师的职业道德所必需。知情同意权进入医疗领域最早

---

〔1〕　邱仁宗、卓小勤、冯建妹：《病人的权利》，北京医科大学、中国协和医
科大学联合出版社1996年版，第56页。

体现在 1957 年美国加利福尼亚州上诉法院对 salgo 事件的判决中。[1] 该判决规定医生有义务把诊断和治疗的种种可供选择的办法的利弊，包括不利的后果，告诉患者，从患者那里获得对医生选择治疗方案的同意。在西方国家，患者争取病历的知情权经历了曲折的发展历程。在英国，哥伦汉姆·盖斯肯一案对该国患者享有病历知情权的理论和法律实践产生了积极而深远的影响。[2] 该案为以后患者享有病历知情权铺平了道路。赋予患者病历知情权就是尊重患者的知情权，如 1983 年发布的《芬兰病人权利条例》第 5 条规定，病人有权了解本人的病历档案、有关文件及化验结果。[3] 1984 年发布的《日本患者权利宣言》第 4 条第 4 款规定，患者对于医疗机构享有要求阅览病历记录

---

〔1〕 段匡、何湘渝："医生的告知义务和患者的承诺"，载梁慧星主编：《民商法论丛》（第 12 卷），法律出版社 1999 年版，第 152 页。Salgo 事件是为了对一男性患者施行胸部大动脉造影，并从其背部向大动脉注射了造影剂，结果造成了该患者双下肢瘫痪。这一检查方法在当时是非常先进的，但是由于医院医生没有提供给患者任何说明情况，患者以及他的妻子对于这一检查可能带来的风险完全处于一无所知的境地。虽然上述并发症可能带来的风险非常小，但即使在当时也不能说医学对此处在完全为之的状态，法官在判决中首次打入了知情同意概念。

〔2〕 在英国哥伦汉姆·盖斯肯一案中，哥伦汉姆在年幼时经常因病治疗，并且先后被几对父母领养，在治疗完毕后，他认为当地的公共权力服务部门在他治疗过程中存在疏忽行为，于是提起诉讼。但是他的审前查阅个人病历档案的请求被上诉法院驳回，并声称有高等法院的解释"儿童治疗服务的合法机构有保留有关秘密文件的必要"为依据。后来，哥伦汉姆上诉到欧洲人权法院，强调上诉法院对他的知情权的拒绝违反了《欧洲人权公约》第 8 条中尊重个人及家庭生活和第 10 条对信息获取权的规定。欧洲人权法院最后通过表决否认了他对第 10 条的主张，但认为上诉法院确实违反了第 8 条的规定。转引自李燕："病历的几个民法问题研究"，载梁慧星主编：《民商法论丛》（第 30 卷），法律出版社 2004 年版，第 174 页。

〔3〕 上海市卫生立法框架研究课题组：《上海市科教兴市立法框架研究 卫生》，上海人民卫生出版社 2006 年版，第 285 页。

及交付复本之权利。[1]域外医疗立法并无我国相关行政法规所谓的主观病历和客观病历之分，所有公私医院门诊制作的医疗记录，包括书面病历和储存在计算机里的病历信息，在内容上不仅包括对患者健康信息的记录，还包括医生对患者表达的观点、评价等，均为域外立法病历知情的范围。[2]患者对病历的知情权是患者知情权的一个方面，患者有权知道自己病历的全部信息。当今，患者病历知情权已是一项不言自明的普通法权利。[3]即使在没有相关立法的情况下，法院也会根据医师的忠实义务原理，判决患者有权查阅和复制自己的医疗记录。加拿大的 *Mclnerney v. MacDonald* 案[4]就是一个有力的例证。加拿大最高法院所审理的 *Mclnerney v. MacDonald* 案（1992 年）涉及的主要是在没有相关立法的情况下患者是否有权请求查阅和复制他的医疗记录。该诉讼是因患者向医生要求复制完整的医疗文件内容但医生只提供了自己制作的医疗资料而拒绝提供其他医生所转送的医疗资料而引发的。本案中，加拿大最高法院在否定患者对医疗记录享有所有权的同时，赋予其查阅和复制该记录的权利。最高法院认为，从医患之间的特殊信任关系、医生的"忠实义务"出发，向患者披露医疗信息是医生"忠实义务"的应有之义或必然结果。

《民法典》《中华人民共和国数据安全法》（以下简称《数

---

〔1〕　上海市卫生立法框架研究课题组：《上海市科教兴市立法框架研究　卫生》，上海人民卫生出版社 2006 年版，第 291 页。

〔2〕　Robert G. lee："Confidentiality and Medical Records"，from Clare Dyer, Doctors, patients and the Law，Blackwell Scientific Publications，1992，p. 40.

〔3〕　参见英国的司法判例（如英国上诉法院的 *R v. Mid Glamorgan Family Health Servies* 一案）。

〔4〕　*Mclnerney v. MacDonald*〔1992〕93 DLR（4th）415（Can Sup Ct）.

据安全法》)、《个人信息保护法》等赋予个人数据知情同意权。我国保护患者知情权具有明确的法律依据。因此，患者知情权在我国已经成为一项独立的民事权利，系公民依法享有的人格权的组成部分。[1] 基于患者人格权保护，患者享有其健康医疗个人数据处理的控制权。患者知情同意权是患者人格权的具体体现。我国《民法典》第1219条规定："医务人员在诊疗活动中应当向患者说明病情和医疗措施。需要实施手术、特殊检查、特殊治疗的，医务人员应当及时向患者具体说明医疗风险、替代医疗方案等情况，并取得其明确同意；不能或者不宜向患者说明的，应当向患者的近亲属说明，并取得其明确同意。医务人员未尽到前款义务，造成患者损害的，医疗机构应当承担赔偿责任。"我国《医师法》第25条规定："医师在诊疗活动中应当向患者说明病情、医疗措施和其他需要告知的事项。需要实施手术、特殊检查、特殊治疗的，医师应当及时向患者具体说明医疗风险、替代医疗方案等情况，并取得其明确同意；不能或者不宜向患者说明的，应当向患者的近亲属说明，并取得其明确同意。"《医疗事故处理条例》第11条规定："在医疗活动中，医疗机构及其医务人员应当将患者的病情、医疗措施、医疗风险等如实告知患者，及时解答其咨询；但是，应当避免对患者产生不利后果。"上述规定意味着在医疗服务开始之时，患者向医疗卫生机构提供健康医疗个人数据之初，即享有健康医疗个人数据知情同意权。对于健康医疗个人数据，患者个人对其健康医疗个人数据的处理享有知情同意的权利。患者个人有权了解其个人数据处理者名称、信息处理目的、处理方式，处

---

[1] 陈志华：《医疗损害责任深度释解与实务指南》，法律出版社2010年版，第148页。

理的个人信息种类、保存期限等内容。患者享有依法决定其个人数据的收集、处理和使用事项的权利。卫生行政管理部门授权的卫生信息机构通过数据共享平台，向第三方医疗机构或者医保部门等单位共享个人医疗数据之前，患者应当被充分告知数据被处理和使用等相关情况，只有在其同意的情况下，其他个人医疗数据作成主体、第三方医疗机构或者医保部门等单位才获得共享数据的资格。

（三）数据查询权

美国米歇尔·哈里森医生对于《美国宪法》第28条提出修正建议，该建议提到"对健康的追求是每个人不可剥夺的权利。每个人都有权知晓自己的身体，可以对危害健康的病况调阅了解，并为追求健康的目的这样做"。[1]

健康医疗个人数据查询权，主要是指患者可以查询与其数据流通、使用等有关内容的权利，保证在合理期间内，患者能以合理的方式、便捷的途径获取其个人健康医疗数据，同时，也包括医疗机构可以跨区域调取患者个人医疗数据的权利，以及卫生行政管理部门授权的卫生信息机构自行查询其所存储的个人医疗数据的权利。[2] 应赋予个人医疗数据作成主体数据查询权，"以真正实现覆盖个人医疗数据主体全生命周期的预防、治疗、康复和健康管理的一体化健康服务"。[3]

健康医疗个人数据查询权，本质上是患者的病历数据知情

---

〔1〕 ［美］埃里克·托普：《颠覆医疗　大数据时代的个人健康革命》，张南、魏薇、何雨师译，电子工业出版社2014年版，第193页。

〔2〕 李佳迪："个人医疗数据共享立法研究"，中国政法大学2019年硕士学位论文。

〔3〕 钱亚芳：《大数据时代个人健康数据法律规制》，中国社会科学出版社2018年版，第158页。

权，即患者及其家属请求查阅自己的病历数据的权利。具体而言，包括两个方面：其一，患者在住院期间有权知道自己病历中的信息，即患者请求医疗机构查阅医疗记录的权利。其二，患者在出院后、医疗机构病历数据保存期间内请求查阅自己的病历数据的权利。我国现行法将患者病历区分为主观病历和客观病例，依据《医疗事故处理条例》，住院病历中的住院志（即入院记录）、体温单、医嘱单、化验单（检验报告）、医学影像检查资料、特殊检查（治疗）同意书、手术同意书、手术及麻醉记录单、病理报告、护理记录、出院记录为客观病历，而死亡病例讨论记录、疑难病例讨论记录、上级医师查房记录、会诊意见、病程记录为主观病历。

依据《医疗机构病历管理规定（2013 年版）》第 19 条规定，医疗机构可以为申请人复印或者复制的病历资料包括：门（急）诊病历和住院病历中的住院志（即入院记录）、体温单、医嘱单、化验单（检验报告）、医学影像检查资料、特殊检查（治疗）同意书、手术同意书、手术及麻醉记录单、病理报告、护理记录、出院记录。《医疗事故处理条例》第 10 条第 1、2 款规定："患者有权复印或者复制其门诊病历、住院志、体温单、医嘱单、化验单（检验报告）、医学影像检查资料、特殊检查同意书、手术同意书、手术及麻醉记录单、病理资料、护理记录以及国务院卫生行政部门规定的其他病历资料。患者依照前款规定要求复印或者复制病历资料的，医疗机构应当提供复印或者复制服务并在复印或者复制的病历资料上加盖证明印记。复印或者复制病历资料时，应当有患者在场。"以上条款所列举的病历资料又称客观性病历资料。依照我国法律法规，对于上述客观性病历，患者要求查阅、复制的，医疗机构应当提供方便。我国现行法上谨慎地将病历的内容区分为主观病历和客观病历，患者仅可以查询自己的客观病例内容，患者的病历知情权实际上是被限制的部分病历知情权。

我国《民法典》第1225条规定："医疗机构及其医务人员应当按照规定填写并妥善保管住院志、医嘱单、检验报告、手术及麻醉记录、病理资料、护理记录等病历资料。患者要求查阅、复制前款规定的病历资料的，医疗机构应当及时提供。"《民法典》第1225条的"等"字应取其列举未尽之意，因此，患者可查阅的范围应不限于该条款所列举的项目。健康医疗个人数据应更为开放以利于患者健康。患者可查阅的内容应包括所有患者在诊疗活动过程中形成的所有病历数据。

事实上，无论是客观病历还是主观病历都是患者疾病诊治的信息，患者有权知道与自己医疗相关的信息。在患者的知情同意权已为我国法律所确立的大背景下，《医疗事故处理条例》中关于病历查阅权的限缩规定亟待调整和修订，应赋予患者全部病历数据的查阅权。

患者在通常情况下，应有权查阅自己的全部病历数据，患者不能亲自查阅和复制自己病历的情况应只适用于知情同意权的例外情形，即①对患者产生不利情况的情形，②对第三人产生有害影响的情形。[1]

（四）数据修正请求权

美国《健康保险可携性和责任法案》要求：个人和医院均认为所记录的某项信息是错误的，医院必须进行更正；当医院认为信息是正确的，个人仍有权将自己的异议标注于文件之上。我国《网络安全法》第43条规定："个人发现网络运营者违反

---

[1] Robert G. lee: "Confidentiality and Medical Records", from Clare Dyer, *Doctors*, *patients and the Law*, Blackwell Scientific Publications, 1992, p. 40.

法律、行政法规的规定或者双方的约定收集、使用其个人信息的，有权要求网络运营者删除其个人信息；发现网络运营者收集、存储的其个人信息有错误的，有权要求网络运营者予以更正。网络运营者应当采取措施予以删除或者更正。"数据修正请求权，是指当健康医疗个人数据的处理导致数据存在不完整性或者不准确性，甚至侵犯个人医疗数据作成主体的合法权益时，数据作成主体有权要求对数据进行适当的更改和删除的权利。数据修正请求权的启动，应以权利人向数据作成机构提出请求为前提。医疗机构与卫生行政管理部门授权的卫生信息机构发现其存储的个人医疗数据存在错误，应当及时自行更正；医疗机构发现卫生行政管理部门授权的卫生信息机构存储的个人医疗数据存在错误，应当及时提出更正申请，卫生行政管理部门授权的卫生信息机构应当及时更正。[1]

（五）健康医疗数据的获益权

一般情形下，健康医疗个人数据的作成费用，应属于公共消费。因政府决策、公共安全、公共卫生、公益性科学研究等公共利益依法共享健康医疗数据的，健康医疗数据所有权中的人健康医疗数据机构应当无偿提供，不能行使收益权。涉及健康医疗数据个人的，健康医疗数据个人应无偿提供。

在法律的框架内予以适当的经济利益的配合，有利于群体的共识性行动。

公共消费包括国家行政管理和国防支出，教科文卫事业支出，社会救济和劳动保险方面的支出等，是指由政府和为居民服务的非营利机构承担费用、对社会公众提供的消费性货物。

---

[1] 参见李佳迪："个人医疗数据共享立法研究"，中国政法大学 2019 年硕士学位论文。

公共消费既是国民消费不可或缺的重要组成部分，同时又能带动居民（私人）消费，因此，扩大公共消费可以直接和间接地提升消费率，从而具有化解宏观经济运行中矛盾和促进社会事业发展的双重功能。公共消费需要是指主要通过分配社会基金而实现的需要。如基础教育、卫生防疫、妇幼保健、公共交通及公共文化、体育、娱乐等。公共消费需要是人们生活消费需要的重要组成部分。在发达国家，公共产品和服务的消费可以占到全社会消费的非常高甚至一半以上的比重。基于社会公共利益和法律法规的规定，一般情形下，健康医疗个人数据的作成费用，应属于公共消费。健康医疗数据具有财产权的性质，其所有权人虽然不能将健康医疗大数据出卖，但是仍然可以通过别的途径收取一定的利益。申请数据使用者，除了个人和医疗机构外，还有保险机构、司法机关、公安机关等，对于健康医疗数据，由于所有的健康医疗数据的记录、管理、维护、保存等费用均由医疗机构或者区域卫生行政机构授权的卫生信息平台建设机构承担，因此，个人不能行使收益权。所以即使数据依法向居民个人开放，居民查询其个人健康医疗数据，依然需要向健康医疗个人数据作成机构缴纳相关费用，以对数据作成机构的投入进行补偿。特殊情形下，当健康医疗个人数据用于商业目的的数据共享时，在健康医疗数据个人知情同意下，健康医疗个人数据所有者健康医疗数据机构和健康医疗个人具有经济获益权。

对于健康医疗衍生数据，立法应鼓励健康医疗数据的科学研究、咨询服务、产品开发、数据加工活动。应鼓励健康医疗数据应用发展和成果转化，鼓励将健康医疗数据作为生产要素参与数据应用创新创业，营造良好数据共享氛围。健康医疗衍生数据作成和维护需要大量的资金投入，经区域卫生行政机构审批获得查询和使用权的用户需要向相关健康医疗衍生数据所有人支付相关费用，以使该类数据作成机构的投入、数据系统维护获得必要的经济补偿与获益。另外，在个人知情同意前提下，基于正当商业利益发生的健康医疗个人数据利用，健康医疗数据个人获取适当的经济利益亦应为适当。

任何法律秩序提供保障的权威都以某种方式依赖于构成该秩序的社会群体的共识性行动，而社会群体的形成在很大程度上依赖于物质利益的配合。[1] 在法律框架内的分享和合作，在不损害健康利益数据个人的利益的前提下形成公平的利益分享机制，以促进健康医疗数据机构收集、作成、汇交和共享健康医疗数据，对于健康医疗数据应用的发展具有积极意义。因此，立法应鼓励各级各类健康医疗数据机构开展健康医疗数据加工及增值服务。对于因经营性活动需要使用健康医疗数据的情形，当事人各方应当签订有偿服务合同。有偿服务收费标准由市人民政府价格主管部门会同市卫生健康委规定。对于健康医疗数据共享产生的经济收益，应当由相关方共同协商确定经济收益分配形式和比例。

---

[1] 参见 [德] 马克斯·韦伯：《经济、诸社会领域及权力》，李强译，生活·读书·新知三联书店 1998 年版。

第二章　我国健康医疗数据制度
困境及立法借鉴

第一节　我国健康医疗数据制度的困境及挑战

一、我国健康医疗数据发展现状

习近平总书记指出："没有全民健康就没有全面小康"，推动健康医疗大数据应用，实施国家大数据战略，健康中国战略和数字中国战略，"未来 10 年……人工智能、大数据……给全球发展和人类生产生活带来翻天覆地的变化"。[1] 这些重要工作指示为我国健康医疗数据发展指明了方向。2015 年中共中央、国务院《"健康中国 2030"规划纲要》提出："到 2020 年，建立覆盖城乡居民的中国特色基本医疗卫生制度，健康素养水平持续提高，健康服务体系完善高效，人人享有基本医疗卫生服务和基本体育健身服务，基本形成内涵丰富、结构合理的健康

---

〔1〕习近平："顺应时代潮流实现共同发展——在金砖国家工商论坛上的讲话（2018 年 7 月 25 日，约翰内斯堡）"，载 http://cpc.people.com.cn/n1/2018/0726/c64094-30170246.html，访问日期：2022 年 2 月 3 日。

产业体系，主要健康指标居于中高收入国家前列。到 2030 年，促进全民健康的制度体系更加完善，健康领域发展更加协调，健康生活方式得到普及，健康服务质量和健康保障水平不断提高，健康产业繁荣发展，基本实现健康公平，主要健康指标进入高收入国家行列。到 2050 年，建成与社会主义现代化国家相适应的健康国家。"2016 年 12 月 27 日《国务院关于印发"十三五"深化医药卫生体制改革规划的通知》提出："到 2017 年，基本形成较为系统的基本医疗卫生制度政策框架。分级诊疗政策体系逐步完善，现代医院管理制度和综合监管制度建设加快推进，全民医疗保障制度更加高效，药品生产流通使用政策进一步健全。到 2020 年，普遍建立比较完善的公共卫生服务体系和医疗服务体系、比较健全的医疗保障体系、比较规范的药品供应保障体系和综合监管体系、比较科学的医疗卫生机构管理体制和运行机制。经过持续努力，基本建立覆盖城乡居民的基本医疗卫生制度，实现人人享有基本医疗卫生服务，基本适应人民群众多层次的医疗卫生需求。"2020 年 6 月 1 日开始实施的《卫生健康法》第 5 条规定："公民依法享有从国家和社会获得基本医疗卫生服务的权利。国家建立基本医疗卫生制度，建立健全医疗卫生服务体系，保护和实现公民获得基本医疗卫生服务的权利。"以患者更健康、更方便等权益为出发点的个人在从出生到死亡的全生命周期中产生的健康医疗数据，为更好地理解疾病的机理、寻找更好的治疗途径、合理配置医疗资源和确定合理的医疗支出，为切实实现医疗、医药、医保三医联动，并最终使人们达到最高的健康水平提供了广阔的空间。

数据技术作为推动医疗卫生服务模式和服务内容变革的重要手段，广泛应用于医疗卫生服务的各个领域。健康医疗数据产生于医疗卫生服务体系的各个环节。健康医疗数据，涵盖公共卫生服务、医疗服务、医疗保障和药品保障活动中形成的各种数据信息，是国家的基础性的战略资源。

我国政府健康医疗数据保护和利用的起步明显晚于欧美国家，虽然早在 2003 年我国原卫生部就印发了《全国卫生信息化发展规划纲要 2003~2010 年》，从宏观规划和顶层设计的高度提出了"标准化是卫生信息化建设的重要基础"，尽快建立统一的卫生信息标准体系，制定相应的卫生信息化规章政策是卫生信息化建设的首要任务，但是实践中，由于当时我国数据信息科学技术水平较欧美国家落后，健康医疗信息化、健康医疗数据保护和应用的进程在相当长一段历史时期进展缓慢。

我国自 2008 年开始对健康医疗数据技术进行研究，并且进行电子健康档案试点；2010 年对电子病历进行试点，并且将二者进行对接；2011 年从乡村开始进行电子健康档案建设，后将目标设定为城乡 70% 建档率；2012 年开发搭建标准管理平台进行标准统一，并将目标设定为 15 年完成 75% 的电子健康档案建档率；2013 年将电子健康档案和电子病历并列提出，共同纳入卫生信息平台建设框架；开展医疗卫生机构信息系统标准化成熟度测评试点工作，并建立城乡居民电子健康档案和中西医电子病历、以推广医保"一卡通"为重点，建设支持各级医院上下联动、医保医药医疗业务协同、居民健康监测咨询等的医疗健康公共服务信息系统，进行电子健康档案开放试点；2014 年提出电子健康档案和电子病历信息库的动态更新和全国覆盖目标，2017 年、2018 年两年电子健康档案纳入信息化和公共服务平台的建设计划。2018 年推动电子健康档案向个人开放。2016 年我国《国务院办公厅关于促进和规范健康医疗大数据应用发展的指导意见》，将健康医疗大数据定位为国家发展战略性资源，明确指出，促进健康医疗大数据应用发展的重点任务之一即

"夯实健康医疗大数据应用基础……加快建设统一权威、互联互通的人口健康信息平台",进而"实现国家和省级人口健康信息平台以及全国药品招标采购业务应用平台互联互通,基本形成跨部门健康医疗数据资源共享共用格局。到 2020 年,建成国家医疗卫生信息分级开放应用平台"的发展目标。[1] 并制定了首先"实现国家和省级人口健康信息平台……互联互通,基本形成跨部门健康医疗数据资源共享共用格局";然后"建成国家医疗卫生信息分级开放应用平台"的逐步发展目标。[2] 2018 年印发的《国务院办公厅关于促进"互联网+医疗发展"的意见》,在健全"互联网+医疗健康"服务体系和完善"互联网+医疗健康"支撑体系与加强行业监管和安全保障等方面均提出了具体的建设要求。在政府数据开放共享的整体布局下,国家医疗卫生行政部门、地方政府进行制度建构、资源整合与健康医疗数据平台建设。2018 年 7 月 12 日发布的《国家健康医疗大数据标准、安全和服务管理办法(试行)》首次明确了健康医疗大数据包括卫生健康行政部门、相关医疗单位以及个人所涉及的健康医疗数据。其后有一些地方性健康医疗数据应用发展法规跟进,如《贵阳市健康医疗大数据应用发展条例》《福州市健康医疗大数据开放开发实施细则》《四川省健康医疗大数据应用管理办法(试行)》《北京市加快医药健康协同创新行动计划(2021~2023 年)》等相继出台。我国健康医疗数据开放与实践迈出了有意义的一步。

---

〔1〕 详见《国务院办公厅关于促进和规范健康医疗大数据应用发展的指导意见》(国办发〔2016〕47 号)。

〔2〕 详见《国务院办公厅关于促进和规范健康医疗大数据应用发展的指导意见》(国办发〔2016〕47 号)。

　　健康医疗数据的多部门、多领域数据保护和利用需要以健康医疗数据的深度融合为基础，建成市行政区域层面的健康医疗数据信息平台是推动健康医疗数据多领域应用、释放数据红利的前提条件。目前，我国国家、省、市、县四级健康信息平台已初步建立，并开展省级区域内平台互联互通工作。国家卫健委也积极推动卫生健康信息跨部门、跨层级利用，目前已在国家政务信息共享交换平台发布了出生医学证明接口、死亡医学证明接口等六类数据接口；先后印发两批《数据共享清单》并出台《国家卫生健康委数据共享交换系统（政务外网）服务接口管理暂行办法》，以期实现健康卫生信息在国家人口基础信息库身份核验、民政部婚姻登记信息核验、医师执业登记等方面的应用。[1] 我国目前已有北京、上海、辽宁等多个省市在建设基于居民电子健康档案的省级区域卫生信息平台，采集了海量医疗卫生档案数据，建立居民电子健康档案数据系统，正在成为区域健康医疗数据的存储中心。电子健康档案数据系统中包括个人健康医疗个人数据内容，同时涉及部分公共卫生服务数据及药品使用、医疗保险信息，是目前区域健康医疗大数据平台比较成熟的数据资源。电子健康档案数据系统中的电子健康档案重点关注政府管理机构为实现患者与医务人员间跨机构、跨平台的信息共享与交互而建的健康信息集合，满足增强患者就医安全、改善医疗服务质量和降低医药费用等公共健康管理需要。[2] 目前，北京市卫生健康委信息中心拥有北京市属医疗

---

　　〔1〕　参见赵飞等："健康医疗大数据共享开放模式研究"，载《中国卫生信息管理杂志》2019 年第 6 期。

　　〔2〕　徐健："加拿大电子健康档案建设新进展及启示"，载《医学信息学杂志》2018 年第 7 期。

机构的患者病案首页数据信息，市属 30 家试点医疗机构的门急诊病历实现数据共享。北京市区属卫生信息中心健康医疗数据建设初具规模。如北京市西城区卫生健康委信息中心平台已实现区属医疗机构间健康医疗数据共享，央属和市属医疗机构实现交互使用有关的居民健康卡上的主索引数据。该信息中心建有全民健康信息平台。医疗机构则存储患者诊疗方面的数据，如北京协和医院信息中心的患者诊疗方面的数据非常全面，挂号、缴费、检查、检验、处方、治疗、住院病历、住院期间诊疗、输血、手术等数据详尽齐全。而北京市疾控中心则掌握全市全面而详尽的公共卫生信息。总体上看，北京市健康医疗数据平台建设正在逐步完善，有力促进了数字医疗卫生的健康发展。

2016 年 10 月，原国家卫生计生委为推进和规范医疗大数据的应用发展，将福建省、江苏省及福州、厦门、南京、常州确定为医疗大数据中心与产业园建设国家试点工程第一批试点省市。2018 年五大国家健康医疗大数据区域中心建设相继推开。东西南北中五大医疗健康大数据区域中心已基本确定，分别位于江苏、贵州、福建、山东和安徽。[1] 2018 年，国家健康医疗大数据（东部）中心正式投入运营。2020 年 12 月，作为全国第一个通过国家卫健委试点评估并获得国家卫健委、省、市共建签约的国家级健康医疗大数据中心（北方）正式运营，已具备试点健康医疗大数据要素赋能保险业的数据优势和技术优势。北方中心是国内医疗领域规模最大的数据中心。

2020 年 3 月 4 日，中共中央政治局常委会会议强调，加快

---

〔1〕 "健康医疗大数据中心全景图 国家认定东西南北中五大中心"，载搜狐网，https://www.sohu.com/a/254892789_139908，访问日期：2020 年 12 月 8 日。

5G 网络、数据中心等新型基础设施建设（以下简称"新基建"）进度。2020 年 4 月，国家发改委首次明确"新基建"范围，包括信息基础设施、融合基础设施、创新基础设施等。"新基建"备受各方关注，并且在新冠肺炎疫情期间发挥了巨大作用，数字医疗在"新基建"基础上得以快速发展。国家卫生健康委副主任李斌于 2020 年 5 月 9 日在国新办举行的国务院政策例行吹风会上表示："运用大数据、人工智能、云计算等数字技术，在疫情监测分析、病毒溯源、防控救治、资源调配等方面更好地发挥支撑作用。"目前，线上诊断、远程医疗、在线会诊等活力迸发，医疗卫生加速了数字化转型的进程，健康医疗数据平台建设更上了一个台阶。

在"健康中国"战略背景下，国家大力推进健康事业发展，深化医药卫生体制改革。随着信息技术的快速发展和互联网应用的普及，"互联网+医疗健康"的建设以及各种健康管理 APP 和智能穿戴设备的普及，使得健康医疗领域的数据呈爆发式增长，健康医疗数据在社会生活中被广泛应用，健康医疗数据呈现出高速发展的态势。在医疗卫生领域，健康医疗数据的发展给医疗卫生管理模式、服务方式与医疗卫生信息传播带来了翻天覆地的变化，促使医疗卫生服务发生了深刻的变革。在医疗卫生服务中，在对海量健康医疗数据进行收集、挖掘和运用的过程中，逐渐产生了新的法律关系，引发了新的法律问题，健康医疗数据法治化被提上议事日程。

二、我国健康医疗数据立法不足

社会对健康医疗数据立法需求日趋迫切。然而，我国健康医疗数据法律制度建设相对滞后。目前，我国尚无一部国家层面的健康医疗数据的专门法律，相关规定主要散见于一些法律、行政法规、部门规章、地方法规等规范性文件之中。现实中，我国健康医疗数据立法明显落后于当前健康医疗数据高速发展现实需求。我国健康医疗数据法律制度面临诸多困境和挑战。

（一）我国健康医疗数据安全保护制度尚需完善

近年来个人数据保护立法逐步加强。2013 年 7 月工业和信息化部发布《电信和互联网用户个人信息保护规定》；2017 年 6 月实施的《网络安全法》对信息作了界定，并将信息的保护纳入网络安全的范围。2018 年发布和实施的《国家健康医疗大数据标准、安全和服务管理办法（试行）》第 35 条规定："责任单位向社会公开健康医疗大数据时，应当遵循国家有关规定，不得泄露国家秘密、商业秘密和个人隐私，不得侵害国家利益、社会公共利益和公民、法人及其他组织的合法权益。"2019 年 4 月，公安部网络安全保卫局、北京网络行业协会、公安部第三研究所颁布了《互联网个人信息安全保护指南》对数据的保存、应用、共享、披露等作出规定。2020 年 12 月，周标《信息安全技术 健康医疗数据安全指南》发布。2021 年 1 月 1 日开始实施的《民法典》第 1034 条规定的自然人的信息权，为我国数据立法确定了总纲，划定了个人数据保护的法律红线。2021 年 9 月开始施行的《数据安全法》是我国第一部有关数据安全的专门法律，也是国家安全领域的一部重要法律。《数据安全法》的出台，为国家重要数据保护和各行业数据安全监管提供依据。2021 年 11 月 1 日开始实施的《个人信息保护法》构建了较为完整的个人信息保护框架。其规定涵盖了个人信息的范围以及个人信息从收集、存储到使用、加工、传输、提供、开放、删除等所有处理过程；明确赋予了个人对其信息控制的相关权利，并确认与个人权利相对应的个人信息处理者的义务及法律责任；对个人信息出境问题、个人信息保护的部门职责、相关法律责任进行了规定。

大数据战略背景下，需要强大的数据安全保护制度保驾护航，近年来有关数据安全保护立法的密集出台，体现了国家对数据安全保护的高度重视，客观上为健康医疗数据保护提供了制度的框架。另外，《医师法》《护士条例》《医疗机构病历管理规定（2013 年版）》《电子病历应用管理规范（试行）》《人口健康信息管理办法（试行）》等规定对患者隐私权、患者病历知情同意权等作出了规定，但是针对健康医疗数据安全保护的立法层级不高，法律规定粗糙。健康医疗数据不仅具有一般数据的特征，还具有医学专业性的特点。现实中存在健康医疗数据安全、健康医疗数据垄断和健康医疗数据的失信问题。[1]尚需制定专门的健康医疗数据安全保护制度，针对健康医疗数据特点进行更为细目化的制度构建。而且，健康医疗数据保护如何与现行医疗卫生法相互衔接，也存在一些问题。当前，无论在法律实务界还是理论界，关于健康医疗数据权利构造的观点还存在较大争议，健康医疗数据的法律性质、属性、权属等需要立法予以明确。在医疗服务领域，因缺少国家层面对标准化电子病历执行结果的监测机制和手段，当前医疗机构的电子病历各不相同，甚至同一区域内的电子病历都没有采用统一标准，导致我国电子病历实际上呈现"多小散乱差"的现状。[2]在公共卫生服务领域及重大疫情防控中，大数据、云计算等数字技术被广泛运用于疫情监测分析、病毒溯源、患者追踪、人员流动、社区管理等联防联控的各方面，个人信息被非法收集、

---

〔1〕　刘瑛、高逸："健康医疗数据法律规制研究"，载《天津师范大学学报（社会科学版）》2020 年第 2 期。

〔2〕　金小桃主编：《健康医疗大数据》，人民卫生出版社 2018 年版，第 11 页。

使用、泄漏、贩卖的风险大大增加。[1] 在新冠肺炎重大突发公共卫生事件中，通过隐私保护接触追踪技术这一技术工具的广泛使用和部署，更高效地实现疫情的信息同步，有助于达到精准防控和常态化防控的目的，但是也出现了一些个人信息泄露和侵权的问题。[2] 健康医疗数据管理制度尤其是技术监管制度还存在明显不足。健康医疗数据涉及的多方主体和不同阶段的客体，存在健康医疗数据安全、健康医疗数据垄断和健康医疗数据的失信问题。[3] 有关健康医疗数据安全保护制度仍需进一步完善。

从健康医疗数据所涉及的领域来看，对医疗服务领域数据的保护较公共卫生、医疗保险领域数据而言更为详尽。健康医疗各个领域数据保护不够全面。其中电子病历和电子健康档案管理规定较多。如《电子病历应用管理规范（试行）》，该规范侧重于对电子病历的管理，但是对于数据主体权利的保护并未涉及。近年来医疗卫生领域逐步开始重视电子健康档案的管理，自电子健康档案于 2011 年被写入国家"五年规划"中以来，其后的医疗卫生领域的大量国家层面的文件中多有提及，如 2015 年发布的《国务院办公厅关于印发全国医疗卫生服务体系规划纲要（2015~2020 年）的通知》、2016 年发布的《中华人民共和国国民经济和社会发展第十三个五年规划纲要》《国家卫生健康委员会、财政部、国家中医药管理局关于做好 2018 年国家基

---

〔1〕 参见时诚："重大疫情防控中个人信息的法律保护"，载《中国矿业大学学报（社会科学版）》2020 年第 2 期。

〔2〕 参见肖卫、华戴蕾："论疫情防控中个人信息保护——以 CoviD-19 突发公共卫生事件应急为视角"，载《南华大学学报（社会科学版）》2020 年第 1 期。

〔3〕 参见刘瑛、高逸："健康医疗数据法律规制研究"，载《天津师范大学学报（社会科学版）》2020 年第 2 期。

本公共卫生服务项目工作的通知》等，我国对于电子健康档案的规定仅为一些政策性文件，且主要是关于数据建设目标的宣誓性规定，而且近年来的文件中提及电子健康档案时，基本千篇一律地表述为"建设电子健康档案、电子病历……"而对于电子健康档案权利和义务等基本问题则没有作出规定，亟待立法加以细化和完善。

（二）健康医疗数据利用制度不健全

与我国数据安全与保护制度相比，我国数据利用法律制度建设更为滞后。从立法的位阶来看，我国涉及数据安全保护的法律以法律、国务院行政法规为主，法律位阶较高，而涉及数据利用的法律有《网络安全法》《中华人民共和国政府信息开放条例》（以下简称《政府信息开放条例》），更多数据利用规范则以地方法规、部门规章为主，法律位阶普遍较低。如《海南省大数据开发应用条例》（2019 年 9 月 27 日发布）、《吉林省促进大数据发展应用条例》（2020 年 11 月 27 日发布）、《安徽省大数据发展条例》（2021 年 3 月 29 日发布）、《山东省大数据发展促进条例》（2021 年 9 月 30 日发布）、《山西省大数据发展应用促进条例》（2020 年 5 月 15 日发布）、《天津市促进大数据发展应用条例》（2018 年 12 月 14 日发布）等。

对于健康医疗数据的发展和利用，2016 年国务院办公厅印发的《关于促进和规范健康医疗大数据应用发展的指导意见》指出要"推动健康医疗大数据资源共享开放。鼓励各类医疗卫生机构推进健康医疗大数据采集、存储，加强应用支撑和运维技术保障，打通数据资源共享通道。加快建设和完善以居民电子健康档案、电子病历、电子处方等为核心的基础数据库……建立全国健康医疗数据资源目录体系，制定分类、分级、分域健康医疗大数据开放应用政策规范，稳步推动健康医疗大数据开放"。2016 年中共中央、国务院印发了《"健康中国 2030"规划纲要》，提出加强健康医疗大数据应用体系建设，推进基于区域人口健康信息平台的健康医疗大数据开放共享、深度挖掘和广泛应用。2017 年 1 月 24 日，国家卫计委发布《"十三五"全国人口健康信息化发展规划》，将《国务院办公厅关于促进和规范健康医疗大数据应用发展的指导意见》中的发展目标进一步具体化，提出全民健康保障信息化工程、健康医疗大数据应用发展工程、基层信息化能力提升工程、智慧医疗便民惠民工程和健康扶贫信息支撑工程等几大重点工程。2018 年国务院办公厅印发的《关于促进"互联网+医疗发展"的意见》，在健全"互联网+医疗健康"服务体系和完善"互联网+医疗健康"支撑体系与加强行业监管和安全保障等方面均提出了具体的建设要求。上述规范性文件的共同特点是规定了国家要促进和发展健康医疗大数据、互联网医疗等宣誓性条款，但是缺少对健康医疗数据利用的具体规定。2018 年 7 月 12 日发布的《国家健康医疗大数据标准、安全和服务管理办法（试行）》首次明确了健康医疗大数据包括卫生健康行政部门、相关医疗单位以及个人所涉的健康医疗数据。其后有少数地方性健康医疗数据应用发展法规跟进，如《贵阳市健康医疗大数据应用发展条例》（2018 年 10 月 9 日发布，2021 年 6 月 7 日修正）。

在我国医疗卫生立法中，《中华人民共和国传染病防治法》（以下简称《传染病防治法》）第 19 条规定："国家建立传染病预警制度。国务院卫生行政部门和省、自治区、直辖市人民政府根据传染病发生、流行趋势的预测，及时发出传染病预警，根据情况予以公布。"另有健康医疗数据散见于《国家卫生和计划生育委员会、国家中医药管理局关于加快推进人口健康信息化建设的指导意见》《省统筹区域全民健康信息平台建设方案》

《全国医院信息化建设标准与规范（试行）》《基于健康档案的区域卫生信息平台建设指南（试行）》《电子健康卡建设与管理指南》等规范性文件中。

健康医疗数据利用制度主要包括数据开放和数据共享制度。我国现行法上的健康医疗数据利用制度，主要集中于政务数据开放方面，目的是政府服务的透明化和便捷化。其数据源的目标形式主要是政务数据。公共数据中有一部分是可以被任何人自由免费使用、重用或重新发布的数据，唯一可能受到的限制是要求使用者署名。另一部分公共数据是指任何人都有权利访问，能在一定条件下获取并使用的数据，比如国家人口普查的数据，任何人都有权利访问，但是只有付费才能获得，且需要在统计局版权规定下进行数据使用。[1] 公共数据最为显著的特征是任何人（不特定公众对象）都有权利访问或使用。而共享数据的核心是数据权益主体之间的数据交互和利用，共享数据是指数据权益主体之间的数据交互使用及在"一定条件下"与"指定的第三方"共享使用。社会生活中的数据共享强调的是市场经济生活中的数据的交互和使用，重在实现数据利用价值的最大化，是为了实现数据利益最大化。

在医疗卫生领域，2018 年发布的《国家健康医疗大数据标准、安全和服务管理办法（试行）》第 2 条规定："我国公民在中华人民共和国境内所产生的健康和医疗数据，国家在保障公民知情权、使用权和个人隐私的基础上，根据国家战略安全和人民群众生命安全需要，加以规范管理和开发利用。"该条确立的是以国家为主导对医疗大数据进行管理和开发利用。这与社会市场经济中的健康医疗数据共享现象还存在一定距离。此外，

---

〔1〕　COSR 编写组：《数据服务框架》，中信出版集团 2016 年版，第 26 页。

《中华人民共和国统计法》（以下简称《统计法》）还规定公共统计信息的咨询和有偿使用制度。我国现行法之政府信息公开制度设计的逻辑是从政府行政管理角度出发的，这种行政法色彩浓厚的政府信息公开或者数据开放立法还远不能满足社会生活中的数据交互和使用需求，而以数据交互和使用为目的的健康医疗数据共享立法还远没有实现。

我国现行法上关于健康医疗数据利用制度的规定主要集中在健康医疗数据开放制度，而关于健康医疗数据共享制度建设的规定则比较薄弱。为实现"数字中国""数字医疗"，为弥补健康医疗数据法律制度中共享制度薄弱的短板，理论及实务界应以推进新型的健康医疗数据使用中的数据共享、互利共赢为适当。

目前，数据共享制度的建设面临诸多困境。首先，对健康医疗数据共享的数据范围规定较窄，现有的法律规范中，如《国家卫生和计划生育委员会、国家中医药管理局关于加快推进人口健康信息化建设的指导意见》《省统筹区域全民健康信息平台建设方案》《全国医院信息化建设标准与规范（试行）》《电子健康卡建设与管理指南》，主要涉及电子病历和电子健康档案，且多为对电子病历和电子健康档案进行管理和使用的规定，病历和电子健康档案的交互使用、共享立法则尚且缺失。其次，关于数据共享主体的范围的具体规定比较模糊。《个人信息保护法》中只提到"个人信息处理者"，但是并没有对个人信息处理者的概念和范围进行明确规定。隐私安全、数据权属不清与利益分配不明等问题制约着健康医疗数据共享发展。[1] 当前大健

---

[1] 张建楠等："健康医疗数据共享基本原则探讨"，载《中国工程科学》2020年第4期。

康背景下，商业健康机构作为大健康产业的一部分，健康医疗数据的合理合法使用具有正当性。但现行法完全将基于正当商业利益排除在健康医疗共享制度之外。现行法已将商业健康保险作为基本医疗保险的补充，却仍将商业健康保险完全排除在健康医疗数据共享制度之外。大健康背景下，正当的商业健康管理服务，通过健康信息采集、实时监测、健康预警、健康评估等方法对客户的身体健康进行干预，对于加强疾病预防、促进健康具有重要作用，但是现行法上依然无法实现健康医疗数据共享。目前，现行法健康医疗数据只能在医疗卫生体系内交互使用，健康医疗数据呈现出"医疗卫生小圈子范围内"的"数据孤岛"现象，如此设定数据应用障碍，与我国构建大健康战略背道而驰。法律应社会需求而生，在健康医疗数据共享制度方面，我国健康医疗数据立法任重而道远。

第二节　我国健康医疗数据立法不足的原因

一、个人利益与社会公共利益的固有冲突

健康医疗数据保护主要强调个人人格权和财产权益的个人利益保护，而以健康医疗数据开放和共享为主要内容的数据利用则更多是基于社会公共利益的价值考量。公共利益与个人利益之间有时存在着冲突，往往表现在它们互相离异、分化和制约的运动与趋势。[1] 健康医疗数据个人利益与社会公共利益本身固有的冲突，加剧了健康医疗数据立法的难度，如何实现数

---

〔1〕　叶必丰：《行政法的人文精神》，北京大学出版社 2005 年版，第 116 页。

据主体个人利益和社会公共利益的平衡，是健康医疗数据立法中的难点。

隐私是私人未向不特定第三人开放的范围，是自然人不愿让他人知晓的内容，与公共领域和公共利益无密切关联。[1]"个人医疗数据中能识别到个人的身体隐私，基因信息、生物识别信息（指纹、血型等）就属于隐私信息，亦属于个人生活秘密，是个人不愿意他人介入的私人空间，一定程度上体现了一种人格利益，无论这些个人秘密是否具有商业利用价值，都应当受到保护"，[2]但是在涉及社会公共利益的情况下，如在传染病防治和突发公共卫生事件情形下，过度私权保护则不利于群体健康权维护。此时，私权应适度让渡给公权。同时过度的私权保护，也不利于健康医疗数据的开发与利用。不利于个人医疗数据的增值使用，亦有悖于大数据时代推行智慧医疗、促进人类健康事业发展的初衷。[3]另一方面，在健康医疗数据开放和共享的同时，数据滥用也可能对个人造成侵权，健康医疗个人数据无法得到安全保障，也很难在数据共享中发挥积极作用。

健康医疗数据的积极利用对保障人类健康，增进人类福祉具有重大意义，但同时健康医疗大数据的充分利用和数据保护之间存在冲突，这个问题引起了学界的注意。有学者主张通过知情同意原则的灵活运用及替代性或补充性保护机制的引入，

---

〔1〕 沈中、许文洁：《隐私权论兼析人格权》，上海人民出版社 2010 年版，第 80 页。

〔2〕 钱亚芳：《大数据时代个人健康数据法律规制》，中国社会科学出版社 2018 年版，第 33 页。

〔3〕 钱亚芳：《大数据时代个人健康数据法律规制》，中国社会科学出版社 2018 年版，第 129 页。

来解决这种冲突。[1]

二、立法经验不足

美国法学家霍姆斯说"法律的生命不在于逻辑，而在于经验"。健康医疗数据是医疗行业信息化蓬勃发展的产物，立法者对于新事物的认识也需要一个过程，我国健康医疗数据保护与利用制度尚处于立法阶段，对于这种新型的制度，法律事件和相关立法的经验不多。尤其是其中的健康医疗数据开放共享亦是一种较为新型的制度，需要在数据执法和司法实践中逐步建立。我国健康医疗数据开放和共享立法由于立法经验不足、水平不高以及各地差异性过大等原因，导致健康医疗数据共享的相关规定不统一、不明确、不标准。

放宽学术的视野，我们看到健康医疗数据保护和利用中存在个人利益和社会利益博弈等客观原因和立法观念的局限，但是也为未来法治完善预留了空间。随着法治和信息数据技术的进步，当下，如何促进数据开放共享具体制度的完善，走出中国健康医疗数据保护和利用的新路，成为我们需要思考和着力解决的核心问题。

第三节　健康医疗数据立法的域外经验

目前，世界上许多国家在健康医疗数据的运用方面已取得比较突出的成就。在健康医疗数据化方面，欧美等发达国家已

---

[1] 王立梅："健康医疗大数据的积极利用主义"，载《浙江工商大学学报》2020 年第 3 期。

经基本实现了电子病历在初级医疗中的全面普及。丹麦、瑞典等国的初级医疗和二级医疗的电子医疗记录普及率已接近100%，英国在初级医疗方面的普及率也接近100%，在二级医疗方面的普及率方面约为70%；德国分别约为80%和40%；法国分别为70%和30%；日本分别为35%和72%；美国在初级医疗方面的普及率约为87%，二级医疗方面则稍低。[1] 在此基础上，许多国家通过制度指引、政府引导、法律规制，形成了许多健康医疗数据库。比如，英国的通用实践研究数据库、健康促进网，荷兰的记录联结系统，美国的艾贝欧、凯撒、耶比欧等。[2] 基于健康医疗数据库的支持，涌现了很多合理运用健康医疗数据推动医疗事业发展的企业，如美国的阿泰瑞斯公司运用健康医疗数据，开发了解析心脏血管核磁共振成像的人工智能；阿基米德公司通过病历数据的分析实现了病理样态的模拟；等等。目前，世界上许多国家和地区建立了健康医疗数据的保护和利用制度，比较有代表性的是美国健康医疗数据交互和使用制度及欧盟数据利用制度。域外有关健康医疗数据运用和立法的成功经验，对我国健康医疗数据立法具有借鉴意义。

一、美国健康医疗数据交互和使用制度

美国政府数据开放的法律保障最早可以追溯到《美国宪法》中关于言论自由和新闻自由的条文以及 1789 年的《管家法》、1946 年的《联邦行政程序法》等早期联邦法律。随着互联网技

---

〔1〕 [日] 吉田笃弘、稻垣良子、高杉周子："数字创新如何实现商业变革？——引人瞩目的配合引发的课题与战略探索"，转引自刘瑛、高逸："健康医疗数据法律规制研究"，载《天津师范大学学报（社会科学版）》2020 年第 2 期。

〔2〕 参见刘瑛、高逸："健康医疗大数据法律规制研究"，载《天津师范大学学报》2020 年第 2 期。

术的发展和政府信息公开深入到数据层面，美国政府也由信息公开向数据开放过渡，并对先前的法律条文进行了修改或者颁布了符合新时代要求的法律法规。1996 年颁布执行的《电子信息自由法》作为《信息自由法》的修正案，正式将政府电子信息纳入信息公开范围。大数据时代，在法律允许的范围内，政府必须致力于构建易于公众查找、访问和使用的健康医疗数据平台。美国政府建立了公众可以访问的开放可用的健康医疗数据库。2009 年美国《经济和临床健康信息技术法案》（*Health Information Technology for Economic and Clinical Health Act*），经过国会两院审批一次性拨款 190 亿美元在全美范围内推进电子病历标准化，并设立了国家统筹协调办公室，实时监测所有健康医疗信息化产品的质量和合法性，美国联邦政府仅授权 3 家公司为全美医院和诊所提供标准化电子病历产品，并授权 4 家技术测试公司对所采用的技术水平进行相互监督测试。2014 年，专门负责信息化规划的国家卫生信息技术协调办公室发布了《美国联邦政府医疗信息化战略规划（2015～2020）》，提出了健康医疗数据开放共享的战略目标。[1] 截至 2016 年年底，美国 96% 的医院和 78% 的诊所已经应用了标准化电子病历系统，其发展速度之快、覆盖之广为美国当前大力发展精准医学和协同医疗打下了坚实的技术平台基础和交互操作条件。2017 年，联邦财政继续拨款 8200 万美元作为其办公经费，要求继续在医院内推进以电子病历标准化为基础的医疗数据互联互通互操作

---

[1]　舒婷、梁铭会："美国联邦政府医疗信息化战略规划（2015～2020）内容解析"，载《中国数字医学》2015 年第 2 期。

云服务平台。[1] 美国还设立有其他众多的数据平台,如美国的 HealthData. gov 上的联邦政府数据、CDC 数据库(CDC 数据库包括有关死亡、出生、癌症、艾滋病毒和艾滋病、结核病、疫苗接种、人口普查数据等内容,在接收数据之前,用户必须阅读简短的"数据使用限制"告知,然后点击"我同意",遵守健康医疗个人数据有关数据使用和披露的要求,旨在保护数据主体的隐私)、州政府健康数据网站、国家门诊手术数据库、Gen-Bank 国立健康研究院的基因序列数据库,其中包括所有开放可用的 DNA 序列。

从世界范围来看,美国是最早进行医疗信息数字化和数据开放和共享实践的国家之一,美国在电子病历基本全覆盖后,对健康医疗数据共享和数据保护进行立法上的跟进,先后出台了 HIPAA(1996),HITECH(2009),PPACA(2010)和 FDA-SIA(2012)法案。

20 世纪末,美国电子病历系统实现普及,健康医疗数据立法需求迫切。1996 年美国通过 HIPAA 法案和技术标准,[2] 其后 HIPAA 法案几经修改完善,实用性不断增强,力求实现个人隐私保护以及公共利益之间的价值平衡。[3] 到目前为止,美国的健康医疗数据法律制度形成了以 HIPAA 法案为主干、由一系列法律规范组成的制度体系。HIPAA 法案本身作为该制度体系的主干,始终处于健康医疗数据法律的核心地位。

---

〔1〕 金小桃主编:《健康医疗大数据》,人民卫生出版社 2018 年版,第 27~29 页。

〔2〕 Annas G J.,"HIPAA Regulations-a new era of medical record privacy?" in *New England Journal of Medicine*,2003,348(15),1486-1490。

〔3〕 王冰倩等:"HIPAA 演变分析及其启示",载《医学信息学杂志》2016 年第 2 期。

　　HIPAA 法案是美国健康医疗数据共享的重要联邦法律。HIPAA 法案管辖主体的范围基本涵盖了绝大部分的实体，体现出了该法案的保护非常全面，尽可能地保护可能涉及患者个人数据信息的机构与中介。法案中规定的"覆盖实体"包括：政府医疗计划、医疗保障提供者、医疗保险票据交易所以及商业伙伴。HIPAA 法案规定本机构使用和在 HIPAA 法案管辖实体之间的交换使用受保护的健康医疗数据，必须以支持业务运行、付费和治疗目的（Operation，Payment and Treatment，简称OPT）。美国还制定了电子病历和医保病历的国家标准以防止健康医疗数据滥用。对于数据使用，HIPAA 法案还存在一些限制性规定，如不允许个人查实医疗数据的来源、确定医疗数据是如何被使用的。另外 HIPPA 法案以患者的授权为数据使用的前提，HIPAA 法案管辖实体之间分享健康医疗数据需要患者的知情同意，最大程度限制覆盖实体对于患者信息的滥用。[1] HHS民权办公室负责管理 HIPAA 隐私和安全规则。HIPAA 隐私规则描述了哪些数据信息受到保护以及如何使用和披露受保护的信息。HIPAA 安全规则描述了 HIPAA 隐私保护所涵盖的人员以及必须采取哪些保护措施来确保为受保护的电子健康医疗数据信息提供适当保护。

　　HIPAA 法案还规定了保护工人及其家人在改变或失去工作时的健康保险，要求制定电子医疗保健交易的国家标准，并要求为提供者建立国家标识符，明确其健康保险计划和雇主。医疗保险和医疗补助服务中心负责管理和执行 HIPAA 管理简化规则，包括交易和代码集标准、雇主标识符标准和国家提供者标

---

〔1〕　参见王乐子等："国外医疗信息化领域隐私数据保护现状及其启示"，载《医学信息学杂志》2019 年第 2 期。

识符标准。HIPAA 执行规则为执行所有行政简化规则提供了标准。

HIPAA 安全规则摘要

这是对安全规则关键要素的总结,包括受保人,受保护的信息以及必须采取哪些保障措施以确保对电子保护健康信息的适当保护。因为它是安全规则的概述,所以它没有涉及每个规定的每个细节。

一、介绍

1996 年 HIPAA 法案要求美国卫生与公众服务部(HHS)秘书制定保护某些健康信息的隐私和安全的法规。为了满足这一要求,HHS 公布了 HIPAA 隐私规则和 HIPAA 安全规则。隐私规则或个人可识别健康信息隐私标准建立了保护某些健康信息的国家标准。"电子保护健康信息保护安全标准"(以下简称安全规则)制定了一套国家安全标准,用于保护以电子形式持有或转让的某些健康信息。安全规则通过解决"涵盖实体"的技术和非技术保护措施来保护个人的"电子保护健康信息"(e-PHI),从而实施隐私规则中包含的保护措施。在 HHS 内部,民权办公室(OCR)负责执行隐私和安全规则,包括自愿合规活动和民事罚款。

在 HIPAA 实施之前,医疗保健行业中没有普遍接受的安全标准或保护健康信息的一般要求。与此同时,新技术不断发展,医疗保健行业开始摆脱纸质流程,更多地依赖于使用电子信息系统来支付索赔,回答资格问题、提供健康信息以及开展其他工作。

如今,提供商正在使用临床应用,如计算机化医嘱录入(CPOE)系统、电子健康档案(EHR)、放射学、药学和实验室系统。健康计划提供索赔和护理管理以及会员自助服务应用程序。虽然这意味着医疗人员可以更具移动性和效率（即医生可以检查患者记录和测试结果，无论他们身在何处），这些技术的采用率的提高增加了潜在的安全风险。

安全规则的一个主要目标是保护个人健康信息涉及的隐私，同时允许承保实体采用新技术来提高患者护理的质量和效率。鉴于医疗保健市场多种多样，安全规则旨在灵活和可扩展，因此受保机构可以实施适合于实体特定规模、组织结构和消费者电子风险的政策、程序和技术。

这是对安全规则的关键要素的总结，而不是完整或全面的合规指南。受隐私和安全规则管制的实体有义务遵守其所有适用要求，不应将此摘要作为法律信息或建议的来源。为了便于审查安全规则的完整要求，本摘要中引用的规则的条款附在最后的注释中。读者可以访问我们的安全规则部分以查看整个规则，以及有关规则如何适用的其他有用信息。如果本摘要与规则发生冲突，则以该规则为准。

二、法定和监管背景

HIPAA 法案 Title II 的行政简化条款要求 HHS 秘书公布电子保护健康信息（e-PHI），电子交换和隐私安全的国家标准和健康信息的安全。

HIPAA 法案呼吁秘书发布有关保护被保险实体持有或传输的 e-PHI 的完整性、机密性和可用性的措施的安全规定。HHS 制定了一项拟议规则，并于 1998 年 8 月 12 日征求公众意见。该部门收到了大约 2350 条公众意见。最终法规即安全规则于 2003 年 2 月 20 日发布。该规则规定了一系列管理、技术和物理安全程序，以便所涵盖的实体用于确保 e-PHI 的机密性、完整性和可用性。

最终法规的文本可以在 45 CFR part 160 和 part 164，subparts A 和 C 中找到。

三、谁受到安全规则的约束

"安全规则"适用于健康计划，医疗保健结算所以及以 HD-SAA 已采用 HIPAA 标准的交易（以下简称涵盖实体）和电子形式传输健康信息的任何医疗保健提供者。

读者可以在 HIPAA 隐私规则摘要中阅读有关涵盖实体的更多信息。

四、生意合伙人

根据 HIPAA 安全规则，2009 年 HITECH 法案扩大了业务伙伴的责任。HHS 制定了实施和澄清这些变化的法规。

读者可以查看有关业务伙伴的其他指导。

五、什么信息受保护

电子保护健康信息。HIPAA 隐私规则保护个人可识别健康信息的隐私，称为受保护健康信息（PHI），如隐私规则。安全规则保护隐私规则所涵盖的信息的子集，隐私规则是被保护实体以电子形式创建、接收、维护或传输的所有可单独识别的健康信息。安全规则将此信息称为"电子保护健康信息"（e-PHI）。安全规则不适用于口头或书面传播的 PHI。

六、通用规则

安全规则要求承保实体维护合理和适当的管理、技术和物理保护措施，以保护 e-PHI。

具体而言，承保实体必须：

1. 确保他们创建、接收、维护或传输的所有 e-PHI 的机密性，完整性和可用性；

2. 识别并防止对信息安全性或完整性的合理预期威胁；

3. 防止合理预期所不允许的使用或披露；

4. 确保员工遵守规定。

安全规则将"机密性"定义为 e-PHI 不可用或未经授权的人员披露。安全规则的保密要求支持隐私规则，禁止不当使用和披露 PHI。安全规则还促进了维护 e-PHI 完整性和可用性的另外两个目标。根据安全规则，"完整性"意味着 e-PHI 不会以未经授权的方式被更改或破坏；"可用性"是指 e-PHI 可由授权人员按需访问和使用。

HHS 认识到涵盖的实体范围小到最小的提供者，大到多州健康计划，因此，安全规则具有灵活性和可扩展性，允许所涵盖的实体结合其自身需求并实施适合其特定环境的解决方案。适用于特定承保实体的内容取决于承保实体业务的性质，以及承保实体的规模和资源。

因此，当被保险实体决定使用哪种安全措施时，该规则并未规定具体措施，但要求被保险实体考虑：①它的大小、复杂性和功能；②其技术、硬件和软件基础设施；③安全措施的成本；④潜在风险对 e-PHI 的可能性和可能影响。

承保实体必须审查和修改其安全措施，以便在不断变化的环境中继续保护 e-PHI。

七、风险分析与管理

"安全规则"中的"行政保障措施"条款要求承保实体进行风险分析，作为其安全管理流程的一部分。此处单独处理安全规则的风险分析和管理规定，因为通过帮助确定哪些安全措施对于特定的涵盖实体是合理和适当的，风险分析会影响安全规则中包含的所有保护措施的实施。

风险分析过程包括但不限于以下活动：①评估潜在风险对 e-PHI 的可能性和影响；②实施适当的安全措施，以解决风险分析中发现的风险；③记录所选择的安全措施，并在必要时记录采用这些措施的理由；④保持持续、合理和适当的安全保护。

风险分析应该是一个持续的过程，其中被覆盖的实体定期审查其记录以跟踪对 e-PHI 的访问并检测安全事件，定期评估实施的安全措施的有效性，并定期重新评估潜在的风险。

（一）行政保障

1. 安全管理流程。如前一节所述，受保机构必须识别和分析 e-PHI 的潜在风险，并且必须实施安全措施，将风险和漏洞降低到合理和适当的水平。

2. 安保人员。被保险实体必须指定一名负责制定和实施其安全政策和程序的安全官员。

3. 信息访问管理。根据隐私规则标准将 PHI 的使用和披露限制为"最低必要"，安全规则要求受保机构实施政策和程序，以便仅在基于用户或收件人的此类访问权限时授权访问 e-PHI，即确保基于一定身份的访问。

4. 劳动力培训和管理。受保机构必须为与 e-PHI 合作的员工提供适当的授权和监督。

受保机构必须对所有员工进行安全政策和程序培训，并且必须对违反其的员工进行适当的制裁。

5. 政策和程序评估。受保机构必须定期评估其安全策略和程序是否符合安全规则的要求。

（二）物理保障

1. 设施访问和控制。被保险实体必须限制对其设施的物理访问，同时确保允许授权访问。

2. 工作站和设备安全。受保护实体必须实施政策和程序，以明确正确使用和访问工作站和电子媒体；被保险实体还必须制定有关电子媒体的转移、移除、处置和再利用的政策和程序，确保适当保护电子保护健康信息（e-PHI）。

（三）技术保障

1. 访问控制。受保护实体必须实施技术政策和程序，只允许授权人员访问受电子保护的健康信息（e-PHI）。

2. 审计控制。被覆盖的实体必须实施硬件，软件和（或）程序机制，以记录和检查包含或使用 e-PHI 的信息系统中的访问和其他活动。

3. 完整性控制。受保机构必须实施政策和程序，以确保 e-PHI 不会被不正当地更改或销毁。必须制定电子措施，以确认 e-PHI 未被不正当地改变或破坏。

4. 传输安全。受保护实体必须实施技术安全措施，以防止未经授权访问通过电子网络传输的 e-PHI。

八、必需和可寻址的实施规范

承保实体必须遵守每项安全规则"标准"。但是，安全规则将这些标准中的某些实现规范归类为"可寻址"，而其他规则则是"必需的"。必须实施"必需"实施规范。"可寻址"标识并不意味着实现规范是可选的。但是，它允许所涵盖的实体确定可寻址的实现规范是否合理且适合该覆盖的实体。如果不是，则在替代措施合理和适当的前提下，安全规则允许被保险实体采用实现标准目的的替代措施。

九、组织要求

1. 承保的实体责任。如果被保险实体知道构成重大违约或违反业务伙伴义务的业务伙伴的活动或惯例，则被保险实体必须采取合理措施来解决违规或终止违规行为。违规行为包括未能合理和适当地保护 e-PHI。

2. 业务伙伴合同。HHS 根据 2009 年 HITECH 法案制定了与业务伙伴义务和业务伙伴合同相关的法规。

十、政策和程序及文件要求

1. 受保机构必须采用合理和适当的政策和程序，以遵守安全规则的规定。被保险实体必须在其创建日期或最后生效日期之后的 6 年内保持书面安全政策和程序以及所需行动、活动或评估的书面记录。

2. 更新。受保护实体必须定期审查和更新其文档，以响应影响电子保护健康信息（e-PHI）安全的环境或组织变化。

十一、国家法律

抢占。一般而言，违反 HIPAA 规定的州法律被联邦要求所取代，这意味着联邦要求将适用。"相反"意味着被保险实体不可能同时遵守州和联邦法律。要求或国家法律的规定是实现 HIPAA 行政简化规定的全部目的和目标的障碍。

十二、不合规的执法和处罚

1. 合规性。安全规则为 e-PHI 的机密性、完整性和可用性制定了一套国家标准。卫生和人类服务部（HHS）、民权办公室（OCR）负责管理和执行这些标准以及执行隐私规则，并可以进行投诉调查和合规审查。

2. 读者可以在隐私规则摘要的执行规则页面中了解有关执行和处罚的更多信息。

十三、合规日期

合规计划。除"小型健康计划"外，所有承保的实体必须在 2005 年 4 月 20 日之前遵守安全规则。小型健康计划则要到 2006 年 4 月 20 日才能适用。

美国 2009 年 HITECH 法案为 HHS 提供了通过促进健康 IT（包括电子健康记录）制定改善医疗质量、安全和效率的计划的权力以及私人和安全的电子健康信息交换。2016 年《21 世纪治愈法案》（21 st Century Cures Act）中有许多条款涉及改善电子健康信息的流动和交换。ONC 负责实施 Title IV、交付与提高互操作性、增强健康 IT 的可用性、可访问性以及隐私和安全性相关的部分。ONC 致力于确保所有个人及其家庭和医疗保健提供者都能够获得适当的电子健康信息，以帮助改善国家人口的整体健康状况。

美国鼓励各州之间的健康医疗数据共享。州卫生信息（国家 HIE）合作协议计划资助各州努力快速建立跨州内外医疗保健系统，以提升交换健康医疗数据信息的能力。获奖者负责增加连接并实现以患者为中心的信息流，以提高护理的质量和效率。关键在于 HIE 在每个州不断发展和推进必要的治理、政策、技术服务、业务运营和融资机制。该计划通过现有的努力以促进区域和州级卫生信息交流，同时向全国范围的互操作性迈进。其关键的领域包括：为 HIE 创建并实施最新的隐私和安全要求；与医疗补助和州公共卫生计划协调，以确定综合方案；监控和跟踪有意义的使用 HIE 功能的状态；制定战略以弥补 HIE 能力的差距；确保与国家标准保持一致；健康信息技术推广计划；健康 IT 劳动力发展计划。

美国以数据处理自由为原则，[1] 注重促进和保障数据的流通。在美国，在个人数据优先保护的前提下，主要依靠市场调节促进数据流通，美国不制定统一的个人信息保护法，[2] 而以行业自律保护患者隐私权。如美国在 1974 年发布的《隐私权法》与 1996 年颁布的 HIPPA 法案中，都对医疗数据的使用、共享与隐私保护问题作出了详细规定；并且对于公民的可识别信

---

〔1〕　郭瑜：《个人数据保护法研究》，北京大学出版社 2012 年版，第 96 页。

〔2〕　周汉华：《中华人民共和国个人信息保护法（专家建议稿）及立法研究报告》，法律出版社 2006 年版，第 79~80 页。

息的医疗数据的隐私保护及具体使用等问题也在《个人可识别健康信息的隐私标准》中有所体现。[1] 美国一些行业规章制度中明确规定了从业人员保护病人隐私的义务和标准。[2] 此种法律实施有力保障了数据流通和数据使用效率。在促进整个互联网产业发展及其在医疗领域中的应用方面起到了一定的积极作用。美国 HIPPA 法案中关于患者隐私规定与安全规则并未赋予受害人诉权。这种缺乏强制执行力的法律法规大大削弱了法律的威慑与救济作用，给个人隐私的保护带来挑战。[3]

美国健康医疗数据政府管控结构较为完善。以犹他州为例，犹他州法典中约有 38 章属于被列入犹他州法典中的医事法，[4] 从公共卫生、疾病预防到对医疗机构的监管责任均被明确列入犹他州法典之中。通过监督医疗机构、医疗中介、医疗保险三方病人医疗数据信息的使用来达到对健康医疗数据信息安全的保障。犹他州州卫生厅数据管理职责分工明确，其在下设卫生数据中心机构中专门设立了卫生保健统计办公室，负责收集和分析相关的医疗数据信息，由州卫生厅对来自医院、医师、急救站的不同机构和人员收集上报的健康医疗数据信息进行统一的价值判断。

二、欧盟数据利用制度——超越隐私权属性的个人数据共

---

〔1〕 参见马骋宇：“美国健康信息隐私保护立法剖析及对我国的启示”，载《医学信息学杂志》2014 年第 2 期。

〔2〕 参见刘思、胡霞、余正：“对我国医疗责任保险制度的分析及政策借鉴”，载《中国医院》2014 年第 2 期。

〔3〕 钱亚芳：《大数据时代个人健康数据法律规制》，中国社会科学出版社 2018 年版，第 91~94 页。

〔4〕 余小平：“犹他州卫生管理概况及对我国的启示”，载《中国卫生事业管理杂志》2002 年第 10 期。

享

在健康医疗数据共享立法中，在获取、处理、使用个人健康医疗数据信息的过程中，各方主体之间存在数据权益冲突，迫切需要立法提供协调机制。而关于健康医疗数据权利的主体划分和保护层级、数据信息正当利益的法律内涵、各方主体利用健康医疗数据信息的方式和界限等问题，目前立法尚属空白，且学界尚未形成成熟的解决思路。《网络安全法》第22条、第41条、第42条将"主体同意"作为合法使用个人数据的唯一条件。为推动健康社会治理及数字医疗等需要，在个人数据保护的法律原则下，在某些例外的情况下，对于个人健康医疗数据的绝对控制需要让位于健康医疗数据正当利益的维护和实现。

欧洲以制定统一的个人数据保护法的形式来实现对此类数据的保护，[1] 对各部门及各类别数据处理均具有法律约束力。1995年欧盟《个人数据保护指令》强调从人权保障基本利益的角度来实施数据保护，明确个人数据作成主体对于个人数据的自决权利，其立法本意是确保个人数据的自主支配与利用，是对其人格尊严和隐私权的保护，因此要求个人数据处理以尊重个人权利为原则。2018年5月25日生效的欧盟《通用数据保护条例》中进一步规范了个人数据处理原则，其中第一章第4条第2款明确了"处理"的概念，即对个人资料或个人资料集进行的任何操作或一组操作，无论该等操作或一组操作是否以自动化方式进行。欧盟《通用数据保护条例》第5条和第6条对一般个人数据的处理作出了规定。毋庸置疑的是，欧盟《通用数据保护条例》首先对个人数据权利予以肯定。

---

〔1〕 周汉华：《中华人民共和国个人信息保护法（专家建议稿）及立法研究报告》，法律出版社2006年版，第79~80页。

欧盟《通用数据保护条例》还规定在某些情形下应该优先保护数据的正当利益，体现出欧盟对各方数据权益的权衡和取舍。通过研读欧盟《通用数据保护条例》前言第 39~41 段以及第 6 条第 1 款之规定可知，这种正当利益，涵盖公共利益、数据控制者法定职责、其他自然人重大人身权利、数据控制者合法利益、科学或历史研究、统计、法律诉求目的等多方面利益。[1] 即在当非营利机构基于该机构的正当活动在已采取恰当保护措施的前提下；法院在司法活动中的处理；数据管理者履行职责、行使特定权利或者在就业、公共安全与社会保障法领域运用合法措施保护数据作成主体的根本权益；出于重大公共利益的考虑，基于预防性或临床医学，为测评劳动者工作能力，为医疗诊断、为提供健康或社会保健体系，或根据欧盟或其成员国法律与卫生专业人员签订的合同管理健康或社会保健系统和服务及在公共卫生领域，出于公共利益的考虑等的情势下，应优先选择数据公共利益，个人健康医疗数据权利应作出适当让渡。欧盟《通用数据保护条例》对解决我国健康医疗数据共享立法中个人、政府职能部门、医疗机构等数据单位、其他自然人之间的数据权益冲突具有重要借鉴意义。

公民健康医疗数据是欧盟《通用数据保护条例》规制的数据类型之一。欧盟委员会认为，包括交通、气候、卫生在内的某些特殊领域的数据具有巨大的共享价值，对于公共事业领域的个人数据，公权力机关和私营企业可在收集和使用方面展开合作。根据欧盟《通用数据保护条例》，对于个人数据的收集和处理（包括个人健康医疗数据），一般情况需要取得个人的同意

---

〔1〕 商希雪："超越私权属性的个人信息共享——基于《欧盟一般数据保护条例》正当利益条款的分析"，载《法商研究》2020 年第 2 期。

或授权。并且该条例第 9 条作出了对于一些特殊数据禁止处理的规定。[1]但该禁止条款存在例外情形，即该条第 2 款 g、h 项规定，当数据处理是为了公共利益或是公共健康的目的，并且采取了特定保护措施时，不受第 9 条第 1 款的限制。[2] 在欧洲健康医疗领域中，移动医疗和电子健康行业正积极通过标准化和共同协作的方式为投资生命科学的企业（包括医疗设备公司、在线销售药品的制药公司等）提供商业机会。因此，公民健康医疗数据不仅限于在公共事业管理中使用，也可能用于商业医疗产品和服务的市场研发。该类数据明显具有双重使用价值，包括社会管理价值和市场经济价值。因此，对于该类个人数据的正当使用，可以是公权力机关出于法定职责或公共利益，也可以是企业出于合法利益或法定职责。[3]

三、其他国家的健康医疗数据制度

英国在健康医疗数据的发展及使用方面一直都处于世界前列。2009 年 6 月，英国政府正式启动"让公共数据公开"倡导计划。2010 年 1 月，作为"让公共数据公开"计划的一部分，英国政府推出了获取公共数据的统一门户，初期仅提供 2500 多项数据集。同年 6 月，英国政府委任公共部门透明委员会（Public Sector Transparency Board）推进政府透明日程，使其成为政府业务的核心部分，确保所有部门在期限前公布关键公共数据集，并负责设立整个公共部门的开放数据标准，继而推动

---

〔1〕 欧盟《通用数据保护条例》第 9 条。
〔2〕 欧盟《通用数据保护条例》第 9 条第 2 款。
〔3〕 商希雪："超越私权属性的个人信息共享——基于《欧盟一般数据保护条例》正当利益条款的分析"，载《法商研究》2020 年第 2 期。

最有需求的数据集的开放。[1] 英国国家健康系统作为英国福利社会的一个主要形式，对英国人民的健康卫生保障具有举足轻重的地位，大多数的医疗数据都储存于该系统之中。英国议会在 2009 年通过了《卫生法》（*Health Act*）。英国在公共安全等方面进行了规定，但是并没有就健康医疗数据保护作出专门规制。该领域更加聚焦适用欧盟数据保护的法律。英国的健康医疗数据管理是由政府主导，授权政府下属的权威组织进行筹备和实施，并将其列入了国家信息科技项目研究和国民保险制度。英国是世界上最早使用电子健康档案的国家之一，目前全国统一的电子健康档案系统采用集中式结构，即一个国家中心分 5 个区。由居民所在地的家庭医生、医院或社区等系统提供居民健康医疗信息，实现区域内共享。国家中心部分由 NHS 信息中心指导国家项目团队统一开发，数据通过 GP 诊所中临床系统自动创建上传，实现信息的全国共享。[2] 英国在 2018 年《数据保护法案》中也规定了使用健康医疗数据和社会护理数据必须建立在保证维护健康医疗信息和社会保障的安全性基础之上，需要满足相应的数据保护的要求。

加拿大对个人信息和电子资料的保护，主要体现在加拿大官方制定的《个人信息保护与电子资料法》。2012 年奥地利颁布了《使用电子健康数据时的数据保障措施联邦法》，该法不但规定了数据安全和保障，还明确要求联邦健康机构提供电子健康索引服务，并规定了诸如健康服务提供者的健康数据存储权、

---

〔1〕 岳丽欣、刘文云："国内外政府数据开放现状比较研究"，载《图书情报工作》2016 年第 11 期。

〔2〕 李娟等："部分国家区域卫生信息共享做法及启示"，载《医学信息学杂志》2015 年第 7 期。

特定类型数据的存储时间限制、电子健康记录系统参加者提供数据时的安全保障义务。

法国尊重公民信息获取权利，近年来致力于将被隐藏的信息公开。2013 年 2 月，法国政府发布了《数字化路线图》，提出"开放公共数据，实现公共行动现代化"，明确工作组的工作内容，包括 2013 年组织 6 个有关医疗卫生、教育、公共开支、住房、环境和运输的公共数据主题辩论，上线运营新数据战略等。法国《档案法》允许被领养人和所在病房系统访问个人医疗记录，获得其父母名字、亲属关系和医疗条件。"开放数据，需对整个体系的平衡调整进行专门立法"，制定大数据法时应着力规范政府公共数据立法，提升政府数据开放的相关法律地位。[1]

日本在 2003 年由日本国会决议通过实施《个人信息保护法》，并且于 2020 年 6 月公布了《个人信息保护法》的最新修改的条文。现行日本《个人信息保护法》由 7 章 88 项条文组成，对其规制对象的范围、义务等分别作出了具体规定，还确立了个人信息主体的知情权，确保个人信息在使用或流转时的稳定性。日本法还规定设立个人信息保护委员会以监督并保护个人信息的安全合法使用。

---

〔1〕　黄如花、林炎："法国政府数据开放共享的政策法规保障及对我国的启示"，载《图书馆》2017 年第 3 期。

第三章　健康医疗数据立法总则

第一节　健康医疗数据立法目的

立法目的是立法的指导思想和行动纲领。立法宗旨、立法目的体现了立法所要达成的目标及解决的主要问题。立法目的的确立，是整个立法工作的逻辑起点，直接关系到整个法律规范文本框架及具体内容的设计，直接关系到整个立法中所设计的各种法律关系的调整和利益平衡。

一、关于立法目的的关键问题

目前，关于立法目的的争议主要在于是将立法目的设计成概括性描述还是具体描述。支持概括性立法目的观点认为立法目的条款应尽可能简练；而支持具体描述立法目的的观点认为立法目的条款应该详尽具体。

二、关于立法目的的依据

立法目的是立法原则性条款，需要精炼，但是不能遗漏关键的目的性描述。

健康医疗数据交互和使用是一项专业性极强的工作，需要专业的平台建设和专业的人员队伍，并需要严格遵守数据共享规则。因此，健康医疗数据保护与利用的立法，应当涉及三个方面的内容：

1. 加强健康医疗数据平台建设和专业的人员队伍建设，使健康医疗数据专业平台建设逐渐规范，形成具有专业精神、技术能力的健康医疗数据专业人员队伍，使之能够满足新时代医疗卫生深化改革对健康医疗数据保护与利用提出的越来越高的要求。

2. 规范健康医疗数据保护与利用的行为，规范健康医疗数据交互和使用工作，明晰健康医疗数据相关主体的权利义务，促进健康医疗数据使用安全。

《中华人民共和国宪法》（以下简称《宪法》）第 21 条第 1 款规定："国家发展医疗卫生事业，发展现代医药和我国传统医药，鼓励和支持农村集体经济组织、国家企业事业组织和街道组织举办各种医疗卫生设施，开展群众性的卫生活动，保护人民健康。"人类社会的一切活动都是为了人类的利益，医疗活动也是如此，是为了保障患者的健康利益。

提升健康医疗数据保护和利用质量、促进健康医疗数据安全是健康医疗数据立法的核心内容。规范健康医疗数据管辖实体数据开放和共享行为，使其数据活动专业、安全、满足医疗卫生需要，从而最终达到提高医疗卫生服务质量和医疗卫生保障水平、保护人民健康利益的目的。以此来设计规范健康医疗数据的执业行为，保证医疗卫生服务质量，促进医疗卫生事业发展。

3. 推动数字健康医疗的发展，保障公民健康权。从世界范围来看，健康权已被国际法确定为一项基本权利。《世界卫生组织组织法》第 1 条将健康的目标设定为"使全世界人民获得可能达到的最高的健康水平"。其序言确认"享受可能获得的最高健康标准是每个人的基本权利之一，不因种族、宗教政治信仰、经济及社会条件而有区别"。

《宪法》第21条规定："国家发展医疗卫生事业，发展现代医药和我国传统医药，鼓励和支持农村集体经济组织、国家企业事业组织和街道组织举办各种医疗卫生设施，开展群众性的卫生活动，保护人民健康。国家发展体育事业，开展群众性的体育活动，增强人民体质。"《卫生健康法》第3条则明确规定保障公民健康权。健康权既是私法上的权利，又是公法上的权利，国际经济、社会及文化权利委员会对于健康权的定义兼容了健康权的公法和私法属性，客观上使得公、私法两种法域下的健康权的内涵连贯和价值趋同。健康权除了具有自由权的属性之外，还表现为一种靠国家的积极干预来实现人的健康的社会权。

立法目的是立法的指导思想和行动纲领。立法宗旨、立法目的体现了立法所要达成的目标及解决的主要问题。立法目的的确立，是整个立法工作的逻辑起点，直接关系到整个法律规范文本框架及具体内容的设计，直接关系到整个立法中所涉及的各种法律关系的调整和利益平衡。健康医疗数据立法是一项专业性极强的工作，需要专业的平台建设和专业的人员队伍，并需要严格遵守数据保护和利用规则。因此，健康医疗数据立法，应当涉及三个方面的内容：一是加强健康医疗数据共享平台建设和专业的人员队伍建设，使国家健康医疗数据专业平台建设逐渐规范，形成具有专业精神、技术能力的健康医疗数据专业人员队伍，使之能够满足新时代医疗卫生深化改革对健康医疗数据共享提出的越来越高的要求。二是规范健康医疗数据保护与利用的行为，规范健康医疗数据交互和使用工作，明晰健康医疗数据共享相关主体的权利义务，促进健康医疗数据使用安全。三是推动国家数字健康医疗的发展，保障公民健康权。这三项内容相互联系、层层递进、不可分割。为此建议将立法目设定为："为了促进健康医疗数据平台和专业人员队伍建设，规范健康医疗数据保护与利用的行为，推动我国数字健康医疗事业的发展，保障公民健康权，依据相关法律法规，制定本法。"

第二节　健康医疗数据立法的基本原则

一、维护公民健康权原则

从世界范围来看，健康权已被国际法确定为一项基本权利。《世界卫生组织组织法》第 1 条将健康的目标设定为"使全世界人民获得可能达到的最高的健康水平"。其序言确认"享受可能获得的最高健康标准是每个人的基本权利之一，不因种族、宗教政治信仰、经济及社会条件而有区别"。1948 年发布的《世界人权宣言》第 25 条规定了为了自己及其家人的健康和幸福，每个人都享有达到基本生活水平的权利，包括食物、衣服、住房、医疗和必要社会服务的权利，在失业、疾病、残疾、寡居、老年或其他不可控因素导致生计难以为继时的安全保障权利，明确了健康权的物质条件。《经济、社会及文化权利国际公约》第 11 条则明确了健康的物质权，规定基本生活水平包括必要的食物、衣服、住房和生活条件的不断改善的权利以及免于饥饿的权利。

《宪法》第 21 条规定："国家发展医疗卫生事业，发展现代医药和我国传统医药，鼓励和支持农村集体经济组织、国家企业事业组织和街道组织举办各种医疗卫生设施，开展群众性的卫生活动，保护人民健康。国家发展体育事业，开展群众性的体育活动，增强人民体质。"《宪法》第45条规定"公民在年老、疾病或者丧失劳动能力的情况下，有从国家和社会获得物质帮助的权利。国家发展为公民享受这些权利所需要的社会保险、社会救济和医疗卫生事业。国家和社会保障残废军人的生活，抚恤烈士家属，优待军人家属。国家和社会帮助安排盲、聋、哑和其他有残疾的公民的劳动、生活和教育"。我国《宪法》虽未直接表述公民健康权，但是规定了一系列保障健康的决定性因素，健康权依法获得了确认和保护。健康权的基础性地位是健康医疗数据共享立法实践理性的开端，它确定了行动的基本理由。

二、全社会参与原则

健康权涵盖了保障健康的物质条件及对身体和精神双重健康的需求。国际经济、社会及文化权利委员会将健康权定义为："健康权是一种享受各种对于最高可能达到的健康标准所必需的设施、物品、服务和条件的权利。"这一解释清楚地、具象地表达了健康权的内容。国家不排斥私法上健康权对个体之间法律关系的规制，国家通过不干预个人实现权利来尊重健康权，更为重要的是，健康权要求国家履行对健康的义务，包括健康设施、商品和服务；营养和食品安全、基本营养、住房、环境卫生和安全饮用水；基本药物和公平分配医疗资源以及采取公平合理的公共健康战略和行动计划；等等。国家必须尊重、保护及落实健康权利。健康权既是私法上的权利，又是公法上的权利，国际经济、社会及文化权利委员会对于健康权的定义兼容了健康权的公法和私法属性，客观上使得公、私法两种法域下的健康权的内涵连贯和价值趋同。健康权除了具有自由权的属性之外，还表现为一种靠国家的积极干预来实现人的健康的社会权。因此健康权既具有自由权的属性，又具有社会权的属性，这与更广泛地为人所熟知的单纯的自由权具有显著的差异。

健康权既具有自由权的成分，又具有社会权的成分，在维护健康的活动中，国家、社会和个人互相渗透，人们相互作用、相互影响、相互依赖，是一种"社会团结连带"的社会法法律关系。在法社会学者狄骥的连带法学观念中，社会连带这个客观事实是所有社会规范的基础。由于社会连带这种客观事实的存在，因而存在一种基于社会连带的最高准则（狄骥称之为客观法），而国家制定的法律必须以客观法为基础，即客观法的基础是社会连带关系。[1] 在公众自觉意识到，社交的感觉和公平的感觉都要求一个社会规范必须具有制裁的时候，在集体成员对于为实施制裁而使用强制力不发生排斥反应的时候，一个社会规范才成为法律规则，即法是由社交的感觉和公平的感觉同时作用所引起个人自觉意识的一种产物。[2] 在把社会团结连带主义纳入法律原则后，法律的教化作用便值得期待了。这一点并非单指强制性地、被动性地约束人们的行为，更多是对立法者较高的要求。对于健康权的维护，必须构建一种新的治理结构，在这种治理结构中，国家公权力、社会权力、个人意志被组合进一个层级秩序明确、功能分化清晰的系统安排中，是一种国家干预、社会共治及个人意思自治的新型的合作治理，这也正与健康医疗数据利用与保护立法的调整手段相吻合。健康

---

〔1〕　魏波："狄骥社会连带主义法学思想研究"，首都经济贸易大学 2016 年硕士学位论文。

〔2〕　［法］狄骥：《法律与国家》，冷静译，中国法制出版社 2010 年版，第 213 页。

医疗数据利用与保护立法必须满足健康权是自由权与社会权之混合权的要求，健康医疗数据制度的社会共同体关系建构是健康权属性的充分体现。

在给予公民充分权利的基础上，法律应该激发甚至增强社会凝聚力，而在面对社会健康威胁和健康灾难时，将全社会参与作为立法原则对于汲取社会凝聚力具有现实意义。纵观现代医学发展的历史，现代医学最初表现为一种治病救人的科学技术，随着科学技术的进步，人口老龄化进程加速以及疾病谱从传染病向慢性非传染性疾病转变，医疗卫生服务已向四个方面扩大，即从单纯治疗扩大到预防保健，从生理服务扩大到心理服务，从医院服务扩大到社区服务，从单纯的医疗技术措施扩大到综合的社会服务，[1] 现代医学不仅通过健康评估、疾病诊治以及促进机体康复与人类紧密相连，还通过疾病预防、健康教育、生活指导、心理咨询、优生优育等面向整个社会，因此现代医学已不再只是一门复杂的科学技术体系，而成为一个庞大的社会服务体系，现代医学呈现出社会化的趋势。健康医疗数据立法应顺应现代医学社会化的趋势，突出医疗卫生服务的"公共性"和社会成员彼此之间的连带关系。健康医疗数据立法释放的这种公正和友爱的价值观无不渗透着强烈的社会团结连带思想，对于健康医疗数据制度的实现，采国家干预、社会共治和个人私权维护的全社会参与原则的合作治理模式应为适当。

---

〔1〕 龚幼龙主编：《社会医学》，人民卫生出版社 2000 年版，第 1 页。

三、公平原则

健康医疗数据立法的价值就是使医疗卫生服务更加公平和公正。在此语境下，公平是指健康医疗数据信息资源和服务分配与社会需求相适应。从法律层面讨论，所谓对人类健康权的保护，就是建立一个有效的、综合的，可以根据需要作出反应的健康医疗数据法律制度，保证公平对待每一个社会成员，而不因贫富贵贱而区别对待。健康医疗数据利益相关者应当遵循公平原则确定各方的权利和义务。公平原则强调在对健康医疗数据进行保护与利用的过程中，公民机会均等，享受公平合理的对待，既不享有任何特权，也不履行任何不公平的义务，权利与义务相一致。

公平原则作为健康医疗数据保护与利用制度的一项法律原则，要求健康医疗数据利益相关者在处理健康医疗数据活动中应以社会正义、公平的观念指导自己的行为、平衡各方的利益，要求以社会正义、公平的观念来处理当事人之间的纠纷。健康医疗个人数据提供主体与数据收集者、管理者、使用者在数据使用过程中应遵循公平原则，处理健康医疗个人数据须经数据提供主体同意。数据收集者、管理者和使用者未经过合法有效的授权而开放或者处理个人数据的，在法律上将被视为无权处分，在满足一定条件的情况下须承担侵权责任。

第三节　健康医疗数据立法的价值基础

健康医疗数据立法的本质是以生命健康、社会健康公益为法益的法律。健康医疗数据保护与利用立法的根本宗旨是对人类健康权的维护。

每个公民都依法享有改善卫生条件、获得基本医疗保健和保障的权利，以增进身体健康、延年益寿、提高生命质量。保护人体健康，使人人享有医疗卫生保健是社会的基本责任，也是倡导健康医疗数据立法的最终目的。

一、实现自由与秩序的有机统一

自由是法的最高价值追求。个人医疗数据共享制度能够充分体现数据使用自由，保障数据使用自由，满足当代医疗发展对数据使用的需求。

由于医学的专业性，客观上存在行业和专业上的壁垒所导致的医患信息不对称。近年来，随着社会不断转型，我国医患关系紧张程度加剧，表现形式日趋复杂多样，健康医疗信息交互发生扭曲，加剧了医患矛盾广泛性和复杂性。打破信息不对称是医疗机构和广大人民的共同心愿。[1] 现实中，一个不争的事实是，医疗卫生服务中，人们所期待的公平和正义并没有真正实现。健康医疗数据保护和利用制度可以使得患者自由查询、获取其个人健康医疗数据，掌握自身健康情况，同时保障患者个性化医疗服务的选择自由。为确保针对患者的诊疗措施更加安全有效，个性化医疗服务要求医护工作者以大量真实准确的个体全生命周期医疗档案为基础性数据进行患者个人健康风险评估，并在深入挖掘、综合研究多方面数据后结合个体健康状

---

〔1〕 王晓晔："行政垄断问题的再思考"，载《中国社会科学院研究生院学报》2009 年第 4 期。

况的差异进行决策。[1] 健康医疗数据保护与利用制度可以消除信息孤岛，改变信息不对称的状态，提升政府信息开放程度，实现医疗服务透明化、均等化、精准化，保障公民身心健康，最终实现理性自由。

"秩序概念，意指在自然进程和社会进程中都存在着某种程度的一致性、连续性和确定性。另一方面，无序（disorder）概念则表明存在着断裂（或非连续性）和无规则性的现象，亦即缺乏知识所及的模式——这表现为从一个事态到另一个事态的不可预测的突变情形。"[2] 对于健康医疗数据保护与利用制度而言，秩序是其重要的价值追求，借助健康医疗数据保护与利用制度，能尽快化解数据使用中的乱象以及各种不利影响，让社会在尽可能短的时间内恢复原有秩序。这正如美国学者庞德所言，"法学家们现在所称的法律秩序，即通过有系统地、有秩序地使用政治组织社会的强力来调整关系和安排行为的制度"。[3] 从这个角度看，健康医疗数据保护与利用制度是恢复社会秩序的一种有效法律手段。

在协调自由和秩序两种价值追求问题上，健康医疗数据制度实现了维护自由与秩序价值的和谐统一。健康医疗数据制度蕴含秩序价值，因为秩序带来数据运行的稳定、安全和可持续发展；健康医疗数据制度崇尚自由价值，因为合法的数据使用和流通带来数据发展的动力、活力和生机。

---

〔1〕　动脉网蛋壳研究院编著：《大数据+医疗　科学时代的思维与决策》，机械工业出版社 2019 年版，第 122~124 页。

〔2〕　［美］博登海默：《法理学　法律哲学与法律方法》，邓正来译，中国政法大学出版社 1999 年版，第 219 页。

〔3〕　［美］罗斯科·庞德：《通过法律的社会控制》，沈宗灵译，商务印书馆 1984 年版，第 22 页。

二、提升健康医疗数据利用的效率

根据《辞海》，"效率"一词是指消耗的劳动量与所获得的劳动效果的比率。[1] "法律对人们的重要意义之一，应当是以其特有的具有权威性的分配权利和义务的方式，实现效率的极大化"。[2] 在医疗资源稀缺的情况下，对法律正义性的评价应包括对经济上的合理性和可行性的考虑。健康医疗数据开放和共享可以缓和医疗资源匮乏的现状，提高数据交互和使用效率，进而提高医疗服务效率和质量，有利于健康权的维护。健康医疗数据开放和共享制度可以提高数据利用率。医疗数据的共享有利于促进不同规模的医疗机构、不同地区医疗机构之间的交流互联，通过数据共享促进医疗机构技术更新，实现交互应用，进而促使一定地域范围内乃至全国范围内的医疗数据系统互联互通，提升公共卫生工作效率，保证公共卫生服务质量，同时节省有限资源，更好地建设政府综合信息工程。[3] 健康医疗数据开放和共享有助于减少数据交互和使用成本，共享制度中数据的标准化，改变了个人就医的模式，可以以相对较小的成本实现各方利益的最大化。在医疗保障监管方面，个人医疗数据共享能够识别医疗欺诈，优化医疗卫生业务流程，进行补偿方案决策，支撑健康中国建设规划和决策等；[4] "商业健康保险公司依据健康医疗数据共享权可以获得医院、药房、体验中心

---

〔1〕 辞海编辑社：《辞海》，上海辞书出版社 1989 年版，第 3848 页。

〔2〕 张文显主编：《法理学》，法律出版社 2007 年版，第 360 页。

〔3〕 肖婧婧："我国将逐步实现健康档案与电子病历数据共享"，载《中国数字医学》2010 年第 12 期。

〔4〕 钱亚芳：《大数据时代个人健康数据法律规制》，中国社会科学出版社 2018 年版，第 181 页。

等机构的健康医疗数据，同时搭配健康保险公司所开发的健康管理 APP、智能穿戴设备等获得的数据，可以掌握用户整体健康水平和身体情况，为客户提供更加精准的个性化的健康管理服务"。[1]

---

[1] 李玉华："数字健康技术与商业健康保险的发展"，载《金融理论与实践》2020 年第 12 期。

第四章　健康医疗个人数据保护的适用规则

　　健康医疗数据保护与利用微观制度设计是健康医疗数据保护与利用立法研究的关键环节。根据健康医疗数据保护与利用立法的结构及原理，可以将健康医疗数据立法研究分为宏观的基本理论构建和微观的制度设计两部分。前者指关于健康医疗数据的立法理念、价值取向、法律原则等基本理论的构建。而关于健康医疗数据立法的微观制度设计需要以适宜的立法理念为导向，以谋定法律实施的有效性为出发点，建设体现科学、客观与理性的健康医疗数据保护与利用的行为规则，符合逻辑地建立旨在确保"理念内化"的健康医疗数据行为规则框架，以确保立法能够产生实效。

第一节　健康医疗个人数据保护规则

　　一般而言，法律的适用应准确、合法，这是健康医疗个人数据保护制度适用的一般性要求。对于健康医疗个人数据制度的适用，还应从健康医疗个人数据可识别性及医学专业性的特点出发，遵循健康医疗个人数据权保护原则；此外，还应遵循利益平衡原则，即健康医疗个人数据保护制度的适用应受到一定限制。

一、健康医疗个人数据保护

健康医疗个人数据是个人从出生到死亡的整个生命周期中产生的与医疗卫生有关的数据。健康医疗个人数据是个人基本信息与个人健康医疗服务数据的综合数据，健康医疗个人数据，是指仅仅通过收集而未经过加工的原始资料，是物理上存在于电子设备终端的数据，本质上属于健康医疗原始数据。

处理健康医疗个人数据应当充分尊重和保障自然人与个人数据相关的各项合法权益。健康医疗个人数据体现强烈的人格权性质。健康医疗个人数据人格权明确对个人数据处理的控制权加以保障。患者个人健康医疗数据知情同意权、数据查阅权、数据更正及删除请求权均为患者人格权的具体体现。

（一）电子病历

目前，健康医疗个人数据形式主要包括电子病历和电子健康档案。电子病历是患者个人在医疗机构诊疗记录的数字化记录，存储在该患者就医的医疗机构的数据系统中。电子病历在法律属性上与纸质版病历无异。《电子病历应用管理规范（试行）》第3条规定，电子病历是指医务人员在医疗活动过程中，使用医疗机构信息系统生成的文字、符号、图表、图形、数字、影像等数字化信息，并能实现存储、管理、传输和重现的医疗记录，是病历的一种记录形式，包括门（急）诊病例和住院病历。使用文字处理软件编辑、打印的病历文档，不属于电子病历。该规范对电子病历的录入、身份识别、电子签名、复制管理等提出了基本要求，对实施电子病历的基本条件作了具体规定，亦对电子病历的管理作了专章规定。尽管需借助计算机、网络等电子设备记录、存储、传输，但电子病历与文字病历只是在记录的方式上和记载的内容的介质上存在差异，两者在根本上具有相同的功能，仍然靠其所记载的内容和思想来反映客观事实。一般情况下，医疗机构即使应用计算机录入病历，在医疗机构存档的同时，仍然会打印出一份与其记载内容相同的纸质病历供临床使用和患者复印。我国《电子病历应用管理规范（试行）》第7条规定，《医疗机构病历管理规定（2013年版）》《病历书写基本规范》《中医病历书写基本规范》适用于电子病历管理。因此将电子病历权纳入病历范畴探讨应为适当。

根据《民法典》第1225条、《医疗事故处理条例》第8条、《病历书写基本规范》第2~9条的规定，病历书写是指医务人员通过问诊、查体、辅助检查、诊断、治疗、护理等医疗活动获得有关资料，并进行归纳、分析、整理形成医疗活动记录的行为。医疗机构的医务人员在医疗执业过程中，负有病历作成的义务。医疗机构的医务人员是病历的制作人。《医师法》第24条规定："医师实施医疗、预防、保健措施，签署有关医学证明文件……"因此，医疗机构的医务人员是电子病历的制作人。根据《病历书写基本规范》第1条的规定，以病历作成部门不同，病历分为门（急）诊病历和住院病历。以病历主客观内容不同，病历分为客观病历和主观病历。根据《医疗事故处理条例》第10条、第16条以及《医疗机构病历管理规定（2013年版）》第15条的规定，病历可以分为客观性病历和主观性病历。客观性病历主要包括门（急）诊病历、住院志、体温单、医嘱单、化验单（检查报告）、医学影像检查资料、特殊检查同意书、手术同意书、手术及麻醉记录单、病理资料及护理记录等。患者享有客观病历资料查阅、复制权。主观性病历是指医务人员在诊疗过程中运用自己的医学知识对患者病情作出的分析和判断，是医务人员主观认识的成果，主要包括病程记录、诊断分析、疾病分析及治疗方案、会诊意见、疑难病例讨论、上级医师查房记录。患者享有主观病历封存启封权。2010 年 7 月 1 日开始实施的《民法典》第 1225 条第 1 款规定："医疗机构及其医务人员应当按照规定填写并妥善保管住院志、医嘱单、检验报告、手术及麻醉记录、病理资料、护理记录等病历资料。"从以上规定可见，我国的电子病历作成的主体包括患者个人和医疗机构；一份电子病历数据的产生，主要作成主体是记录者医疗机构及被记录者患者个人。电子病历的主观病历部分是医生智慧的产物，是创新性的，而脱离了患者具体信息的创新是无意义的，二者密不可分。所以，电子病历的价值是医疗机构和患者共同创造的，因此我国电子病历权为个人与医疗机构所共有。健康医疗个人数据具有私权利的属性。

（二）电子健康档案

电子健康档案是电子化的健康档案。国际标准化组织卫生信息技术委员会将电子健康档案定义为"个人纵向健康数据集，由医务人员或医疗机构输入或确认，并以数字形式储存。储存这些数据最关键的用途是为开展持续的、高质量的、高效的医疗活动"[1]。

随着电子计算机技术的普及和发展，我国开始致力于建立全国统一的电子健康档案系统。目前一些省市区域电子健康档案系统已经建设完成或正在推进中。我国关于电子健康档案的规定主要见于以下通知和文件中：

---

〔1〕　Electronic Health Record Definition, Scope, and Context. ISO/TC 215 Technical Report, First Draft, July 2003, https：//wenku. baidu. com/view/395e2f8d80c758f5f 61fb7360b4c2e3f572725a3. html.

1. **《中华人民共和国国民经济和社会发展第十三个五年规划纲要》(2016年3月16日发布及实施)** [1]

【摘要】完善医疗服务体系

优化医疗机构布局，推动功能整合和服务模式创新。加强专业公共卫生机构、基层医疗卫生机构和医院之间的分工协作，健全上下联动、衔接互补的医疗服务体系，完善基层医疗服务模式，推进全科医生（家庭医生）能力提高及电子健康档案等工作，实施家庭签约医生模式。

2. **《中华人民共和国国民经济和社会发展第十二个五年规划纲要》(2011年3月14日发布及实施)** [2]

【摘要】加强公共卫生服务体系建设……完善重大疾病防控等专业公共卫生服务网络。逐步提高人均基本公共卫生服务经费标准，扩大国家基本公共卫生服务项目，实施重大公共卫生服务专项，积极预防重大传染病、慢性病、职业病、地方病和精神疾病，提高重大突发公共卫生事件处置能力。逐步建立农村医疗急救网络。普及健康教育，实施国民健康行动计划。全面推行公共场所禁烟。70%以上的城乡居民建立电子健康档案。孕产妇死亡率降到22/10万，婴儿死亡率降到12‰。

电子健康档案自2011年已写入国家五年规划中，是国家重点政策之一。其分节从"加强公共卫生服务体系建设"变成了"完善医疗服务体系"，可知其已取得较大成果。

---

〔1〕 http：//www. pkulaw. cn/fulltext_ form. aspx？Db = chl&Gid = 3fd7b48d6cb8d951bdfb&keyword＝％E7％94％B5％E5％AD％90％E5％81％A5％E5％BA％B7％E6％A1％A3％E6％A1％88&EncodingName＝&Search_ Mode = accurate&Search_ IsTitle = 0.

〔2〕 http：//www. pkulaw. cn/fulltext_ form. aspx？Db = chl&Gid = 603c7a7f2158b52bbdfb&keyword＝％E7％94％B5％E5％AD％90％E5％81％A5％E5％BA％B7％E6％A1％A3％E6％A1％88&EncodingName＝&Search_ Mode = accurate&Search_ IsTitle = 0.

3.《国务院办公厅关于进一步加强乡村医生队伍建设的指导意见》(2011 年 7 月 2 日发布及实施)[1]

【摘要】（四）提高村卫生室信息化水平。将村卫生室纳入基层医疗卫生机构信息化建设和管理范围，充分利用信息技术对其服务行为、药品器械供应使用加强管理和绩效考核，提高乡村医生及村卫生室的服务能力和管理水平。根据村卫生室的功能定位设计有关软件，建立统一规范的居民电子健康档案，实行乡镇卫生院和村卫生室统一的电子票据和处方笺。

4.《国务院关于落实〈中华人民共和国国民经济和社会发展第十二个五年规划纲要〉主要目标和任务工作分工的通知》(2011 年 10 月 11 日发布及实施)[2]

【摘要】完善重大疾病防控等专业公共卫生服务网络。逐步提高人均基本公共卫生服务经费标准，扩大国家基本公共卫生服务项目，实施重大公共卫生服务专项。逐步建立农村医疗急救网络。70%以上的城乡居民建立电子健康档案。孕产妇死亡率降到 22/10 万，婴儿死亡率降到 12‰。（卫生部、财政部、发展改革委负责）

---

〔1〕　http：//www. pkulaw. cn/fulltext_ form. aspx？Db = chl&Gid = 197377b6bfacd dc7bdfb&keyword=%E7%94%B5%E5%AD%90%E5%81%A5%E5%BA%B7%E6%A1% A3%E6%A1%88&EncodingName=&Search_ Mode=accurate&Search_ IsTitle=0.

〔2〕　http：//www. pkulaw. cn/fulltext_ form. aspx？Db = chl&Gid = e2601e57568 7b7c0bdfb&keyword=%E7%94% B5%E5% AD%90%E5%81%A5% E5% BA% B7% E6% A1%A3%E6%A1%88&EncodingName=&Search_ Mode=accurate&Search_ IsTitle=0.

5. 《国务院关于印发"十二五"期间深化医药卫生体制改革规划暨实施方案的通知》(2012 年 3 月 14 日发布及实施)[1]

【摘要】(六)加快推进医疗卫生信息化。发挥信息辅助决策和技术支撑的作用,促进信息技术与管理、诊疗规范和日常监管有效融合。研究建立全国统一的电子健康档案、电子病历、药品器械、医疗服务、医保信息等数据标准体系,加快推进医疗卫生信息技术标准化建设。加强信息安全标准建设。利用"云计算"等先进技术,发展专业的信息运营机构。加强区域信息平台建设,推动医疗卫生信息资源共享,逐步实现医疗服务、公共卫生、医疗保障、药品监管和综合管理等应用系统信息互联互通,方便群众就医。

6. 《国务院关于印发国家基本公共服务体系"十二五"规划的通知》(2012 年 7 月 11 日发布及实施)[2]

【摘要】加快建立健全基本医疗卫生服务国家标准体系,依据国家医疗卫生领域相关法律法规,为保障基本医疗卫生服务的规模和质量,明确工作任务的事权与支出责任,促进城乡区域基本医疗卫生服务均衡发展……

---

〔1〕 http://www.pkulaw.cn/fulltext_form.aspx? Db = chl&Gid = 56c8f0c9817 64780bdfb&keyword = %E7%94%B5%E5%AD%90%E5%81%A5%E5%BA%B7%E6% A1%A3%E6%A1%88&EncodingName = &Search_Mode = accurate&Search_IsTitle = 0.

〔2〕 http://www.pkulaw.cn/fulltext_form.aspx? Db = chl&Gid = ae9738f4048d31 4fbdfb&keyword = %E7%94%B5%E5%AD%90%E5%81%A5%E5%BA%B7%E6%A1% A3%E6%A1%88&EncodingName = &Search_Mode = accurate&Search_IsTitle = 0.

7. 《国务院办公厅关于印发深化医药卫生体制改革 2013 年主要工作安排的通知》(2013 年 7 月 18 日发布及实施)〔1〕

【摘要】推进医疗卫生信息化建设。启动全民健康保障信息化工程，推进检查检验结果共享和远程医疗工作。加强顶层设计，统筹制定医疗卫生信息化相关业务规范和信息共享安全管理制度体系，促进区域卫生信息平台建设。研究建立全国统一的电子健康档案、电子病历、药品器械、公共卫生、医疗服务、医保等信息标准体系，并逐步实现互联互通、信息共享和业务协同。(卫生计生委、发展改革委、财政部、工业和信息化部、人力资源社会保障部、民政部、食品药品监管总局、保监会、中医药局负责)

8. 《国务院办公厅关于印发全国医疗卫生服务体系规划纲要 (2015-2020 年) 的通知》(2015 年 3 月 6 日发布及实施)〔2〕

【摘要】开展健康中国云服务计划，积极应用移动互联网、物联网、云计算、可穿戴设备等新技术，推动惠及全民的健康信息服务和智慧医疗服务，推动健康大数据的应用，逐步转变服务模式，提高服务能力和管理水平。加强人口健康信息化建设，到 2020 年，实现全员人口信息、电子健康档案和电子病历三大数据库基本覆盖全国人口并信息动态更新。全面建成互联互通的国家、省、市、县四级人口健康信息平台，实现公共卫生、计划生育、医疗服务、医疗保障、药品供应、综合管理等

---

〔1〕 http：//www.pkulaw.cn/fulltext_ form.aspx？Db = chl&Gid = ca0104f205458b7bbdfb&keyword = %E7%94%B5%E5%AD%90%E5%81%A5%E5%BA%B7%E6%A1%A3%E6%A1%88&EncodingName = &Search_ Mode = accurate&Search_ IsTitle = 0.

〔2〕 http：//www.pkulaw.cn/fulltext_ form.aspx？Db = chl&Gid = 76084029fc26c6b4bdfb&keyword = %E7%94%B5%E5%AD%90%E5%81%A5%E5%BA%B7%E6%A1%A3%E6%A1%88&EncodingName = &Search_ Mode = accurate&Search_ IsTitle = 0.

六大业务应用系统的互联互通和业务协同。积极推动移动互联网、远程医疗服务等发展。普及应用居民健康卡，积极推进居民健康卡与社会保障卡、金融 IC 卡、市民服务卡等公共服务卡的应用集成，实现就医"一卡通"。依托国家电子政务网，构建与互联网安全隔离，联通各级平台和各级各类卫生计生机构，高效、安全、稳定的信息网络。建立完善人口健康信息化标准规范体系。加强信息安全防护体系建设。实现各级医疗服务、医疗保障与公共卫生服务的信息共享与业务协同。

9. 《国务院关于印发"十三五"卫生与健康规划的通知》(2016 年 12 月 27 日发布及实施)[1]

（共提及 6 次，分别在医疗服务体系和信息化建设方面）

10. 《基于健康档案的区域卫生信息平台建设指南（试行）》(2009 年 5 月 31 日发布及实施)[2]

（共提及 31 次，是最开始系统阐述电子健康档案的文件）

11. 《关于进一步规范社区卫生服务管理和提升服务质量的指导意见解读》(2015 年发布)[3]

【摘要】关于加强信息技术支撑。一是推进使用居民就医"一卡通"，用活用好电子健康档案。二是以省（区、市）为单

---

〔1〕 http：//www. pkulaw. cn/fulltext_ form. aspx？ Db = chl&Gid = dbda350786108bbcbdfb&keyword=%E7%94%B5%E5%AD%90%E5%81%A5%E5%BA%B7%E6%A1%A3%E6%A1%88&EncodingName=&Search_ Mode=accurate&Search_ IsTitle=0.

〔2〕 http：//www. pkulaw. cn/fulltext_ form. aspx？ Db = chl&Gid = a23df6d541f787bbbdfb&keyword=%E7%94%B5%E5%AD%90%E5%81%A5%E5%BA%B7%E6%A1%A3%E6%A1%88&EncodingName=&Search_ Mode=accurate&Search_ IsTitle=0.

〔3〕 http：//www. pkulaw. cn/fulltext_ form. aspx？ Db = lawexplanation&Gid = 89987df65cb32730cde6ce2363d8a4a1bdfb&keyword=%E7%94%B5%E5%AD%90%E5%81%A5%E5%BA%B7%E6%A1%A3%E6%A1%88&EncodingName=&Search_ Mode=accurate&Search_ IsTitle=0.

位，统筹社区卫生服务机构信息管理系统建设，进一步整合妇幼保健、计划生育、预防接种、传染病报告、严重精神障碍等各相关业务系统。三是推动社区卫生信息平台与社区公共服务综合信息平台有效对接，促进社区卫生服务与其他社区公共服务、便民利民服务、志愿互助服务有机融合和系统集成。四是加强机构内部信息整合共享，逐步实现预约、挂号、诊疗、转诊、公共卫生服务以及收费、医保结算、检验和药品管理等应用功能。五是加强区域卫生信息平台建设，推动各社区卫生服务机构与区域内其他医疗卫生机构之间信息互联互通、资源共享。六是充分利用移动互联网、智能客户端、即时通讯等现代信息技术，加强医患互动，改善居民感受，提高服务效能。

12.《〈关于做好 2018 年国家基本公共卫生服务项目工作的通知〉的解读》(2018 年发布) [1]

【摘要】三、如何推进电子健康档案向个人公开？

《国务院办公厅关于促进"互联网＋医疗健康"发展的意见》（国办发〔2018〕26 号）要求，推动居民电子健康档案在线查询和规范使用。2018 年，各地要根据当地基层信息化和电子健康档案建设水平以及居民健康服务实际需求，以高血压、糖尿病等慢性病患者、孕产妇、0-6 岁儿童、65 岁以上老年人等重点人群为突破口，通过智能客户端、电视、APP、网站等形式，在保障个人信息安全的情况下，积极稳妥推进电子健康档案向个人开放，方便群众查询自身健康信息，调动群众参与自

---

[1] http://www.pkulaw.cn/fulltext_form.aspx? Db = lawexplanation&Gid = fae-ecde89dba32945bb1d9bbb7b2e916bdfb&keyword = % E7% 94% B5% E5% AD% 90% E5% 81%A5%E5%BA%B7%E6%A1%A3%E6%A1%88&EncodingName = &Search_Mode = accurate&Search_IsTitle=0.

我健康管理的积极性，提高群众获得感。

13.《健康档案公用数据元标准（试行）》（2009 年发布）

总体上看，我国 2008 年开始对技术进行研究，并且进行电子健康档案试点；2010 年对电子病历进行试点，并且将二者进行对接；2011 年从乡村开始进行电子健康档案建设，后目标设定为城乡 70%建档率；2012 年开发搭建标准管理平台进行标准统一，并设定目标为 15 年完成 75%的电子健康档案建档率；2013 年将电子健康档案和电子病历并列提出，共同纳入卫生信息平台建设框架；开展医疗卫生机构信息系统标准化成熟度测评试点工作，并以建立城乡居民电子健康档案和中西医电子病历、推广医保"一卡通"为重点，建设支持各级医院上下联动、医保医药医疗业务协同、居民健康监测咨询等的医疗健康公共服务信息系统，进行电子健康档案开放试点；2014 年提出电子健康档案和电子病历信息库的动态更新和全国覆盖目标。2017 年、2018 两年将其纳入信息化和公共服务平台的建设计划。2018 年推动电子健康档案向个人开放。

总体上来看，我国电子健康档案立法法律位阶低，仅为一些规范性文件和标准，且主要是关于数据建设的目标和任务的规定，而对于电子健康档案的权利属性则没有作出规定。我国目前已有北京、上海、辽宁等 15 个省市建成了基于居民电子健康档案的省级区域卫生信息平台，采集了海量医疗卫生档案数据，建立了居民电子健康档案数据系统，成为区域健康医疗大数据的存储中心。电子健康档案数据系统中包括个人健康医疗的数据内容，同时涉及部分公共卫生服务数据及药品使用、医疗保险信息，是目前区域健康医疗大数据平台比较成熟的数据资源。电子健康档案数据系统中的电子健康档案重点关注政府管理机构为实现患者与医务人员间跨机构、跨平台的信息共享与交互而建的健康信息集合，满足增强患者就医安全、改善医疗服务质量和降低医药费用等公共健康管理需要。[1]尽管 EHR 是以电子形式存储的、以共享为核心的健康信息集合，[2] 这种信息库和信息集合依然是显示居民个人健康特征的数据。

　　从电子健康档案的作成来看，目前主要由各省市卫生行政部门主导平台建设，主要生成健康医疗数据记录，由居民所在地的医疗机构提供的居民的病历数据集合而成。如果居民在区域内不同医疗机构就诊，可能生成多份电子病历，区域卫生行政部门授权的区域卫生信息平台建设机构统一对电子病历进行开发，集合生成电子健康档案，主要包括居民的身体状况、疾病诊治、健康评估等数据信息。电子健康档案的主要功能是为居民提供个人健康医疗信息平台，构建区域内健康医疗数据信息平台，实现患者与医务人员跨机构、跨平台数据信息共享，提高医疗卫生服务质量，实现有效健康管理，提供医疗卫生决策支持。电子健康档案由电子病历数据集合而成，电子病历为个人和医疗机构共有。区域卫生行政机关基于社会公共利益可以强制医疗机构上传电子病历。电子健康档案由个人、医疗机构、卫生行政部门授权的区域卫生信息平台建设机构作成，因此，电子健康档案由个人、医疗机构、卫生行政部门授权的区域卫生信息平台建设机构所共同共有。《民法典》《个人信息保护法》《网络安全法》《医师法》《医疗事故处理条例》《医疗纠

---

〔1〕　徐健："加拿大电子健康档案建设新进展及其启示"，载《医学信息学杂志》2018 年第 7 期。

〔2〕　徐健："加拿大电子健康档案建设新进展及其启示"，载《医学信息学杂志》2018 年第 7 期。

纷预防和处理条例》《全国人民代表大会常务委员会关于加强网络信息保护的决定》《征信业管理条例》《医疗机构病历管理办法规定（2013 年版）》《电子病历应用管理规范（试行）》《基于健康档案的区域卫生信息平台建设指南（试行）》等法律法规赋予了数据主体知情同意权、查阅权、更正权、删除权等权利，实际上体现了健康医疗个人数据的个人数据人格权。我国《个人信息保护法》第 28 条第 1 款规定："敏感个人信息是一旦泄露或者非法使用，容易导致自然人的人格尊严受到侵害或者人身、财产安全受到危害的个人信息，包括生物识别、宗教信仰、特定身份、医疗健康、金融账户、行踪轨迹等信息，以及不满十四周岁未成年人的个人信息。"该条款明确规定，健康医疗数据为个人敏感信息，因此，在处理健康医疗个人数据时，应更加注重个人隐私权保护。

健康医疗个人数据权是一种具有人格权和财产权的双重属性的新型的混合权，健康医疗个人数据财产权由其作成主体共同共有。这种共有的原因是基于财产的不可分割性。此乃健康医疗个人数据在权益相关者中有限共享的法律权利基础。因此，电子病历为医疗机构和个人所共有，由医疗机构保存。

电子病历和电子健康档案均由医疗卫生机构保存。个人的病历及电子病案权客观上转化为个人的病历数据处理权及电子病案数据处理权，健康医疗数据个人享有其健康医疗个人数据查询权、查阅权、复制权、修正权及请求删除权。

关于患者知情同意权、个人数据保护视野下的查询权、查阅权、复制权等是学界通说，且现行法多有规定。知情同意是患者自主权的重要体现。[1]"知情同意原则"是指患者的隐私信息在被采集和利用过程中，患者应当享有绝对的知情权和选择权；患者出于治疗疾病、维护自身生命健康的考虑允许医生接触其医疗数据信息，患者的许可、同意是排除医生侵犯患者隐私权的前提。[2]在知情同意原则视角下，患者享有绝对的自主权利，除非在紧急情况下医生才可以视情况作出独立判断。尊重患者知情同意权也体现了对患者人权的尊重，更是医护人员的一项重要义务以及临床上处理医患关系的基本伦理准则之一。

患者人格权要求其对自身健康医疗数据应当享有知情控制权。从知情权角度来看，患者对健康医疗大数据信息的知情权不仅体现在其对个人隐私数据信息内容层面的知情，也包括对权利行使以及维持状态的知情。这种知情权应当是全面的、多层次的，同时也应当是稳定且连续的，不应当受到干扰而间断。从选择权角度来看，患者对个人隐私及信息有选择决定的权利，即患者在对其自身不涉及社会公共利益的个人信息进行支配时，应当有选择将其开放或者隐瞒的权利，以及选择对其个人信息开放或隐瞒的程度的权利。

健康医疗数据机构应个人要求，为其查阅、复制健康医疗数据资料，可以按照规定收取数据成本服务费，具体收费标准由国家价格主管部门会同卫生行政部门规定。健康医疗数据机构对于健康医疗数据个人使用数据，应收取必要的数据处理成

〔1〕　参见阿赛古丽、覃红："从尊重自主选择原则谈患者隐私权的保护"，载《医学与哲学（人文社会医学版）》2007年第7期。

〔2〕　参见高玉玲："论医疗信息化中的患者隐私权保护——以电子病历运用为视角"，载《法学论坛》2014年第2期。

本费。

《医疗事故处理条例》第 10 条第 3 款规定："医疗机构应患者的要求，为其复印或者复制病历资料，可以按照规定收取工本费。具体收费标准由省、自治区、直辖市人民政府价格主管部门会同同级卫生行政部门规定。"对于健康医疗数据，由于所有的健康医疗数据的记录、管理、维护、保存等费用均由医疗机构或者区域卫生行政机构授权的卫生信息平台建设机构承担，健康医疗数据个人需要使用的，需缴纳一定数额的费用作为数据作成和维护的部分成本的经济补偿。

二、个人数据的强制使用

（一）个人数据权的适当让渡

健康医疗个人数据制度的适用应考虑利益因素，要全面权衡个人利益和社会公共利益之间的冲突。"利益和法律关系密切，法律对利益具有确认、界定和分配的功能；法律可以协调各种利益关系。"[1] 协调多种利益关系，是法律的重要功能之一，也是健康医疗数据保护制度面临的巨大挑战。"政策性平衡指法律通过对公理的修正或政策的增加，结合了自行性调节和强制性干预的方式，并对某种利益进行倾斜性的保护，从而实现利益的平衡。它是通过'权利←法→权力'关系来完成的。"[2] 事实上，健康医疗个人数据保护制度也的确需要维护社会公共利益。个人利益需适当让渡给社会公共利益。

个人健康医疗数据的处理以取得个人知情同意为原则，但是仍有一些例外情形。欧盟《通用数据保护条例》将个人数据

---

[1] 沈宗灵主编：《法理学》，高等教育出版社 1999 年版，第 216 页。
[2] 沈宗灵主编：《法理学》，高等教育出版社 1999 年版，第 218~220 页。

保护作为公民基本权利，依据"为履行数据控制者承担法定义务所必须""为保护数据主体重大利益或其他自然人重大利益所必须"及"为执行公共利益之目的任务或数据控制者行使法定职能所必须"，可以不经个人知情同意使用个人数据。[1] 德国《联邦数据保护法》规定数据的收集应取得数据主体的知情同意，且一般情况下应采书面知情同意。应从数据主体处收集数据，但是依法律的规定或是履行行政职能的需要可以有所例外。在科学研究领域，如果用书面知情同意书会给既定的研究造成很大的侵害，其原因被记录在案后，则可以豁免书面知情同意意思表示而采取其他形式获取知情同意。德国《联邦数据保护法》第 13 条规定，基于保护数据主体或第三方的重大利益的需要，而数据主体由于健康或法律等原因无法表示同意；基于避免对公共安全的重大威胁的需要；基于避免对公共利益的重大危害或为了保护重大公共利益的需要；基于预防医学，医疗诊断、卫生保健和医疗卫生管理的需要，由医务人员或其他承诺保守秘密的人员对此类数据进行处理；基于科学研究的需要，并且此项科学研究的利益明显大于该数据主体排除此类数据收集的所得利益，而且该项科学研究的目的不能通过其他渠道达到，或通过其他渠道需付出不合理的成本；基于联邦公共机构在危机处理、避免冲突或实行人道主义行为时履行国防或国际义务的需要，政府行政部门可以收集个人敏感数据。

为应对严重的健康威胁（包括疾病、生物恐怖、化学或环境事件），2013 年，欧盟通过了《欧洲议会和欧盟理事会关于

---

〔1〕 See Intersoft Consulting："GENERAL DATA PROTECTION REGULATION（GDPR）"，http：//www.esrf.eu/GDPR.

严重的跨境健康威胁的决定》,[1] 作出包括预案准备和响应协调、联合采购药品、信息共享、流行病学预测和监测、接触追踪、紧急状态的认定等应对严重健康威胁的多项规定。按照该法案,"接触追踪" 是指为追踪暴露于严重的跨境健康威胁源,且有感染疾病危险或已感染疾病的人而采取的措施,即追踪和监视与感染病毒者有密切接触的人。接触追踪是世界公共卫生领域各国长期以来使用的一种工具,用于识别可能与任何疾病检测呈阳性的人有过近距离接触的人。[2] 在全球公共卫生监测领域,接触追踪已成为控制传染源、切断传播途径的关键措施。2015 年韩国 MERS(中东呼吸道综合征)疫情期间,韩国卫生部门可以使用安全摄像头、信用卡记录、甚至汽车和手机的GPS 数据来追踪病人的行动。2015 年《感染病预防及管理相关法律修正案》[3] 在韩国国会全体会议上通过。该法案规定,应公开感染患者信息。韩国人普遍认为,失去隐私是一种必要的交换。新加坡为便于对高风险接触者进行管理,应用 BLE 技术开发了一个 APP,通过在智能手机之间减缓蓝牙信号,记录用户的近距离接触历史记录,一旦有感染者确认,政府就能通过

---

〔1〕 张磊:"欧盟应对新冠肺炎疫情机制及其局限",载《国际论坛》2020 年第 4 期。

〔2〕 参见 "什么是接触追踪,它将如何对抗冠状病毒的传播?",载搜狐网,https://www.sohu.com/a/390331540_ 120458691,访问日期:2020 年 11 月 7 日。

〔3〕 See National Law Information Center:"ENFORCEMENT DECREE OF THE IN-FECTIOUS DISEASE CONTROL AND PREVENTION ACT",https://www.law.go.kr/LSW/eng/engLsSc.do? menuId = 2&section = lawNm&query = % EA% B0% 90% EC% 97% BC+%EC%98%88%EB%B0%A9&x = 15&y = 33#liBgcolor4.

其追踪可能与这位传染者接触过的所有人群。[1] 在我国新冠肺炎疫情防控过程中，个人信息在有效预防和及时防控疫情中发挥了非常重大的作用，通过隐私保护接触追踪技术这一技术工具的广泛部署和使用，实现了精准疫情防控。

在非紧急状态下，公民个人数据所承载的利益类型相对单一，法律的主要目标是保护数据主体的个人数据信息利益。因此，为了保障健康医疗数据个人的知情权，在使用个人健康医疗数据前，应当告知健康医疗数据个人并获得其授权，此原则与个人数据知情同意原则等同。

《个人信息保护法》第 13 条规定，符合下列情形之一的，个人信息处理者方可处理个人信息：①取得个人的同意；②为订立、履行个人作为一方当事人的合同所必需，或者按照依法制定的劳动规章制度和依法签订的集体合同实施人力资源管理所必需；③为履行法定职责或者法定义务所必需；④为应对突发公共卫生事件，或者紧急情况下为保护自然人的生命健康和财产安全所必需；⑤为公共利益实施新闻报道、舆论监督等行为，在合理的范围内处理个人信息；⑥依照该法规定在合理的范围内处理个人自行公开或者其他已经合法公开的个人信息；⑦法律、行政法规规定的其他情形。依照该法其他有关规定，处理个人信息应当取得个人同意。但是有前述②~⑦项规定情形的，不需取得个人同意。据此，个人健康医疗隐私数据在《个人信息保护法》第 13 条第 2 款规定的健康医疗数据涉及社会公共利益需要的特殊情形下，私权应对公权力作出适当让渡，隐私强调的是私权保护，但是某些情况下，基于社会公共利益的

---

〔1〕 BLE 是蓝牙技术联盟设计和销售的一种个人局域网技术，旨在用于医疗保健、运动健身、信标、安防、家庭娱乐等领域的新兴应用。

需要，私权需向公权力作出适当让渡，健康医疗数据处理者可以排除数据个人知情同意的适用，依法处理和使用健康医疗个人数据。个人信息所承载的利益不仅包括信息主体的个体利益，还包括以公共秩序、经济秩序、公共道德、卫生安全等为核心的社会公共利益。[1] 数据中既包含人身利益，也包含财产利益，而若将数据抽象认定为一种可量化的财产性权利，为满足公共利益的需要而要求数据控制者提供相应的数据支持，就是数据的强制使用。[2] 例如，新冠肺炎疫情下，基于疫情防控的社会公共利益需求，一些健康医疗个人数据依法向社会适度开放。

第一，从数据使用的角度看，基于某些社会公共利益的个人数据权适当让渡的合理性，是数据强制使用的法理基础。事实上，基于公共利益的物权和知识产权的强制使用制度，早已存在于我国其他一些法律规范中。例如，我国《民法典》第243条第1款规定："为了公共利益的需要，依照法律规定的权限和程序可以征收集体所有的土地和组织、个人的房屋及其他不动产。"征收行为是一种以公共权力为基础的公法行为，则必须如法条所要求的那样，强制性征收必须是"为了公共利益的需要"，而且"公共利益"应该被局限于国防、公共安全等较为狭窄的范围之内，而不应任意地扩张范围使得个人权利受到不正当的剥夺。[3]

《中华人民共和国专利法》（以下简称《专利法》）第54

---

〔1〕 参见张平华、侯圣贺："环境民事公益诉讼中的利益结构问题探讨"，载《山东警察学院学报》2018年第2期。

〔2〕 参见李有星等：《数据资源权益保护法立法研究》，浙江大学出版社2019年版，第43页。

〔3〕 参见刘家安：《物权法论》，中国政法大学出版社2015年版，第91～92页。

条规定，在国家出现紧急状态或者非常情况时，或者为了公共利益的目的，国务院专利行政部门可以给予实施发明专利或者实用新型专利的强制许可；第 55 条规定，为了公共健康目的，对取得专利权的药品，国务院专利行政部门可以给予制造并将其出口到符合我国参加的有关国际条约规定的国家或者地区的强制许可。上述法律规范明确规定了专利强制使用的制度。

基于公众健康权保护及医疗卫生事业的发展等社会公共利益需求或法律法规要求，卫生行政部门及卫生行政部门主管的医疗卫生数据平台对个人电子病历及电子健康档案的去标识化的健康医疗数据衍生处理及以此为基础的健康医疗衍生数据开放和共享具有正当性。

当然，个人权利因"公共利益"需要让渡于公权力的适用应当审慎，对于健康医疗数据而言，个人数据的强制使用亦属于个人权利与公权力之间的博弈，对使用数据目的应作严格限缩，健康医疗数据强制使用必须基于公共利益的目的。但公共利益应当被严格局限于一个狭窄的范围内。欧盟《通用数据保护条例》规定，公共利益应包括以下五种情况：①医学科学或历史研究、医学统计。②医疗服务、公共卫生服务。例如，为分析传染病及预警目的、监测流行病及传播趋势，即使未经数据主体同意，出于公共利益目的亦可处理有关个人敏感数据。③保存和披露公共存档资料。④履行国际法义务。例如因人身或法律限制而无法做出同意的数据主体，任何将其个人数据转移到国际人道组织的行为。⑤人道主义目的。例如为应对紧急事件，尤其在自然灾害或人为灾难发生时处理个人数据。德国的数据保护法规定了对科研等数据的特殊用途豁免，在下列情形下，没有数据主体的同意也可传输或使用被阻滞的数据：①此数据是进行科学研究必不可少的，或作为证据而需要，或是为了数据的控制者或第三方重大利益的需要；②如不被阻滞，为此目的而传输或使用数据会被允许。因此，具体到医疗卫生领域的公共利益应当主要包括应对突发性公共卫生事件及疾病的防治、医学研究等。

第二，基于数据管理者的法定职责的数据强制使用。当数据管理者为国家机关时，若数据处理旨在行使法定职权，即使未经数据主体同意，行为仍然合法，这是国家机关履行法定职能的内在需要。其认定标准为：①依法律明文规定，国家机关设置和职能分工的相关立法。②依职权行为，执行主体必须为国家机关且数据处理确为执行公务所必要。国家现行法律对健康医疗个人数据的利用尤其是公法意义上的公共使用尚缺乏足够法律支持。相对于企业难以获取健康医疗个人数据的情况，国家机关有强制权力获取如医保身份信息、病史记录等个人信息。

第三，基于第三方的合法权益情形下的数据强制使用。第三方合法利益包括正当的市场营销、诈骗预防、国家机关间数据传输、网络与信息安全保障、向主管部门报告可能发生的犯罪行为或对公共安全的威胁等情形。

（二）健康医疗数据强制使用的场景化分析

《信息安全技术　健康数据安全指南》将健康医疗数据划分为五级，分别为可完全公开使用的数据、可在较大范围内供访问使用的数据、可在中等范围内供访问使用的数据、在较小范围内供访问使用的数据和仅在极小范围内且在严格限制条件下供访问的数据[1]。虽然该指南根据数据的重要程度、风险级别以及对个人健康医疗数据主体可能造成的损害和影响的级别对数据进行了分级，但是由于健康医疗数据的应用还需要具体问题具体分析，因此健康医疗数据强制使用场景化分析仍旧十分必要。"场景理论"最早源于新闻传播领域，随后隐私保护领域也引入了"场景理论"。2021 年 12 月，时任美国总统的奥巴马签发了《隐私权利法案》，其中第三条原则就是"尊重场景"原则，要求公司收集、使用和披露个人信息应与消费者提供数据的"场景"相一致。同样，"场景理论"也开始被应用于数据的收集、处理、使用的规制当中[2]。健康医疗数据强制使用的场景主要为：

1. 突发性公共卫生事件中的健康医疗数据强制使用。《突发公共卫生事件应急条例》第 2 条规定："本条例所称突发公共卫生事件……是指突然发生，造成或者可能造成社会公众健康严

---

[1]《信息安全技术　健康医疗数据安全指南》6.2 数据分级划分规定，根据数据重要程度、风险级别以及对个人健康医疗数据主体可能造成的损害和影响的级别进行分级，可将健康医疗数据划分为以下五级：第 1 级：可完全公开使用的数据。包括可以通过公开途径获取的数据，例如医院名称、地址、电话等，可直接在互联网上面向公众公开。第 2 级：可在较大范围内供访问使用的数据。例如不能标识个人身份的数据，各科室医生经过申请审批可以用于研究分析。第 3 级：可在中等范围内供访问使用的数据，如果未经授权披露，可能对个人健康医疗数据主体造成中等程度的损害。例如，经过部分去标识化处理，但仍可能重标识的数据，仅限于获得授权的项目组范围内使用。第 4 级：在较小范围内供访问使用的数据，如果未经授权披露，可能会对个人健康医疗数据主体造成较高程度的损害。例如可以直接标识个人身份的数据，仅限于参与诊疗活动的医护人员访问使用。第 5 级：仅在极小范围内且在严格限制条件下供访问使用的数据，如果未经授权披露，可能会对个人健康医疗数据主体造成严重程度的损害。例如特殊病种（例如艾滋病、性病）的详细资料，仅限于主治医护人员访问且需要进行严格管控。

[2]　参见郝娜："个人健康医疗数据匿名化的法律规则重塑——从场景理论的视角来探析"，载《医学与法学》2020 年第 3 期。

重损害的重大传染病疫情、群体性不明原因疾病、重大食物和职业中毒以及其他严重影响公众健康的事件。"依据《突发公共卫生事件应急条例》授权而具备法定强制收集健康医疗数据信息权限的机构包括：①卫生行政部门、医疗卫生机构、疾病预防控制机构；②街道、乡镇以及居民委员会、村民委员会；③县级以上人民政府。每个主体仅可调阅、使用、分析自身管辖范围内公民的健康医疗数据，但上级部门可统摄使用下级管辖范围内的数据。在本次新冠肺炎疫情防控中，个人健康大数据服务形成的健康码、大数据行程码等应用，在追踪疫情的根源和传播链条、预测疫情传播速度和地理分布、调查人口流动情况等方面立下了汗马功劳，大大提高了疫情溯源和管控效率[1]。

2. 临床研究中的健康医疗数据强制使用。临床研究一般是在学术性的医学中心、研究机构或者医疗科研机构进行，其过程主要包括临床试验的方案设计、组织实施、监查、核查、检查，以及数据的采集、记录、维护、统计、分析总结和报告等[2]。

临床研究原则上都需要取得受试者的知情同意。对于研究型的医疗机构，可将知情同意环节前置到患者就诊时，采取广泛知情同意方式，使患者在第一次接受服务之前就签署在该机

---

〔1〕 参见"SMU 头条：疫情、人工智能和个人数据——如何应用人工智能管控疫情及其对个人数据保护的影响"，载 https://www.sohu.com/a/431157471_288746，访问日期：2021 年 11 月 19 日。
〔2〕 参见《信息安全技术 健康医疗数据安全指南》11.3.1 临床研究数据安全概述。

构存储和使用医疗数据的知情同意书[1]。但是当研究者是出于公共利益开展统计或学术研究所必要，且其对外提供学术研究或描述的结果时，对结果中所包含的个人信息进行去标识化处理的，则不需要获得受试者的知情同意。

临床研究应在患者个人健康医疗数据去标识化的前提下进行，以保护患者的隐私与信息安全。如若研究需要追溯到个人的具体情况，则就应按照《临床试验数据管理工作技术指南》等要求，建立数据保密及患者隐私保护制度。

3. 基于法律法规规定的第三方个人健康医疗数据的强制使用。公检法等部门调取健康医疗数据的目的为案件侦查、抓捕犯罪嫌疑人等司法目的时，公检法部门的办案人员须出示相应的批准手续证明。依据具体的法律法规，公安机关、检察院根据侦查需要调取的数据，可参照《中华人民共和国刑事诉讼法》（以下简称《刑事诉讼法》）关于特殊侦查措施的规定，数据用途应限缩于对犯罪的侦查、起诉、审判，而不得用于其他用途。

【案例】朱某与百度公司隐私权纠纷案[2]

朱某在家中和单位上网浏览相关网站过程中，发现利用百度搜索引擎搜索相关关键词后，会在百度广告联盟的特定网站上出现与关键词相关的广告。例如，朱某在通过百度网站搜索"减肥""人工流产""隆胸"等关键字后，再进入"4816"网站和"500看影视"网站时，就会分别出现有关减肥、流产和

---

[1]　孙政春、刘小平、田宗梅："健康医疗大数据信息安全保护刍议"，载《中国卫生事业管理》2021年第7期。

[2]　参见李爱君主编：《中国大数据法治发展报告》，法律出版社2018年版，第102~103页。

隆胸的广告。朱某认为百度公司未经其知情同意和选择，利用网络技术记录和跟踪朱某所搜索的关键词，将其兴趣爱好、个人需求等显示在相关网站上，并利用记录的关键词对其浏览的网页进行广告投放，侵害了其隐私权，使其感到恐惧、精神高度紧张，影响了其正常的工作和生活。2013 年 5 月 6 日，朱某向南京市鼓楼区人民法院起诉百度公司，请求判令百度公司立即停止侵害，赔偿精神损害抚慰金 1 万元，承担公证费 1000 元。

一审法院认为，朱某搜索的关键词展示了其个人上网的偏好，在一定程度上标识了个人基本情况和个人私密生活情况，属于个人隐私的范围，且侵害隐私权不仅可以通过公开宣扬他人隐私的方式，也可以采取不当收集、利用他人隐私的方式。百度公司在网站中默认网民同意百度公司使用 cookie 技术收集并利用网民的上网信息，采取"默示同意"原则，无法起到规范的说明和提醒作用，网民可能根本就不知道自己的私人信息会被搜集和利用，更无从表示同意，不足以保障用户的知情权和选择权。综上，一审判决百度构成侵犯隐私权。

二审法院认为，涉案信息虽具有隐私性质，但不属于个人信息。网络用户通过使用搜索引擎形成的检索关键词记录，虽然反映了网络用户的网络活动轨迹及上网偏好，具有隐私属性，但这种网络活动轨迹及上网偏好一旦与网络用户身份相分离，便无法确定具体的信息归属主体，不再属于个人信息范畴。且《最高人民法院关于审理利用信息网络侵害人身权益民事纠纷案件适用法律若干问题的规定》中明确规定了"利用网络公开个人隐私和个人信息的行为"和"造成损害"的侵权构成要件，百度的个性化推荐是通过技术手段完成，并没有向第三方或公众展示及公开用户的 cookie 信息，因此不构成侵权。另外，参考国家推荐性标准《信息安全技术　公共及商用服务信息系统个人信息保护指南》（GB/Z 28828-2012），非敏感的个人信息的收集、使用仅需要适用默示原则，何况百度收集的信息仅是网络碎片化信息，并不属于个人信息，因此，更不需要适用明示同意原则，百度公司保障了用户的知情权和选择权。综上，二审法院撤销了一审判决，认定百度不构成侵犯隐私权。

第二节　健康医疗个人数据原生与处理

一、健康医疗个人数据的原生

医学与人类的联系是通过对人类的医疗服务过程中具体的医疗行为来实现的。涉及自然人个人的医疗卫生服务活动一旦发生，则表明医疗卫生服务行为的数据即开始贮存于文字、摄影、录音、录像以及计算机存储器等载体上。例如，病历记载了医疗活动的全部过程，直接形成了个人原始的健康医疗数据。这种由原始医疗卫生活动事实直接生成健康医疗数据的过程，为健康医疗数据的原生过程，生成的数据称为健康医疗原始数据。健康医疗原始数据是自然人个人在医疗卫生活动中形成的数据，因此，亦可称为健康医疗个人数据。健康医疗个人数据由个人一般数据信息和医疗卫生服务数据共同构成。医疗卫生服务行为是指法律上认可的医疗行为人运用医学技术知识对人和人群存在的健康问题或者潜在的健康问题进行干预的一种服务性的社会劳动。[1] 医疗卫生服务行为的范围十分广泛，包括

---

[1]　参见李建光:《医疗行为责任立法研究》，中南大学出版社 2006 年版，第 7 页。

防病治病、医疗保健、生育控制、医疗美容、健康体检等各种服务行为。医疗行为不仅包括医疗机构及其医务人员为患者进行的查体、化验、辅助检查、诊断、鉴别诊断、口服药物、输液、注射、针灸、理疗、手术、介入治疗、输血、放疗、化疗、食物治疗、接生等常见的诊疗技术，也包括新试剂的诊断应用、人工生殖、基因技术、器官组织移植、人工置换等医学新技术的临床应用。此外，预防接种、康复治疗、疾病筛查、性病传染病防治、计划生育服务、戒毒治疗、血液采集、人工精子库受精、医学美容、变性手术、健康体检、心理咨询等也属于医疗行为。

病历是从事医疗业务的医务人员于执业过程中所制作的有关患者医疗事项的文书。电子病历（Electronic Medical Record，EMR）也叫计算机化的病案系统或称基于计算机的病人记录（Computer-Based Patient Record，CPR）。它是用电子设备（计算机、健康卡等）保存、管理、传输和重现的数字化的医疗记录，用以取代手写纸张病历。它的内容涵盖纸张病历的所有信息。美国国立医学研究所将其定义为：EMR是基于一个特定系统的电子化病人记录，该系统提供用户访问完整准确的数据、警示、提示和临床决策支持系统的能力。电子病历的法律性质与纸质版病历无异。电子病历记录是指医务人员通过问诊、查体、辅助检查、诊断、治疗、护理等医疗活动获得有关资料，并进行归纳、分析、整理进而形成医疗活动记录的行为。由此可见，医疗机构及其医务人员在医疗执业过程中，负有电子病历作成的义务。医疗机构及其医务人员是电子病历的制作人。

忠实义务是医方基于合约和法律规定需要履行的主要义务，

医生有义务以"最大的诚实和忠诚"去行事,[1] 因此,医务人员有义务在执业过程中本着"最大的诚实"履行电子病历的作成义务。真实性原则是电子病历作成的首要原则。电子病历记录应当具有客观真实性,且应确保准确无误。《电子病历应用管理规范(试行)》第 16 条规定:"电子病历系统应当设置医务人员书写、审阅、修改的权限和时限。实习医务人员、试用期医务人员记录的病历,应当由具有本医疗机构执业资格的上级医务人员审阅、修改并予确认。上级医务人员审阅、修改、确认电子病历内容时,电子病历系统应当进行身份识别、保存历次操作痕迹、标记准确的操作时间和操作人信息。"

医疗活动中,患者病情处于一个动态的变化过程,医生在治疗过程中根据患者病情随时调整治疗方案;医疗行为也是一个动态的变化过程,因此,医务人员对患者病情需要及时观察记录,对医疗措施亦应该及时记录,以第一时间获得下一阶段的治疗依据。制作电子病历必须强调时间性,必须在规定的时间内书写完成。另外,电子病历的作成还须遵循规范性的原则。

从电子病历的作成方式来看,健康医疗个人数据的生成本质上是一种医疗卫生服务活动的电子记录,客观地反映了医疗卫生服务行为。

二、健康医疗个人数据的处理

欧盟 1995 年《通用数据保护条例》将个人数据从采集到使用、删除的全过程纳入监管。它不仅调整个人数据的使用,还对使用之前的数据采集、加工、删除等作出规定。美国没有统一的个人数据保护法,而是将个人信息纳入《隐私权利法案》

---

〔1〕　参见赵西巨:《医事法研究》,法律出版社 2008 年版,第 364 页。

的保护中，司法判例中更加注重数据处理中的隐私保护。为规范个人资料的搜集、处理及利用，日本、加拿大等国家或地区的相关立法直接调整全部个人数据处理，或调整形成文件资料的个人数据处理。

我国《个人信息保护法》第4条规定："个人信息是以电子或者其他方式记录的与已识别或者可识别的自然人有关的各种信息，不包括匿名化处理后的信息。个人信息的处理包括个人信息的收集、存储、使用、加工、传输、提供、公开、删除等。"据此，我国个人信息的处理不仅包括信息的使用和流通，还包括信息的收集和存储。信息的处理是对信息的收集、存储、使用、加工、传输、提供、开放、删除。相应地，健康医疗个人数据的处理是指在健康医疗数据生成之后的存储、加工和使用等。

病历的保存，是指使病历内容不生增减，或避免发生毁损灭失致令不堪用的一种专业工作。[1] 病历分为门（急）诊病历和住院病历。《医疗机构病历管理规定（2013年版）》第10条第1款规定："门（急）诊病历原则上由患者负责保管。医疗机构建有门（急）诊病历档案或者已建立门（急）诊电子病历的，经患者或者其法定代理人同意，其门（急）诊病历可以由医疗机构负责保管。"因此，原则上，患者是自己门（急）诊病历的管理人。住院病历，是指患者在医疗机构住院期间形成的病历资料，《医疗机构病历管理规定（2013年版）》明确住院病历由医疗机构负责保管。

2017年发布的《电子病历应用管理规范（试行）》第3条

---

[1] 参见李圣隆：《医护法规概论》，华杏出版股份有限公司1997年版，第328页。

规定："电子病历是指医务人员在医疗活动过程中，使用信息系统生成的文字、符号、图表、图形、数字、影像等数字化信息，并能实现存储、管理、传输和重现的医疗记录，是病历的一种记录形式，包括门（急）诊病历和住院病历。"电子病历应由医疗机构电子终端设备保存。医疗机构应当设置专门部门或者配备专（兼）职人员，具体负责本医疗机构病历和病案的保存与管理工作，建立相应的规章制度，加强电子病历的保存和管理。电子病历属于隐私性数据，非法收集、存储、使用、加工、传输、提供、开放、删除等须承担侵权责任。关于医疗机构保存病历的期限，《医疗机构管理条例实施细则》第 53 条规定："医疗机构的门诊病历的保存期不得少于十五年；住院病历的保存期不得少于三十年。"《医疗机构病历管理规定（2013 年版）》第 29 条规定，门（急）诊病历档案的保存时间自患者最后一次就诊之日起不少于 15 年。

医疗机构应当严格病历管理。《医疗事故处理条例》第 9 条规定："严禁涂改、伪造、隐匿、销毁或者抢夺病历资料。"《医疗机构病历管理规定》（已失效）第 5 条规定："医疗机构应当严格病历管理，严禁任何人涂改、伪造、隐匿、销毁、抢夺、窃取病历。"《医师法》第 24 条第 1 款规定，医师不得隐匿、伪造、篡改或者销毁医学文书及有关资料。《医师法》第 56 条规定，违反该法规定，医师在执业活动中有下列行为之一的，由县级以上人民政府卫生健康主管部门责令改正，给予警告，没收违法所得，并处 1 万元以上 3 万元以下的罚款；情节严重的，责令暂停 6 个月以上 1 年以下执业活动直至吊销医师执业证书：①泄露患者隐私或者个人信息；②出具虚假医学证明文件，或者未经亲自诊查、调查，签署诊断、治疗、流行病学等证明文件或者有关出生、死亡等证明文件；③隐匿、伪造、篡改或者擅自销毁病历等医学文书及有关资料；④未按照规定使用麻醉药品、医疗用毒性药品、精神药品、放射性药品等；⑤利用职务之便，索要、非法收受财物或者牟取其他不正当利益，或者违反诊疗规范，对患者实施不必要的检查、治疗造成不良后果；⑥开展禁止类医疗技术临床应用。《民法典》第1222条规定，患者在诊疗活动中受到损害，有下列情形之一的，推定医疗机构有过错：……②隐匿或者拒绝提供与纠纷有关的病历资料；③遗失、伪造、篡改或者违法销毁病历资料。电子病历的法律性质与纸质版病历无异。《电子病历基本规范（试行）》第29条规定："医疗机构可以为申请人复印或者复制电子病历资料的范围按照卫生部《医疗机构病历管理规定》执行。"我国《医疗机构病历管理规定（2013年版）》第17条规定，医疗机构应当受理下列人员和机构复制或者查阅病历资料的申请，并依规定提供病历复制或者查阅服务：①患者本人或其委托代理人；②死亡患者法定继承人或其代理人。依据《医疗机构病历管理规定（2013年版）》第18、20条的规定，医疗机构应当由负责医疗服务质量监控的部门或者专（兼）职人员负责受理复印或者复制病历资料的申请。受理申请时，应当要求申请人按照下列要求提供有关证明材料：①申请人为患者本人的，应当提供其有效身份证明；②申请人为患者代理人的，应当提供患者及其代理人的有效身份证明、申请人与患者代理关系的法定证明材料和授权委托书；③申请人为死亡患者法定继承人的，应当提供患者死亡证明及其法定继承人的有效身份证明、死亡患者法定继承人的法定证明材料；④申请人为死亡患者法定继承人代理人的，应当提供患者死亡证明、死亡患者法定继承人及其代理人的有效身份证明，死亡患者与其法定继承人关系的法定证明材料，代理人与法定继承人代理关系的法定证明材料及授权委托书；⑤申请人为保险机构的，应当提供保险合同复印件，承办人员的有效身份证明，患者本人或者其代理人同意的法定证明材料；患者死亡的，应当提供保险合同复印件，承办人员的有效身份证明，死亡患者法定继承人或者其代理人同意的法定证明材料。合同或者法律另有规定的除外。

依据《医疗机构病历管理规定（2013 年版）》第 20 条第 1 款的规定，公安、司法机关因办理案件需要，有权查阅、复制病历资料。由此，不仅仅是医疗机构可以接触到患者的病历隐私，保险机构、公安、司法机关依法也可以查阅、复制患者病历。另外，医疗损害鉴定机构为作出鉴定，也可以依法查阅、复制病历。因此，在赋予上述机构和人员查阅、复制病历权的同时，应同时规定其必须承担保密责任，否则给患者造成损害的，也应当承担损害赔偿等法律责任。依据《医疗机构病历管理规定（2013 年版）》第 21 条的规定，医疗机构受理复印或者复制病历资料申请后，应当在医务人员按规定时限完成病历后予以提供。《医疗机构病历管理规定（2013 年版）》第 22 条规定，医疗机构受理复印或者复制病历资料申请后，由指定的部门或者专（兼）职人员通知负责保管门（急）诊病历档案的部门（人员）或者病区，将需要复印或者复制的病历资料在规定时间内送至指定地点，并在申请人在场的情况下复印或者复制。从以上分析可知，患者具有客观病历的查阅和复制权。但是，我国立法对于患者开放病历的同意权、对于利用病历的行为还没有具体明确的规定，有关患者病历资讯泄密的防范措施还有待进一步加强。

【案例】[1] 新华网乌鲁木齐 2004 年 8 月 6 日电：在患者不知情的情况下，医院护士竟擅自将患者的病历复印给他人带出医院，从而引发新疆第一例患者状告医护人员侵犯隐私的案件。2004 年 8 月 5 日，乌鲁木齐市天山区人民法院判决，被告何某、袁某构成了对患者吴某的隐私侵权，并赔付吴某 2 万元。

2004 年 4 月 28 日，吴某因牙龈上火去何某所在诊所就诊，何某为吴某注射"胸腺肽"后病情未见好转，被送往乌鲁木齐市友谊医院，经救治，病情好转后出院。

5 月 13 日，吴某住进袁某所在中医院治疗，5 月 25 日病情好转出院。6 月 10 日，吴某到袁某所在医院病案室复印病历，但打开病历后发现首页上印有何某的身份证复印件，吴丽意识到病历已被何某复印。6 月 11 日，吴某向袁某所在医院进行举报，原来是何某到该院请同学袁某帮忙复印了吴某的病历。事发后，医院将复印的病历追回。同时，医院对袁某作出处罚。但吴某认为，医院只对袁某进行了处罚，但事件直接责任人是何某，他却一直未受到任何处理。为保护自己的隐私权，同年 6 月，吴某以隐私权被侵犯为由将何某、袁某起诉到法院。

8 月 4 日，天山区人民法院经调查认为，医务人员私自复印患者病历，侵犯了病人的隐私权。故判决何某与袁某向吴某赔付 2 万元，并当面道歉。

---

〔1〕 参见孟强：《医疗损害责任争点与案例》，法律出版社 2010 年版，第 271 页。

第五章　健康医疗数据开放的法律规则

　　健康医疗数据开放是指政府行政部门及法律法规授权的具有公共事务管理职能的组织向社会公众提供可访问读取的健康医疗开放数据的活动。健康医疗开放数据是指由政府行政部门及法律法规授权的具有公共事务管理职能的组织向社会公众提供，任何人都有权利免费或者付费访问，并且能在一定条件下获取并使用的健康医疗数据。在大数据时代，健康医疗数据越来越多地受到政府数据开放制度的激励。社会公众可以利用互联网访问大量的健康医疗信息。通过数据开放获取的健康医疗数据有可能带来许多益处，包括科学发现、成本节省、新的患者支持工具、医疗卫生服务质量改进以及更高的政府透明度和健康教育等。同时，健康医疗数据领域瞬息万变，在数据开放过程中，健康医疗个人数据泄漏、个人隐私侵权、数据歧视以及对错误研究有关的担忧也在所难免，这也对健康医疗数据开放制度构成了挑战。因此，如何平衡健康医疗数据开放利益与风险，是健康医疗数据开放制度需要解决的关键问题。

第一节 健康医疗数据开放基本理论

一、健康医疗数据开放的含义

健康医疗数据开放是指由政府行政部门及法律法规授权的具有公共事务管理职能的组织向社会公众提供，社会公众有权利免费或者付费访问，并且能在一定条件下获取并使用的健康医疗数据。健康医疗数据是指人从出生到死亡的整个生命周期中的涉及医疗卫生活动的与健康医疗相关的数据，涵盖公共卫生服务、医疗服务、医疗保障和药品保障活动形成的各种数据信息。健康医疗数据既包括健康医疗个人数据，也包括健康医疗个人数据经算法加工处理、数据发掘和数据分析而产生的健康医疗衍生数据。健康医疗个人数据是个人从出生到死亡的整个生命周期中产生的与医疗卫生有关的数据。健康医疗个人数据是个人基本数据与个人健康医疗服务数据的综合数据，健康医疗个人数据的鲜明特点是此类数据均是显示个人特征的数据信息，具有可识别性。无疑，从患者记录中提取的健康医疗个人数据是最重要和有用的但也是最敏感的数据类型。但是，基于患者隐私权保护原则的限制，显然，健康医疗个人数据并非政府健康医疗数据开放的主要数据资源。健康医疗衍生数据是健康医疗个人数据经过算法加工处理后衍生形成的新的质变的数据。健康医疗衍生数据虽来源于健康医疗个人数据，但在经过算法加工处理后脱离了原始数据的个性化特征，不再具有个体可识别性，健康医疗衍生数据的价值是创造。在"公民科学"时代，公民有权找到并访问法定的健康医疗衍生数据，因此，不难理解,健康医疗衍生数据是政府健康医疗数据开放的主要数据资源。

健康医疗衍生数据资源通常被称为"大数据",这种向公众开放且可用的健康医疗数据资源属于"政务数据"或"公开数据"。政务机构因履行职责或在提供服务过程中形成的数据为政务机构数据。目前,我国政务机构数据主要包括两个部分,其一,政府部门数据;其二,法律法规授权的具有管理公共事务职能的组织的数据,也可以理解为政务数据资源。《政务信息资源共享管理暂行办法》第2条第1款规定:"本办法所称政务信息资源,是指政务部门在履行职责过程中制作或获取的,以一定形式记录、保存的文件、资料、图表和数据等各类信息资源,包括政务部门直接或通过第三方依法采集的、依法授权管理的和因履行职责需要依托政务信息系统形成的信息资源等。"2021年9月1日开始施行的《数据安全法》第五章对政务数据安全与开放作出专章规定。《数据安全法》第41条规定:"国家机关应当遵循公正、公平、便民的原则,按照规定及时、准确地公开政务数据。依法不予公开的除外。"第43条规定:"法律、法规授权的具有管理公共事务职能的组织为履行法定职责开展数据处理活动,适用本章规定。"可见,政务数据包括政府部门及具有公共事务管理职能的组织在履行职责或提供服务过程中形成的数据。

需要明晰的是,并非政府部门及具有公共事务管理职能的组织在履行职责或提供服务过程中形成的所有的医疗领域的政务数据皆为健康医疗数据。健康医疗数据是指人从出生到死亡的整个生命周期中的涉及医疗卫生活动的与健康医疗相关的数据,其本质上是人们医疗卫生服务活动及行为的反映和记录。一些政府部门及具有公共事务管理职能的组织在履行职责或提供服务过程中所涉及的反映人的医疗卫生活动以外的数据，如卫生行政部门及组织的财务数据、工资数据、经营数据等，本质上不是患者或者个人的医疗卫生活动的数据，而是分别属于其他专业领域的数据，故应排除在健康医疗数据概念之外。

二、健康医疗数据开放主体

健康医疗开放数据属于公共数据，健康医疗数据开放理论来源于政府信息公开。政府信息公开强调的是"公开"，针对的是政府信息的不公开，政府信息公开将提高政府的透明度，便于公众监督政府工作、防止腐败，也便于公众与政府合作、降低行政成本。[1] 健康医疗数据开放不仅强调政府信息公开，更加强调政府积累的健康医疗数据资源更好地被利用，以促进全民健康和医学科技创新。

健康医疗数据开放的主体为健康医疗数据行政管理部门及法律法规授权的具有健康医疗数据管理职能的组织。在我国，健康医疗数据开放的主体主要为医疗卫生行政机构及法律法规授权的具有健康医疗数据管理职能的组织。医疗卫生行政机构是指依照宪法或行政机关组织法设立的，享有且能以自己的名义行使国家卫生行政权，并能独立承担由此而产生的法律责任的机构。我国卫生行政机构由中央卫生行政机关和地方卫生行政机构构成。中央行政机关包括国务院、国务院主管卫生行政部门、国务院直属机构。

（一）医疗卫生行政机构

1949 年 10 月 1 日，中华人民共和国中央人民政府成立。11

---

〔1〕 参见李有星等：《数据资源权益保护法立法研究》，浙江大学出版社 2019年版，第 98 页。

月 1 日，中央人民政府卫生部正式成立。其作为中央人民政府的组成部分，成为当代卫生法治的主要力量。1954 年 9 月，全国人民代表大会第一次会议在北京召开，会议通过了《宪法》和《中华人民共和国国务院组织法》（以下简称《国务院组织法》）。根据 1954 年《国务院组织法》的规定，中央人民政府卫生部更名为中华人民共和国卫生部，省以下机构实行垂直管理。2013 年 3 月 14 日，第十二届全国人大一次会议审议通过了《国务院机构改革和职能转变方案》，原国家卫生部和国家人口和计划生育委员会的部分职能合并，国务院将卫生部的职责、人口计生委的计划生育管理和服务职责整合，组建国家卫生和计划生育委员会，作为中央政府的卫生和计划生育行政主管部门。随着计划生育工作由控制人口生育到鼓励生育功能的转型，国家卫计委完成了历史使命，同时也标志着卫生与计生合并过渡完成。2018 年 3 月 13 日，国务院大部制改革方案出炉。根据方案，组建国家卫生健康委员会，不再保留国家卫生和计划生育委员会，不再设立国务院深化医疗卫生体制改革领导小组办公室；组建国家卫生健康委员会，将国家卫生和计划生育委员会、国务院深化医疗卫生体制改革领导小组办公室、全国老龄化工作委员会办公室的职责，工业和信息化部牵头的《烟草控制框架公约》履约工作职责，国家安全生产监督管理总局的职业安全健康监督管理职责进行整合。

　　新组建的国家卫生健康委员会的主要职责是拟订国民健康政策，协调推进深化医药卫生体制改革，组织制定国家基本药物制度，监督管理公共卫生、医疗服务、卫生应急，负责计划生育管理和服务工作，拟订应对人口老龄化、医养结合政策措施等。国家卫生健康委员会工作范围和工作职责的调整，标志着国家卫生工作的目标和重点从以治病为中心转变为以人民健康为中心。

1978 年 6 月 7 日，国家医药管理总局正式成立，实现了中西药品、医疗器械的生产、供应、使用的统一管理，结束了我国一直以来医药多头管理的局面。其后几经政府机构机制改革变迁，1998 年，国务院将国家医药管理局、国家中医药管理局和卫生部药政局的药品监管职能合并，重新组建了国家药品监管局，直属国务院，省以下机构实行垂直管理。2003 年，国务院又在国家药品监管局的基础上组建了国家食品药品监管局。新机构新增了食品、保健品、化妆品的"综合监督、组织协调和依法组织开展对重大事故查处"的职能，同时承担保健食品的审批工作。2008 年 3 月，国务院机构实行"大部制"改革，国家食品药品监管局被划归卫生部。2013 年，国家食品药品监管局升格为国家食品药品监管总局，受国务院直接领导。在这次调整中，质检总局的生产环节监管、工商总局的流通环节监管职责被整合进国家食品药品监管总局。2018 年，国务院进行机构改革，撤销了国家食品药品监管总局，组建了国家药品监管局，由国家市场监管总局管理。国家药品监管局的主要职责是负责药品、化妆品、医疗器械的注册并实施监督管理。药品监管机构只设到省一级，市县两级不再单设药品监管机构；药品经营销售等行为的监管，由市县市场监管部门承担。

我国 1998 年开始实行社会医疗保险制度，社会医疗保险行政管理和社保经办服务管办分开，人力资源和社会保障部下设的医保管理机构承担政策制定、行业监管职能，同时，设置相对独立的医保中心负责具体的医保业务经办，制定医保支付方式并承担支付职能。但事实上，医保中心和医保行政管理部门并未能真正做到管办分开。2018 年 3 月发布的《深化党和国家机构改革方案》要求组建国家医疗保障局，2018 年 5 月，国家医疗保障局正式成立，新成立的国家医疗保障局直属于国务院，是一个和其他卫生行政机关平行的专业政府行政机关。这为发挥社会医疗保险的"价值导向的医保战略性购买"职能，奠定了制度基础。[1]

医疗保险制度对于保障人民群众就医需求、减轻医药费用负担、提高健康水平有着重要作用。为完善统一的城乡居民基本医疗保险制度和大病保险制度，确保医保资金合理使用、安全可控，有必要推进医疗、医保、医药"三医联动"改革。

国家医疗保障局，作为国务院直属机构，将分散于原人力资源和社会保障部管理的城镇职工和城镇居民基本医疗保险、生育保险职责，原国家卫生和计划生育委员会的新型农村合作医疗职责，原国家发改委的药品和医疗服务价格管理职责，原民政部的医疗救助职责，整合在一起，实现集中管理。

国家医疗保障局主要职责是拟订医疗保险、生育保险、医疗救助等医疗保障制度的政策、规划、标准并组织实施，监督管理相关医疗保障基金，完善国家异地就医管理和费用结算平台，组织制定和调整药品、医疗服务价格和收费标准，制定药品和医用耗材的招标采购政策并监督实施，监督管理纳入医保支出范围内的医疗服务行为和医疗费用等。

（二）医疗卫生服务组织

医疗卫生服务组织是指以居民为主要服务对象，直接或间接向居民提供医疗、预防、保健、康复、健康促进、卫生信息等卫生服务的组织。根据 2009 年发布的我国新医改的纲领性文

---

[1]　参见厦门海西医药交易中心："改革开放 40 周年——医保、卫生、药监机构变迁记"，载搜狐网，http://www.sohu.com/a/283092611_100010609，访问日期：2019 年 9 月 28 日。

件《中共中央、国务院关于深化医药卫生体制改革的意见》（以下简称《医改意见》），2016年10月25日由中共中央、国务院印发的《"健康中国2030"规划纲要》及2016年12月27日发布的《国务院关于印发"十三五"深化医药卫生体制改革规划的通知》等医疗卫生领域的纲领性文件的精神，中国特色医药卫生体制的目标是"建立基本医疗卫生制度、逐步实现人人享有基本医疗卫生服务的目标"。为实现这个目标，需建立涵盖比较完善的公共卫生服务体系和医疗服务体系、比较健全的医疗保障体系、比较规范的药品供应保障体系四大体系的医疗卫生体系，以比较科学的医疗卫生机构管理体制和运行机制，形成多元办医格局，促进人人享有基本医疗卫生服务，基本适应人民群众多层次的医疗卫生需求。医疗卫生体系是医疗、医药、医保"三医"联动，我国医疗卫生基本制度框架可以概括为"一个目标、四大体系、八项支撑"（见图5-1）。

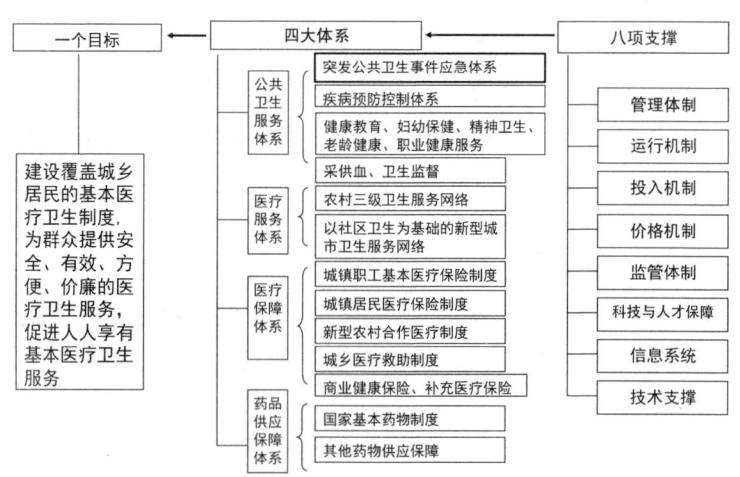

图5-1 我国基本医疗卫生制度框架

第二节　健康医疗数据开放的适用规则

大数据时代，在法律允许的范围内，政府必须致力于构建易于公众查找、访问和使用的权威健康医疗数据平台。目前世界上许多国家均建立了公众可以访问的开放可用的政府健康医疗数据平台，如美国的 HealthData. gov 上的联邦政府数据、CDC 数据库、州政府健康数据网站、国家门诊手术数据库、Gen Bank 国立健康研究院的基因序列数据库等。健康医疗数据开放带来许多益处，包括新的科学发现，节省的研究成本，帮助患者的新工具导航医疗体系，提高政府透明度，加强对公众科学和医学方面的教育，提高医疗质量以及积极的医疗政策的改进。[1]

我国政府已经积累了大量的健康医疗公共数据，迫切需要一个权威健康医疗数据平台将这些数据向社会公众开放，但是法律层面的缺失减缓了政府数据开放的步伐。目前，我国实施的《中华人民共和国政府信息公开条例》（以下简称《政府信息公开条例》）和《政府信息公开工作要点》中关于政府信息开放的规定宣示性条款较多，细目化的法律规则较少。国家层面的健康医疗数据专门的隐私保护和数据安全立法尚且不足。健康医疗数据开放的标准、边界，范围及使用权限尚未明确。我

---

〔1〕　Sharona Hoffman，"Citizen Science：The Law and Ethics of Public Access to Medical Big DataAuthor"，in *Berkeley Technology Law Journal*，Vol. 30，No. 3（2015），pp. 1741-1805，Published by：University of California，Berkeley，School of Law，Stable URL：https：//www. jstor. org/stable/10. 2307/26377581.

国健康医疗数据开放利用尚处于起步阶段。我国国家卫生健康委主导的国家级健康医疗数据开放平台尚处于初步运行状态，国家级医疗、医药、医保三医联动的服务国家战略的统一权威的健康医疗数据平台建设还远没有实现。目前，我国健康医疗数据发布主要依赖地方的数据开放平台和政府的官方网站来实现。由于缺乏统一权威的信息平台以及不同医疗机构之间的数据割裂等原因，不同区域、不同机构之间往往存在着难以逾越的数据壁垒，[1] 患者难以查阅其数据，其他医疗机构也难以调取个人医疗数据。数据壁垒的问题对于我国利用大数据改善个人医疗服务质量、降低个人医疗费用、制定医疗卫生政策、推动"互联网+医疗"产业健康发展仍然是极大的阻碍。[2] 实践中，由于社会中医患关系紧张，患者维权意识高涨，以及一些政府部门并没有真正意识到健康医疗数据开放的重要性，海量数据分散在各个部门，大数据的价值还没有得到充分发掘和利用。当前，我国健康医疗数据标准规范还不健全，各地区各机构健康医疗数据收集、加工、发掘的技术标准和规则并不统一，数据的标准和一致性受到影响，可能导致一些健康医疗数据信息失真，亟待立法加以规范。

就健康医疗开放数据而言，我国政府信息公开以政府行政事务公开为主，主要目的是确保政府依法行政、执法透明，预防腐败等。而在社会公众健康教育和健康促进类数据公开方面则相对薄弱。健康教育类健康医疗数据可以分为用作公共教育

---

〔1〕 参见徐志祥、崔建民："大数据时代我国区域医疗数据共享存在问题及对策"，载《现代医院管理》2017 年第 3 期。

〔2〕 参见金小桃主编：《健康医疗大数据》，人民卫生出版社 2018 年版，第 105~106 页。

的健康医疗数据和劝导性的健康医疗数据，其中用作公共教育的健康医疗数据又被区分为权威性的公共教育健康医疗数据和补充性的公共教育健康医疗数据。基于对公民健康权的维护，有必要建立权威的公共教育健康医疗数据平台，且此类健康医疗数据在健康医疗数据开放中应具有优先选择权，同时，对补充性的公共教育类健康医疗数据网页和平台应加以显著标识。而劝导性的健康医疗数据则应被区分为针对专业人士的和针对普通公众的健康医疗数据，我们通常认为应加大对专业人士的健康医疗数据开放推广，限缩针对社会公众的劝导性健康医疗数据开放。对于"魏则西"事件所暴露的我国健康医疗数据信息开放传播监管问题，建议通过社会共同体共同合作改变健康医疗数据开放不利现状，尤其通过监督市场、限制或根除有害的或者误导性的健康医疗数据开放来完善我国健康医疗数据开放利用制度。

一、公共教育类健康医疗数据开放的优先选择

2016 年春，21 岁的西安大学生魏则西因罹患滑膜肉瘤，通过互联网搜索找到一家医院，在花光东凑西借的 20 多万元后仍不幸去世。这一事件引发全社会广泛热议。年轻生命的离去让人感到惋惜，同时，虚假健康医疗数据信息在网络上蔓延、虚假医疗宣传的问题也被推上了风口浪尖。对于互联网健康医疗数据信息开放的乱象，法律应该作出怎样的应对？

我国医疗卫生事业发展的纲领性文件《中共中央、国务院关于深化医药卫生体制改革的意见》中，确立了我国"建立健全覆盖城乡居民的基本医疗卫生制度，为群众提供安全、有效、方便、价廉的医疗卫生服务"这一新医改的总体目标，即确保全民能够获得可以负担的、安全有效的、高质量的医疗服务。

无疑，这一公共政策把医疗卫生本身技术性的相关因素进一步延伸到应用行为领域。无论如何，确保合理医疗卫生服务绝非一个医疗技术本身的问题，我们还需要采取一些积极的尝试来找出效果佳、风险小的医疗卫生服务方法。这也意味着要同时处理公众、相关医疗机构及医务人员以及在各方有影响力的相关人士之间的关系。

数据信息是一个传递事实的过程。健康医疗数据信息是医疗卫生服务活动事实的传递。健康医疗数据开放传播是指利用互联网技术传递健康医疗数据信息实现数据信息利用的过程。随着社会的发展，现在任何对于数据信息的查看都越来越集中在互联网上。互联网平台作为健康医疗数据源开放的重要性在法治建设和发展过程中日益凸显。

在当今互联网时代，公众越来越多地依赖互联网平台健康医疗数据信息来寻求对医疗卫生服务的理解，并接受健康教育和劝导。虽然教育和劝导有时会起到相互补充的作用，但是有时也会被故意混淆，尤其是在商业互联网平台中所使用的一些值得怀疑的措施被一些支持者看成是有用的信息形式。我们必须能够分辨出二者的不同，从本质上来看，教育试图传达一种合理的思考，而劝导则是试图传递一种推介和广告。据此，健康教育类健康医疗数据可以分为用作公共教育的健康医疗数据和劝导性的健康医疗数据。

1978 年的《阿拉木图宣言》(*Alma-Ata Declaration*) 被广为引用，该章程实际上就是世界卫生章程。该章程指出，民众有单独及共同参与制定和执行其卫生保健方案的权利与义务。[1]

---

〔1〕 WHO/EURO (1978). The Declaration of Alma Ata: Conclusions of the International /conference on Primary Health Care. Alma Ata, 6-12 September.

自那时起，世界卫生组织不断强调一个事实，即关于医疗保健的公共数据信息和教育是国家医疗卫生政策的关键要素。然而，30年之后，纵观全世界，尽管世界卫生组织以及其他组织不断致力于强调公众的健康教育，[1] 但在很大程度上问题仍然存在。[2] 对于我国而言，虽然公共健康教育方面的制度在我国立法上也有体现，为确保医疗卫生服务完全实现其潜在价值，应该充分利用健康医疗开放数据这一"公共物品"的载体，积极开展公共健康教育。

公共教育和公共数据是一个连续的统一体。在制定健全的健康医疗数据法律方面，首要的问题是，有必要让医疗专业人员和公众获得至少一种数据信息来源，这种数据信息既可以通过纸质渠道，更急需的是也可以通过电子渠道获得，这是大家所公认的独立并尽可能客观的方法。

虽然健康医疗数据历来都会通过各种手段直接或间接传递给公众，但是由于互联网可以随时接触到公众，并且可以从许多来源得到信息的输入。因此，网络平台健康医疗数据推送在许多领域都会产生重要的影响。就医疗卫生服务而言，遇到私人治疗问题的个人尤其可能在网络上进行健康医疗数据查询，并希望寻求到可靠的数据和建议。但对于提供帮助的各种数据来源进行评估，或者在所提供的相互矛盾的各种观点中进行选择，都被证实非常困难——关于同一个主题，几乎没有哪两个

---

〔1〕　WHO（2005），Promoting Health. The Bangkok Health Promotion Charter, as Accepted at the 6th Global Conference on Health Promotion. Bangkok, August 2005, World Health Organization, Geneva.

〔2〕　UWC（1998）. Promoting rational medicines use in the community. Programme of a training course organized with the WHO, university and institutional sponsorship, August 2008, University of the Western Cape, Bellville, South Africa.

网络搜索可能会提供一模一样的结果。

此外，社会公众可能会被未经许可的商业促销误导，也会对广泛传播却相互冲突的观点感到迷惑不解，因为有些观点是由专家提出的，其他一些观点则完全反映了偏见，是站不住脚的。法律最可行的途径是对公认和公正健康医疗数据来源的开发和维护提供识别和支持——在这种情况下，这个来源就是一个反映出权威观点的网站。

在美国，美国卫生与公众服务部（United States Department of Health and Human Services，简称 HHS）官网上提供了美国卫生及公共服务部的健康医疗数据，公共教育类健康医疗数据是其中重要的组成部分。在该网络平台上，如果输入一项疾病名称，可以很清楚地检索到官方给出的疾病的临床表现及治疗措施，可以很明确地知道相关临床试验入组情况，还可以知道此疾病治疗手段的最新进展。

目前，我国还没有建立一个权威的健康医疗数据开放平台，我国医疗卫生政府管理部门官方网站还没有为公众提供足够全面丰富的公共教育类健康医疗数据。例如，在其网络平台输入一个疾病名称的关键词，搜索不到相关的医学知识的信息，公众因此才求助于商业互联网平台健康医疗数据信息推送。因此，从公众教育的价值考量看，有必要建立一个权威的网站来公开发布权威的健康医疗数据，以让专业人员和公众获得权威的、可靠的数据信息来源。

在任何社会，公众都需要社会公共体来提供"公共物品"，其中，政府是最常见的公共体，但是，"公共物品"除了可由政府提供以外，还可由其他公共体——社会自治组织（如行业协会）提供。[1] 非政府的社会公共体行使公共权利意味着行政权力转化为社会权力，则会更接近公民，使得公民更直接参与其运作和对其进行监督。权威的、可靠的健康医疗数据开放，其所需要的数据资源分散于不同的组织机构中，健康医疗数据开放需要政府、卫生服务机构、民间组织的共同努力，才能更有益于达到预期效果。

健康医疗开放数据作为一种"公共物品"，向公众提供公共教育，也需要重视非政府组织的作用。至于哪些由政府提供，哪些则可由政府以外的"第三部门"提供，取决于"第三部门"的成熟程度和行政改革的进程。

在当前我国"第三部门"还不够成熟的情势下，政府行政主管部门官方网站，应该首先为公众提供有关医疗卫生技术服务的权威健康医疗数据。未来伴随政府职能的进一步转变、转移，"第三部门"应在互联网医疗信息传播领域发挥越来越重要的作用。

建立持久的健康医疗数据开放法律体系对公共健康至关重要。在互联网问题上，有关健康医疗数据的法律面临着两难境地。网络资源能够跨越边界自由流动，然而针对医疗技术的某些领域，人们普遍认为需要采取措施来避免网络数据开放的滥用。为此，各个国家都会通过立法对健康医疗数据开放和利用进行监管。对于健康医疗数据开放，必须达成重要优先事项以使健康医疗数据开放和利用达到满意的效果。因此，必须区分权威性的和补充性的健康医疗数据，权威性的健康医疗数据可以代表多年来有效使用的传统治疗方案，反映了当时当地的诊

---

〔1〕　参见姜明安主编：《行政法与行政诉讼法》，北京大学出版社、高等教育出版社 2011 年版，第 12 页。

疗水平。法律应首先保证权威性的健康医疗数据在数据开放平台的优先选择权，而不是通过互联网搜索引擎竞价排名等商业运行方式来实现。

二、补充性健康医疗数据信息推送的规制

在健康医疗数据开放和利用实践中，商业促销与官方或社会公共体实施的信息服务一起，对信息提供互相补充。[1] 这类数据信息并不是健康医疗开放数据，但是，一些主要的互联网网站就像有权威的和有关医疗服务的公正的数据信息来源一样，正以一种的候选人的身份出现，并不具体对一个特定的信息提供者表示支持。像许多其他领域一样，网络平台提供了机遇，同时也提供了挑战。这种媒介在以非常低廉的成本提供有用数据信息方面具有无限潜力，这是互联网所固有的优势。与此同时，也存在着一种极大的可能性，就是传播和接收"不良的"或者是不完整的信息。客观上，"庸医医术"（quackery）也常常以某种数据信息提供者的身份出现。帮助网民区分良莠也是一项挑战。社会公众浏览与医药相关的网站时，决策团体需要对社会公众能够依赖的有关开发的标准及/或认证的网页多一些关注，以便网民们能够发现"庸医医术"，至少保证他们是知情的。法律也应该保证那些寻求更多权威信息的网民能够充满自信地识别出可信赖的信息资源。

（一）针对医疗专业人士的数据推送

毋庸置疑的是，在医疗卫生领域，医药产品制造商和卖方说服性的角色对医疗卫生行为具有很大的影响力，一直以来，

---

〔1〕 EFA（2006）. Internet Censorship Laws in Australia. Electronic Frontiers Australia. North Adelaide, SA, Australia.

对于互联网医疗广告和促销行为的权威控制显得很勉强。为制衡商业互联网所带来的大量的和有说服力的促销行为，政府管理部门一直承受巨大的压力。尽管如此，依然没有必要绝对阻止医疗专业人员通过发布商业互联网健康医疗信息实施的促销行为。按照我国目前的法律规定，针对医务人员的处方药商业推广媒介只能是医学专业期刊，但我们没必要把这些工作局限于印刷广告这一途径。立法应该允许这些信息和资料，尤其是数据信息通过其他方式，推广至医疗卫生专业人士。法律需要解决的是如何消解执业医师应对商业的压力。

第一，要确保具有公信力的健康医疗数据信息及评估的来源和渠道的适当性，确保专业人员对健康医疗信息作出正确的评估。在美国，国家医学图书馆（NLM）和国家卫生研究院（MH）也提供指引网络使用者如何找寻、选择优秀的健康医疗数据网站平台的类似于 HON 评估原则的指南：[1] ①谁经营这个网站？（要认清数据信息总来源）②网站的目的或宗旨是什么？（要认清网站是传递数据信息还是为商业性质）③网站数据是如何被挑选的？（要清楚网站的编辑程序和方针）④网站数据信息是如何被证明的？（要清楚信息的作者、更新日期和来源）⑤网站如何和其他网站链接？（要清楚网站是否开放）⑥网站如何与访问者互动？（要清楚网站的反馈方式）⑦网站搜集什么数据信息？（要保护用户的隐私）这些内容的确认有助于评估健康网站的权威性和健康信息的真实性、准确性和可信性。

第二，采取措施以保证医疗专业人员对于这样的促销变得更具批判性，使医疗专业人士更清醒地意识到他们经常被诱惑

---

〔1〕 Evaluatingheal the information. http：//www. nlm. nih. govzmedlsneplus/eva-zuatinghealthinformation. html.

而不是被告知，使他们更有能力通过其他途径寻找真实权威的建议。商业医药信息不会凭空消失，但面对与之相互抗衡的力量，它会变得更加负责任并且更加有用处。这从某种意义上来说，也有利于商业医药数据信息更好地服务于社会。

（二）针对普通消费者的商业医疗数据信息的监管

从医学的专业性考虑，医学的专业性让普通消费者过多接触那些充斥着商业促销的医疗数据信息，使他们很难形成一个具有评判性和理性的观点，在一定程度上，是没有必要的，更严重地说，也是不可取的。在英国，对于性病药物治疗的广告在 1917 年就被禁止，用于癌症治疗的偏方广告于 1941 年被禁止，同时，根据 1941 年颁布的《药房和药品法》（*Pharmacy and Medical Act*），禁止广泛面向大众推销治疗一系列严重疾病的药物。2002 年 10 月，直接面向消费者的处方药广告已被欧洲议会强制禁止。

在 2002 年~2003 年，明茨等人[1]在不同国家实施了一个横向对比研究，并得出结论："更多的广告导致更多对于广告药品和更多的处方的更大需求。"如果针对消费者的广告（DTCA）组织一个患者和医生的对话，那么谈话极有可能是以开出处方结束，尽管医生往往对于治疗选择呈现矛盾心理。

2004 年，特容等人开展了进一步的时间序列分析，在并没有提到正在推广药品的名字的情况下，对荷兰一个由企业赞助的促进疾病意识的宣传活动的影响进行了研究。研究结论是，

---

[1] B. Mintzes, M. L. Barer, R. L. Kravitz. et al. (2003), "How does direct-to-consumer advertising (DTCA) affect prescribing? A survey in primary care environments with and without legal DTCA", *CMAJ*, 169 (5), pp. 405-12.

总的来说，他们所研究的广告宣传活动是有害的。[1]

从经济制约的角度考虑，当前，卫生系统和医疗保险已经日益受医疗卫生支出水平的影响，这已经引发有关定价、报销额度以及给医生提供公正的信息的一系列措施。针对消费者广告（DTCA）大大增加了新推出的产品的使用（对此药品仍然具有很少临床经验，但它往往过于昂贵）的这一事实，这可以很有理由地使这些机构坚持限制为新药、新技术做公共广告。

从安全性的角度考虑，在实践中安全信息发布之前，受针对消费者的广告的影响，大量销售一款新产品可能会导致副作用的高发率。在这方面，万络ⓒ（Vioxx ⓒ）（又称罗非昔布、rofecoxib）事件是一个很好的例子。美国食品与药品管理局的大卫·格雷厄姆博士估计，在美国，药品罗非昔布在市场流通期间，发生 88 000 例~140 000 例严重的冠状动脉心脏疾病。[2]

客观上，针对消费者的商业医疗数据信息的推送和传播存在危害，针对消费者的互联网平台商业医疗数据信息传播也概莫能外。在日本，医疗机构的网站只能显示地址、医院名称等客观数据信息，不得发布医疗广告，甚至不允许发布医生的简历。在谷歌的医疗信息推送中，排名第一的永远是同行确认的权威医疗机构的医学数据信息，对于医疗广告，则在页面上有

----

　〔1〕　G, . W. 't Jong. B. H. Stricker and M. C. Sturkenboom（2004），"Marketing in the lay media and prescriptions of terbinafine in primary care：Dutch cohort study". *BMJ*, 17 April, 328（7445），931.

　〔2〕　D. J. Graham, G. Campen, R. Hui et al.（2005）. Risk of acute myocardial infarction and sudden cardiac death in patients treated with cyclooxygenase 2 selective and non-selective non-steroidal anti-inflammatory drugs：nested case-control study . Lancet, 365, 9456, 22 January（early online publication）；Anon.（2005）. Vioxx caused 88,000 to 140,000 cases of serious heart disease. Press Release, DrugInjuryLaw. com.

明显的标示。

我国现行法对互联网商业医疗数据信息的传播规定模糊，以互联网搜索引擎推送为例，依据《中华人民共和国广告法》（以下简称《广告法》），互联网搜索引擎竞价排名推送的医疗数据信息并不属于广告，在当前"互联网＋医疗"浪潮的推动下，互联网商业医疗急剧扩张，垃圾医疗信息、虚假医疗信息、恶意医疗信息和低俗医疗信息、侵权医疗信息充斥网络，垃圾医疗邮件、医疗广告泛滥，产生了多种多样的网络医疗数据信息污染。虚假医疗数据信息影响到公众对健康医疗数据的获取，误导患者，导致"魏则西们"的悲剧在现实中反复重演。

在医疗卫生领域，似乎只有严重的事故导致迫切需要时，明确定义的法律才会产生，"魏则西"事件的宝贵"遗产"，可能会促使法律对互联网健康医疗数据开放和利用乱象的积极回应。鉴于医学是实验科学，医疗新技术是医学发展的生命力所在，医学新技术也是需要推广和交流的，政府应该对健康医疗开放数据进行分类分级，教育类健康医疗开放数据和商业劝导性健康医疗开放数据应该附有明显的标识。另外，哪些网络平台的受众是医疗专业人员，哪些网络平台的受众是普通社会公众，都应该在网络平台上被明显区分。而当自我监管和政府控制无论如何都不能有效地禁止健康医疗数据开放秩序的乱象时，唯一明智的选择是对该类健康医疗数据完全禁止开放。

【案例】 魏则西事件始末[1]

2016 年春，21 岁的西安大学生魏则西因罹患滑膜肉瘤，在

---

〔1〕 "魏则西整个事件过程"，载搜狐网，https：//www.sohu.com/a/73038639_393515，访问日期：2021 年 12 月 25 日。

通过百度搜索得知"武警北京总队第二医院可采用由美国斯坦福引进的生物免疫疗法治疗滑膜肉瘤"的信息后，前往武警北京总队第二医院先后进行 4 次治疗，花费 20 多万元后，仍于2016 年 4 月 12 日离世。但魏则西事件并未就此结束，网友找出魏则西在 2016 年 2 月 26 日一则知乎上题为"你认为人性最大的恶是什么？"的回答，将百度搜索和百度推广推上风口浪尖。

魏则西在该帖中写道：

想了很久，决定还是写下来，不过为了避免不必要的麻烦，我就不把那家医院和那个医生的名字说出来，不过相关的癌症病人应该能明白我说的是什么，希望我的回答能让受骗的人少一些，毕竟对肿瘤病人而言，代价太大了。

我大二的时候发现了恶性肿瘤，之后是我痛苦的不愿意回忆的治疗经过，手术、放疗、化疗，生不如死，死里逃生数次。

我得的是滑膜肉瘤，一种很恐怖的软组织肿瘤，目前除了最新研发和正在做临床试验的技术，没有有效的治疗手段。

我是独子，父母对我的爱真的无以言表，拼了命也要给我治，可当时北京、上海、天津、广州的各大肿瘤医院都说没有希望，让我父母再要一个孩子吧。那种心情，为人父母的应该可以体会，所以我爸妈拼了命地找办法。

百度，当时根本不知道它有多么邪恶，通过医学信息的竞价排名，还有之前血友病吧的事情，大家应该都明白它是怎么一个东西。可当时不知道，搜索关键词后显示的第一条就是某武警医院的生物免疫疗法，DC、CIK，就是这些，说得特别好。我爸妈当时就和这家医院联系，没几天就去北京了。

到了医院见到了一个姓李的主任，他的原话是这么说的，这个技术不是他们的，是斯坦福研发出来的，他们是合作，有效率达到百分之八九十。看着我的报告单，给我爸妈说保我 20

年没问题。这是一家三甲医院，这是在门诊，我们还专门查了一下这个医生，他还上过中央台不止一次。当时想着，有百度、三甲医院、中央台、斯坦福的技术，在这治疗应该没有问题了吧。

后来就不用说了，我们当时把家里的钱算了一下，又找亲戚朋友借了些，一共花了 20 多万。结果呢，几个月就转移到肺了，医生当时说我恐怕撑不了一两个月了，如果不是因为后来买到了靶向药，恐怕就没有后来了。

后来我知道了我的病情，在知乎上也认识了非常多的朋友，其中有一个在美国的留学生，他在谷歌帮我查了，又联系了很多美国的医院，才把问题弄明白。事实是这样的，这个技术在国外因为有效率太低，在临床阶段就被淘汰了，现在美国根本就没有医院用这种技术，可到了国内，却成了最新技术，然后借此实施各种欺骗。

我现在住院，找到了真正靠谱的技术，家里却快山穷水尽了。

但不管怎么说，路还是要走下去，有希望就要活下去，不能让父母晚景凄凉，而且还有那么多人在帮我。前两天帮我从香港买药的朋友，一天之内就将药送到了医院，真的非常感动。

希望明天会有好转，柳暗花明又一村，可以找到活下去的办法。

写这么多，就是希望大家不再受骗了。这段时间有很多肿瘤病人和家属联系我，问这个医院，接受这个治疗的人不少，希望不再有更多的人受骗。

魏则西的回答在其去世后，引发了网络热议，"魏则西回答帖""魏则西去世消息"和"百度搜索滑膜肉瘤排名第一的是武警北京总队第二医院"的截图在微博上被转载 1 万余次，网友在转载评论中称：要百度给合理说法。

第三节　健康医疗数据开放风险防范

一、健康医疗数据开放可能存在的风险

社会实践中，个人数据安全和隐私保护越来越引起国家的重视。政府健康医疗数据开放也是个人利益和公共利益的平衡。对于个人健康医疗数据的开放问题，作为健康医疗数据开放的主体，政府要在健康医疗数据开放之前对数据进行过滤，个人健康医疗数据以隐私保护为主、适当开放为原则。而基于重大公共利益的健康医疗个人数据则适用优先开放原则。立法还应加强数据开放和个人隐私保护的连接。医学和科学界正在迅速采用一种文化数据共享，并且开放数据实践的广泛扩展。健康医疗数据开放有可能带来许多好处，包括科学发现、节省成本、新的患者支持工具、改善医疗质量、提高政府透明度和公众健康水平。同时，开放数据引发了一些复杂的法律和与隐私、歧视、错误研究有关的道德问题。随着健康医疗大数据的快速发展，越来越多的个人数据在"脱敏"后开放，用于各类大数据研究。然而，健康医疗数据的开放可能引发一系列数据安全问题。

大数据时代，健康医疗数据被源源不断地采集、脱敏、开放，人们往往认为，一组健康医疗数据把名字、身份证信息去掉后就安全了，可以开放使用。然而，当这组数据跟另一组数据连在一起时，可能会完全暴露个人隐私。一些经验丰富的数据挖掘者开发出的新的数据软件甚至可以识别匿名的健康医疗数据，识别患者并获取他们的医疗详细信息；借助现代技术轻松实现重新识别，引发健康保险、银行业务、健康产品购买力

等其他类型的健康医疗数据歧视。随着相关应用的不断展开，基因数据安全威胁日益严峻。而且基因数据十分"强健"，即便将基因上某个位点去掉，还是可以通过其他基因得到确认。随着健康医疗大数据应用的深入，更多隐私安全挑战正在涌现，需要更加先进的数据安全保护以应对可能的威胁和困扰。例如，美国一方面加强相关数据安全法律建设，另一方面也在积极鼓励细分领域的科技创新。在美国，HIPAA 法案对于数据信息的一般可识别特征作出了严格的规定，公布了个人健康信息的隐私保护标准和实施指南，明确要求医疗数据的安全等级和脱密方式。但是对于遗传信息，HIPAA 隐私规则未提供明确的指导。开放健康医疗数据，还可能使雇主歧视那些被认为存在健康高风险的人，确定哪些员工不受欢迎，这会导致他们被剥夺许多合格的工作机会。这样的风险存在什么坏处呢？如果被雇主知道雇员是糖尿病患者，可能会因怀疑其能否参加重体力劳动而将其解雇。如果保险公司通过基因检测知道参保人有较大的重疾可能，就会降低保额、增加保费，甚至拒绝提供保险服务。一些医学业余爱好者可能利用开放健康医疗数据传播错误的健康知识和有害的研究。例如，通过在网络搜索和社群网络贴文上挖掘关键词以探测与健康相关的趋势的谷歌流感趋势预测引发了人们关于大数据陷阱、大数据自大的广泛思考。

【案例】大数据"自大"——谷歌流感趋势预测案[1]

谷歌公司于 2008 年 11 月启动的 GFT 项目的目标是预测美

---

[1] 叶云夕："从谷歌流感趋势谈大数据分析的光荣与陷阱"，载 CSDN 网，https：//blog. csdn. net/u010999396/article/details/62070968，访问日期：2022 年 1 月 20 日。

国疾控中心（CDC）报告的流感发病率。甫一登场，GFT 就亮出十分惊艳的"成绩单"。2009 年，GFT 团队在《自然》发文报告，只需分析数十亿搜索中 45 个与流感相关的关键词，GFT 就能比 CDC 提前两周预报 2007~2008 季流感的发病率。

也就是说，人们不需要等 CDC 公布根据就诊人数计算出的发病率，就可以提前两周知道未来医院因流感就诊的人数了。有了这两周，人们就可以有充足的时间提前预备，避免"中招"。这样一来，有很多人可以因为大数据避免不必要的痛苦、麻烦和经济损失。

2014 年，Lazer 等学者在《科学》发文报告了 GFT 近年的表现。2009 年，GFT 没能预测到非季节性流感 A-H1N1；从 2011 年 8 月到 2013 年 8 月的 108 周里，GFT 有 100 周高估了 CDC 报告的流感发病率。高估的程度如何呢？在 2011~2012 季，GFT 预测的发病率是 CDC 报告值的 1.5 倍多；而到了 2012~2013 季，GFT 预测的流感发病率已经是 CDC 报告值的 2 倍多了。那么，不用大数据会如何？作者报告，只用两周前 CDC 的历史数据来预测发病率，其表现也要比 GFT 好很多。

2013 年，谷歌调整了 GFT 的算法，并回应称出现偏差的罪魁祸首是媒体对 GFT 的大幅报道导致人们的搜索行为发生了变化。Lazer 等学者穷追不舍。他们的估算表明，GFT 预测的 2013~2014 季的流感发病率仍然是 CDC 报告值的 1.3 倍。并且，前面发现的系统性误差仍然存在，也就是过去犯的错误如今仍然在犯。尽管开发 GFT 的目的是预测 CDC 报告，但还是出现了预测结果远远高于实际的问题。该案引发了人们关于大数据"自大"的广泛思考。

二、健康医疗数据开放风险防范建议

对于健康医疗数据开放中存在的风险，法律必须权衡政府、患者、专业研究人员、公民科学家、广大公众等各方利益相关者的利益。过于严格的监管措施可能阻止公民科学家从事项目研究，且可能阻止数据持有者发布数据，但是，过于宽松的监管措施可能会导致侵犯隐私、歧视和其他社会危害。因此，对健康医疗数据开放中可能出现的问题，须谨慎对待。

（一）隐私和禁止数据重新识别

匿名健康医疗数据虽然有被重新识别的风险，以及不能完全消除不当使用的情况，但可以通过立法增加禁止重新识别健康医疗数据的规定以增强隐私保护，使健康医疗数据隐私泄漏风险最小化，而且立法应将禁止任何重新识别健康医疗数据的尝试作为一般禁止性规定。该规定同时也应允许一些例外情况，如基于突发公共卫生事件及医疗紧急情况。违反者应承担相应的民事和刑事责任。

另外，立法建立健康医疗数据开放发布审核委员会，并应建立一个周到而透明的流程审查有争议的数据并建立强大的隐私保障措施。这些措施可以提醒公众注意隐私和负责任的数据处理的重要性。

（二）反歧视保护

开放健康医疗数据政策可以促进透明度的提高，可能为用人单位提供新的筛选劳动者的机会。故可以聘请专家来挖掘数据并开发新申请人筛选工具，来重点关注残疾及健康不良状况的预测因素。随着开放数据和数据挖掘的激增，新形式的基于健康的歧视可能会变得越来越普遍。因此，应强化反就业歧视法律，应增加劳动者（尤其是残疾人）因用人单位健康医疗数据发掘所受歧视的索赔条款。政府部门也应聘请专家进行调查和要求用人单位在特定情况下就所实施的数据挖掘活动进行合理合法的解释。

（三）基于政府健康医疗数据开放的公民科学活动的规制

首先，应建立一整套机制，支持和协助公民科学家应用政府健康医疗开放数据进行研究、审核验证并在公认的平台发布他们可靠的研究成果。同时使用过滤工具可减少广泛传播错误和有害的研究结论。没有这种机制，公众将无法分辨公民科学家的发现是否值得信赖。其次，应建立一个数据发布审查委员会，对开放的健康医疗数据的所有内容进行审查，以确保对它们的识别效果。审核委员会还应监督其他隐私保护措施的落实，包括针对数据接收者的隐私培训、数据使用协议等。

立法应为公民科学家基于健康医疗数据的科研活动设计详细的监管框架和干预措施，以保护所有利益相关者。

第六章　健康医疗数据共享的法律规则

第一节　健康医疗数据共享基本理论

一、健康医疗数据共享的含义

"共享"在现代汉语中的文义解释为"共同享有，共同享用"。按照数据源的目标形式，健康医疗数据分为健康医疗共享数据、健康医疗开放数据和健康医疗保密数据。健康医疗开放数据具有公共性，是一种公共数据，是可以被任何人访问、使用、重用或重新发布的数据，唯一可能受到的限制是要求使用者署名。健康医疗保密数据是国家法律规定既不可以开放，又不可以共享的数据。健康医疗共享数据不是公共数据，而是一种交互数据，是指数据权利主体之间的数据交互和使用及在"一定条件下"与"指定的第三方"共享使用。其更注重的是市场经济生活中的数据的交互和使用，重在实现数据利用价值及数据利益最大化。健康医疗共享数据强调在健康医疗数据收集、处理、管理、使用等过程中数据的交换、使用，强调数据利益相关方对数据的共享性、可获取性和可用性。

健康医疗数据共享是指健康医疗数据利益相关者——政府、

健康医疗数据机构、健康医疗数据个人及其他自然人、法人、非法人组织之间的健康医疗数据的汇交和应用活动。因此，健康医疗共享数据的使用对象不是全社会公众，而是特定对象，其数据的使用是在一定范围内的特定的数据利益相关者的共享和使用。2016年，国务院办公厅印发的《关于促进和规范健康医疗大数据应用发展的指导意见》指出，要"推动健康医疗大数据资源共享开放。鼓励各类医疗卫生机构推进健康医疗大数据采集、存储，加强应用支撑和运维技术保障，打通数据资源共享通道。加快建设和完善以居民电子健康档案、电子病历、电子处方等为核心的基础数据库……建立全国健康医疗数据资源目录体系，制定分类、分级、分域健康医疗大数据开放应用政策规范，稳步推动健康医疗大数据开放"。健康医疗数据共享概念极具包容性和开放性，是指健康医疗数据利益相关者依法开放其生产、拥有或者通过按照一定标准规范实行集中存储与管理的数据集，保证该数据能够在健康医疗数据利益相关者之间自由流通并获得使用，为社会创造价值。健康医疗数据共享可以更好地满足患者就医需要，患者在医疗诊治过程中，往往根据其自身情况和不同医疗机构的医疗水平而选择跨医疗机构或者跨地区就医。通过医疗机构上级卫生主管部门授权健康医疗数据机构建设的数据共享平台中存储的电子健康档案或者电子病历资料数据共享，患者可以随时随地查阅其健康数据信息，不同医疗机构之间、不同区域之间通过数据共享，能够避免患者进行不必要的重复检查，在健康医疗数据作成主体知情同意的情况下，对医保部门或者商业医保公司开放数据，还能保证患者享受跨地区医疗保险待遇；健康医疗数据在卫生管理部门上下层级之间的共享有利于国家制定惠及于民的科学医疗卫生政策，进而实现维护公共健康权的目标。在法律法规范围内和充分的数据安全保障范围内，基于维护健康权的需要，医疗数据作成主体向医疗行业领域开放其所有、生产或者通过按照一定标准规范实行集中存储与管理的数据集，保证该数据能够在医疗机构与患者、不同医疗机构以及卫生行政管理部门上下层级等相关利益主体之间自由流通并获得使用，为患者提供帮助，为医疗卫生事业创造价值。

二、健康医疗数据共享主体

（一）健康医疗数据共享主体覆盖范围的争议

关于健康医疗数据共享主体覆盖范围的确定是立法需要解决的一个难题。其主要争议在于健康医疗数据主体行政机构、健康医疗数据机构和个人以外的其他第三方自然人或法人是否应纳入健康医疗数据立法覆盖的范围。

反对的观点认为，健康医疗数据共享应该为国家医疗卫生系统内的数据平台和机构间及个人的数据共享，健康医疗数据不应当同第三方自然人或法人等交互使用。因此，健康医疗数据共享覆盖主体范围应该限定为国家医疗卫生系统内的卫生行政机构、健康医疗数据机构及个人。支持的观点则认为，健康医疗数据共享覆盖范围既包括政府行政机构、健康医疗数据机构和个人，也包括第三方自然人和法人。

（二）健康医疗数据共享主体覆盖范围的建议

健康医疗数据共享主体覆盖的范围包括政府行政机构、健康医疗数据机构、个人以及其他第三方自然人或法人。关于以数据交互为目的的健康医疗数据共享主体覆盖的范围，域外一些国家和地区数据利用制度为我们提供了可资借鉴的参考。

欧盟《通用数据保护条例》首先对个人数据权利予以肯定。1995 年欧盟《个人数据保护指令》强调从人权保障基本利益的角度来实施数据保护，其立法本意是确保个人数据的自主支配与利用，是对其人格尊严和隐私权的保护，因此要求个人数据处理以尊重个人权利为原则。欧盟《通用数据保护条例》出于重大公共利益的考虑，服务于预防性或临床医学，为测评劳动者工作能力，为医疗诊断、为提供健康或社会保健体系，或根据欧盟或其成员国法律与卫生专业人员签订的合同管理健康或社会保健系统和服务，及在公共卫生领域，出于公共利益的考虑等的情势下，应优先选择数据公共利益。[1] 公民健康医疗数据不仅限于公共事业管理中的使用，也可能用于商业医疗产品和服务的市场研发。该类数据明显具有双重使用价值，包括社会管理价值和市场经济价值。例如，欧洲移动医疗和电子健康行业正积极通过标准化和共同协作的方式为投资生命科学的企业（包括医疗设备公司、在线销售药品的制药公司等）提供商业机会。

HIPAA 法案是美国健康医疗数据共享的重要联邦法律。法案中规定的"覆盖实体"包括：政府医疗计划、医疗保障提供者、医疗保险票据交易所以及商业伙伴。HIPAA 法案规定本机构使用和在 HIPAA 法案管辖实体之间的交换使用受保护的健康医疗数据，必须以支持业务运行、付费和治疗为目的。美国还制定了电子病历和医保病历的国家标准以防止健康医疗数据滥用。

域外数据利用的立法经验为我们提供了立法研究的样板。无论是在美国还是欧盟法上，健康医疗数据共享均覆盖政府行政机构、健康医疗数据机构、个人及其他第三方自然人或法人。

---

〔1〕　参见商希雪："超越私权属性的个人信息共享——基于《欧盟一般数据保护条例》正当利益条款的分析"，载《法商研究》2020 年第 2 期。

张新宝、葛鑫所著的《个人信息保护法（专家建议稿）》
（2019）中则将信息处理主体细化为政务部门、信息业者和其他
主体，并且增加有关行业组织的法律条文，建议增加由国家设
立的个人信息保护组织等。该稿中增加的主要是关于信息业者
的规定，还有政府部门和个人政务信息相关的规定。其主要着
力点在于个人、信息业者与政府之间信息的使用交换。作为数
据共享的行政管理机构卫生行政机构、作为健康医疗数据的作
成主体的健康医疗数据机构和个人，因其均为健康医疗数据共
享主体，他们之间进行数据交互和使用并无法理上的障碍。国
家医疗、公共卫生、药品保障、医疗保障等医疗卫生活动产生
的健康医疗数据，均应纳入健康医疗数据共享的范围，而上述
健康医疗数据管理和作成主体为区县以上卫生行政部门（含中
医药行政部门、药监行政部门、医疗保障行政部门）、各级各类
健康医疗数据机构。因此可以表述为：国家行政区域内区县以
上健康医疗行政部门（含中医药行政部门、药监行政部门、医
疗保障行政部门）信息中心、各级各类医疗卫生机构、相关企
事业单位均为健康医疗数据共享主体。而上述主体与对健康医
疗数据感兴趣的第三人，如商业保险机构和制药公司之间的互
动有时会面临两难选择。解决这些问题很重要，因为基于社会
公共利益甚至合法的商业利益，允许商业保险机构和制药公司
等访问此健康医疗数据可以极大地增进他们对某些医疗卫生行
为的理解，从而可以带来更好的治疗和康养。因此，在某些情
况下，通过呼吁仁慈和尊重人的原则与商业企业共享数据在道
德上是可以接受的，在法律原则上也符合健康医疗数据共享所
追求的数据利益最大化的要求，进而顺应数字医疗、"互联网+
医疗"发展的现实需求。因此，基于正当利益，经审查许可，
国家健康医疗行政部门以外的其他政府部门及健康医疗数据机

构以外的其他自然人、法人、非法人组织使用国家健康医疗数据的，也应被视为健康医疗数据共享主体。当然，为避免数据安全及数据歧视，对于商业企业的健康医疗数据共享，应设置相应的申请、审查程序。

第二节　健康医疗数据共享的适用规则

法律的调整范围是指法律调整和规范的社会关系，立法首先规定调整对象和调整范围的意义在于使该法所要解决的问题和所要规范的社会关系成为明确的、有限的目标，防止范围无限扩大或不确定而无法解决问题。

一、健康医疗共享数据的范围

（一）立法调整的数据范围的争议

关于立法调整的数据范围的争议主要在于调整范围是否应当包括健康医疗衍生数据。一种观点认为，健康医疗数据共享立法的数据范围仅为个人原始数据，不包括由原始数据经过算法处理后形成的衍生数据。该观点认为衍生数据太过庞大，充满不确定性，立法及法律实施中将会面临操作困难。另一种观点认为，立法调整的数据范围既包括健康医疗个人数据，也包括健康医疗衍生数据。另一个关于数据范围的争议在于健康医疗数据仅包括医疗卫生服务，即公共卫生和医疗服务数据，不包括药品保障和医疗保障（主要指社会医疗保险）的数据。还有一种观点则赞同医疗健康数据共享立法所调整的数据范围包括公共卫生服务、医疗服务、药品保障和医疗保障数据。

（二）立法调整的数据范围的建议

法律是符合一定社会目的的规范，法律的制定必须全面考虑各方利益主体需求，合理分配各领域资源，从而维护秩序稳定，促进社会发展。健康医疗数据共享，是指健康医疗数据利益相关者——政府、健康医疗数据机构、健康医疗数据个人及其他自然人、法人、非法人组织之间的健康医疗数据的汇交和共享活动。国家各级政府、政府行政区域内健康医疗行政部门（含卫生健康行政部门、中医药行政部门、药监行政部门、医疗保障行政部门等）信息中心、各级各类医疗卫生机构、健康医疗数据个人所涉及的健康医疗数据，均应纳入健康医疗数据共享范围。

健康医疗个人数据的流通和使用是社会发展的必然历史趋势。大数据时代，健康医疗个人数据共享具有现实意义。2011年，由美国联合健康集团开展的一项调查数据显示，77%的被调查者希望健康档案系统能追踪个人医疗病历、用药记录等，同时不用担心隐私方面的问题。[1] 这一调查结果在某种程度上反映了人们对健康医疗个人数据有序流通的强烈需求。而个人医疗数据的价值恰恰在于其增值使用，而非被束之高阁。健康大数据时代对我们提出了更高要求：既要保护个人隐私，也要有数据共享的思维。[2] 因此，立法应在保护患者享有的隐私权与人格利益及其他个人医疗数据作成主体相关权利的基础上，积极促进健康医疗个人数据共享。如此既能够满足社会对健康医

---

〔1〕 参见［美］埃里克·托普：《颠覆医疗　大数据时代的个人健康革命》，张南、魏薇、何雨师译，电子工业出版社 2014 年版，第 192 页。

〔2〕 参见杨朝晖、王心、徐香兰："医疗健康大数据分类及问题探讨"，载《卫生经济研究》2019 年第 3 期。

疗个人数据在法律的框架内共享的现实需要，促进医患信息跨平台流动，方便患者就医诊疗，又能够保障患者隐私安全，以真正实现患者健康权保障。

对于个人数据，欧盟数据保护法原则上规定相对严格的个人数据保护条例，但是同时也设计了基于公共利益可以不经个人知情同意的例外条款。美国 HIPPA 法案规定，只需患者知情同意即可进行数据交互使用。

隐私权作为一项个体性权利，又称"个体独处权"（the right to be let alone），强调个人在隐私利益上的自主或者自治。就其权利性质而言，直接反映了个体与外界的紧张关系；而就其权利的实现而言，其以隐私的自我管理为实现方式，即强调对自己行为的自由控制。健康医疗个人数据兼具人格权和财产权的双重权利属性，作为高效医疗卫生管理系统的运作工具，在"互联网+政务"模式下的健康医疗个人数据早已溢出私人法益的范畴，具备公共性权利属性；同时，健康医疗个人数据也是企业开发和运营数据产业的生产原料，是大健康产业推陈出新的基本需求，是数字医疗建设的基础。健康医疗个人数据多元利益属性为健康医疗个人数据共享提供了现实根据。《网络安全法》第 22 条、第 41 条、第 42 条将"主体同意"作为合法使用个人数据的唯一条件。为推动健康社会治理及满足数字医疗等需要，在个人数据保护的法律原则下，在某些例外的情况下，对于个人健康医疗数据的绝对控制需要让位于健康医疗数据正当利益的维护和实现。有关健康医疗个人数据的交互和使用，在一些场合下，基于正当利益的考量，不经个人的知情同意，将健康医疗数据向第三方自然人和法人进行交互和使用应为适当，此为健康医疗个人数据共享的例外情形。准确界定"正当利益"是利益博弈中实现平衡的关键，范围过宽可能侵犯数据主体的权利，范围过窄则不利于社会管理或数字医疗的发展。权衡之下，这些正当利益的法律内涵可能包括以下几个方面：

1. 公共利益。公共利益是指公权力职能目的之外的公共或社会利益，公权力机关处理个人数据的职能行为不属于公共利益的范畴。值得注意的是，为维护公共利益，处理数据的数据控制者不仅包括公权力机构，也包括私营组织。借鉴欧盟《通用数据保护条例》，公共利益应包括以下五种情况：①医学科学或历史研究、医学统计。②医疗服务、公共卫生服务。例如，为分析传染病及预警目的、监测流行病及传播趋势，即使未经数据主体同意，出于公共利益目的亦可处理有关个人敏感数据。③保存和披露公共存档资料。④国际法义务。例如，因人身或法律限制而无法作出同意的数据主体，任何将其个人数据转移到国际人道组织的行为。⑤人道主义目的。对于紧急事件，尤其在自然灾害或人为灾难发生时处理个人数据也是符合公共利益的。

2. 数据管理者的法定职责。当数据管理者为国家机关时，若数据处理旨在行使法定职权，即使未经数据主体同意，行为仍然合法，这是国家机关履行法定职能的内在需要。其认定标准为：①依法律明文规定，国家机关设置和职能分工的相关立法。②依职权行为，执行主体必须为国家机关且数据处理确为执行公务所必要。国家现行法律对健康医疗个人数据的利用尤其是公法意义上的公共使用尚缺乏足够法律支持。相对于企业难以获取健康医疗个人数据的情况，国家机关有强制权力获取如医保身份信息、病史记录等个人信息。

3. 第三方的合法权益。第三方合法利益包括正当的市场营销、诈骗预防、国家机关间数据传输、网络与信息安全保障、向主管部门报告可能的犯罪行为或对公共安全的威胁等情形。

个人原始健康医疗数据经过算法加工处理，已脱离原始数据的个体化特征，形成了新的质变的数据形态，因此，数据不都是原生的，还存在数据衍生现象。

随着健康医疗数据的爆发式增长和区域协同医疗服务体系的推进发展，医疗健康进入了大数据和云计算时代，海量的电子病历、居民个人健康档案等健康医疗个人数据汇集到区域医疗卫生行政机关授权的区域医疗卫生信息平台建设机构的数据系统中。这些健康医疗个人数据经算法加工处理、数据发掘和数据分析形成了新的衍生数据，区域医疗卫生行政机关授权的区域医疗卫生信息平台建设机构数据系统上的数据包括两类，即健康医疗个人数据和健康医疗衍生数据。例如，个人电子健康档案为健康医疗个人数据，由个人电子健康档案经过算法加工处理、数据发掘而成的电子健康档案系统数据则为衍生数据，这种健康医疗衍生数据脱离了个体特征，产生新的价值，其特征是"创造"。该衍生数据是区域卫生行政部门实现健康医疗数据共享的重要数据资源。

衍生的健康医疗数据来源于原始的健康医疗数据，但是经过算法加工处理，已形成了新的数据集系统。随着电子健康档案、可穿戴健康医疗设备、转化医学和基因测试的兴起和流行，越来越多的个人健康信息经过算法和数据信息技术脱敏，形成了新的衍生数据。健康医疗数据权属事关数据开发和使用。区域卫生行政部门授权的区域卫生信息平台建设机构合法收集并运用算法加工处理形成的新的衍生数据，是实现了新的价值的资产，符合财产性权利产生的法理基础。

虽然健康医疗衍生数据来源于健康医疗个人数据，但是，健康医疗个人数据权利人只是提供了原材料，并没有参与新的衍生数据的价值创造。新的衍生数据是相关数据机构基于本地区健康卫生公共利益，对健康医疗个人数据进行算法加工处理创造的新的大数据。这种数据已经不具有个人特性，不再具有个体特征的可识别性。显然，健康医疗衍生数据已经不具有个人数据信息的特征。健康医疗衍生数据是各级区域健康医疗行政机构授权的机构——各级各类区域健康医疗数据中心、各级各类医疗机构基于社会公共利益，对海量健康医疗个人数据进行专业化处理后形成的衍生数据，是新的数据价值的创造者，此时，该衍生数据的权属应属于衍生数据的作成者，即作成该健康医疗衍生数据的健康医疗数据机构。由于健康医疗衍生数据脱离了个体化特征，因此，健康医疗衍生数据不再具有人格权属性，而只表现为知识产权类型的财产权。司法实践中，"大众点评诉爱帮案""大众点评诉百度案""新浪诉脉脉案"均指向了数据的财产属性。数据作成主体拥有数据所有权。健康医疗衍生数据由相关各级区域健康医疗行政部门授权的各级区域健康医疗数据机构作成，因此，区域卫生行政部门授权的健康医疗数据机构具有健康医疗衍生数据所有权。

在现实的物质世界里，数据的发掘和整理无时无处不蕴含着数据信息转移的运动，在该过程中形成的新的数据集，已经不再具有原来的个体可识别性，从而脱离了它原来所表征的事物，代表了新的事物的特征，形成了新的价值和新的健康医疗数据衍生现象。健康医疗衍生数据不显示个人数据特征，健康医疗衍生数据分为基于公共利益适于开放的公共数据，即开放数据及不适于开放但在一定数据权利人及第三人范围内共享的数据。健康医疗数据共享的适用不涉及健康医疗数据开放数据，立法应明确共享的健康医疗数据的范围，将健康医疗衍生数据中的开放数据排除在外。

从国家健康医疗数据共享的实践来看，目前国家健康医疗衍生数据建设尚处于萌芽和起步阶段。各级各类健康医疗数据机构收集和存储的数据多为健康医疗个人数据。似乎目前关于健康医疗衍生数据的交互使用需求不高。从数据的机构来源看，目前的健康医疗数据平台中，医疗服务数据和公共卫生服务数据平台建设较为成熟，而药品保障数据和医疗保障数据平台建设还处于建设初期，还很难实现数据共享。但是，健康医疗数据共享立法先行，有助于行业的规范和健康发展，且从立法设计本身来看，预留出立法空间的做法彰显了立法的先进性。因此，健康医疗数据共享立法的数据范围应当包括健康医疗个人数据和健康医疗衍生数据。同理，为体现立法的先进性和预留法律空间，健康医疗数据共享立法的数据范围应为公共卫生服务、医疗服务、药品保障、医疗保障数据。

同时，建议在国家范围内确立并制定健康医疗共享数据统一目录，健康医疗数据机构不得通过数据网络平台或以其他方式向公众开放该目录上的健康医疗数据。

二、健康医疗数据共享行为准则

在健康医疗数据共享立法中，在获取、处理、使用个人健康医疗数据信息的过程中，各方主体之间存在数据权益冲突，迫切需要立法提供协调机制。而关于健康医疗数据权利的主体划分和保护层级、数据信息正当利益的法律内涵、各方主体利用健康医疗数据信息的方式和界限等问题，目前亦尚未形成成熟的解决思路。

（一）一般性行为准则

健康医疗数据共享活动是以数据为媒介，以人的健康为目标，以数据交互和利用为内容的专业性活动。对于健康医疗数据共享活动应当如何开展，相关健康医疗数据从业人员在健康医疗数据共享活动过程中应当履行哪些义务、承担哪些责任，应当有一个概括性、统领性规定。

　　健康医疗数据共享应当以维护公民健康权为中心，严格依照法律规定，依据医疗卫生、数据信息知识和行业规范，开展执业活动，不得利用职务之便牟取私利。健康医疗数据机构及其数据从业人员的执业活动是以健康医疗数据为媒介，以公民健康为目标，以预防和治疗疾病为内容的专业性、风险性活动。健康医疗数据机构及其数据从业人员的执业活动应当如何开展，他们在执业活动过程中应当履行哪些义务、遵守哪些规制、承担哪些责任，是立法的基本内容。

　　健康医疗数据共享，应当坚持以"人"为中心，应当坚持以实现社会效益为主、社会效益与经济效益相统一的原则，以实现健康医疗数据共享活动中的利益平衡。

　　健康医疗数据共享是医疗卫生活动的一部分，其工作目标在于维护公民健康。同时，健康医疗数据共享活动中面临各种因素的取舍、各种利益的权衡，这都会影响健康医疗数据共享活动。因此，健康医疗数据共享活动与其他医疗卫生活动一样，应当以人的健康利益为重，以"人"为中心，坚持以社会效益为主、社会效益与经济效益相统一的原则，以实现增进人民健康福祉的最终目标。

　　1. 以"人"为中心开展健康数据共享活动。以"人"为中心是医疗卫生活动永恒的主题，也是健康医疗数据共享的基本原则。以"人"为中心，就是把人的健康需求视为健康医疗数据共享的需求，从而有效促进医疗卫生服务质量的提高。开展健康医疗数据共享活动应当以维护人的健康利益、保护患者权益、方便患者为出发点，最大限度地保护人的健康的合法权益，最大限度地发挥健康医疗数据共享的作用。

2. 坚持以社会效益为主、社会效益与经济效益相统一的原则。坚持把社会效益放在首位的原则是由健康医疗数据的特殊属性及医疗卫生活动的目的所决定的。健康医疗数据是医疗卫生实践活动的产物，国家与社会发展医疗卫生事业是为了满足人民对医疗卫生服务的需要。因此，医疗卫生事业要以社会效益为准则。健康医疗数据共享应以实现社会效益为主。健康医疗数据共享活动与其他医疗卫生活动一样，坚持以社会效益为主，以实现增进人民健康福祉的最终目标。因政府决策、公共安全、公共卫生、公益性科学研究等公共利益及数据管理者法定职责依法共享健康医疗数据的，健康医疗数据所有权人应当无偿提供。

强调社会效益，并不是放弃经济效益，社会效益与经济效益既对立又统一。健康医疗数据越受市场欢迎，经济效益就越好，社会效益也会越高，这样两者就达到了有机的统一。在社会主义市场经济条件下，健康医疗数据也具有商品的属性，可以创造出新的价值，它要进入市场，就要讲经济效益。健康医疗数据具有生产要素的性质，健康医疗数据共享也是社会主义市场经济活动的有机组成部分，以社会效益为主、实现社会效益与经济效益的统一是社会主义市场经济的要求，也是以数据为关键要素的数字医疗、数字经济发展的价值追求。

"健康所系，性命相托。"健康医疗数据机构及其数据从业人员的工作目标在于维护公民生命健康，职业活动本身责任重大。同时，健康医疗数据机构及其数据从业人员在执业活动中面临各种因素的取舍、各种利益的权衡，这些都会影响健康医疗数据机构及其数据从业人员的执业活动。因此，健康医疗数据机构及其数据从业人员应当以公民健康利益为重，严格履行专家注意义务，避免各种数据损害结果发生。

　　健康医疗数据机构及其数据从业人员既要受法律、法规、规章的规制，也要求具备医学及信息技术学的专业科学知识和经验。健康医疗数据机构及其数据从业人员的执业活动关系到人们的生命健康。因此，立法对健康医疗数据机构及其数据从业人员执业活动制定规则、规章和技术规范、操作规程、技术标准均属必要。

　　健康医疗数据机构及其数据从业人员执业活动是医疗卫生活动的重要组成部分，健康医疗数据机构及其数据从业人员执业活动也应当以公民健康为中心，以公民健康利益最大化为目标。健康医疗数据机构及其数据从业人员在执业活动中应当遵守的医疗卫生管理法律，除了全国人民代表大会及其常委会颁布的法律之外，还包括国务院的行政法规、国务院各部委的规章，同时，还包括与健康医疗数据机构及其数据从业人员执业活动有关的技术法规、行业规范、操作规程、技术指南等。健康医疗数据机构及其数据从业人员执业活动还具有极强的专业性，应当按照药物科学理论和规律进行，不得违背科学理论、科学规律。

　　职业是参与社会分工，利用专门的知识和技能，为社会创造物质财富和精神财富，获取合理报酬的工作。任何职业都有业务范畴和专业要求，并以其专业技能服务于社会、工作或特定个人，由此获取应得的报酬。职业的社会属性还要求其从业人员应当遵守基本的职业伦理规范，其中，最为重要的职业伦理规范就是不得以权谋私，不得利用职务之便牟取私利。同样，健康医疗数据机构及其数据从业人员执业，不得牟取私利。任何履行职责的公职行为、公务行为，均不得掺杂个人利益因素。公职行为、公务行为的履行，则应当坚持公正、公平的原则。

（二）具体行为规则

健康医疗数据确权是健康医疗个人数据共享主体范围确立的前提，是健康医疗个人数据共享行为的基础。

健康医疗数据机构和健康医疗数据个人是健康医疗个人数据作成者。健康医疗数据机构有义务在执业过程中本着"最大的诚实"履行健康医疗数据作成义务。真实性原则要求不得涂改、伪造、篡改健康医疗数据。形式真实性原则要求健康医疗数据应该准确、不失真。健康医疗数据的作成应当客观、真实、准确、及时、完整、规范。从法理上分析，数据所有权归属数据作成主体。健康医疗个人数据是具有个人特征的数据信息，由个人主动参与，包括个体特征、遗传信息、疾病信息、免疫信息、行为习惯信息、家族信息等，且根据上述信息可以直接或间接进行特定个体识别。健康医疗个人数据权利具有民法上的私权的性质，健康医疗个人数据具有人格权和财产权的双重属性，健康医疗个人数据为健康医疗数据机构和健康医疗数据个人所共同所有。

根据国家《电子病历应用管理规范（试行）》第3条的规定，电子病历是指医务人员在医疗活动过程中，使用医疗机构信息系统生成的文字、符号、图表、图形、数据、影像等数字化信息，并能实现存储、管理、传输和重现的医疗记录，是病历的一种记录形式，包括门（急）诊病例和住院病历。第7条规定，《医疗机构病历管理规定（2013年版）》《病历书写基本规范》《中医病历书写基本规范》适用于电子病历管理。

根据《医疗事故处理条例》第10条、第16条以及《医疗机构病历管理规定（2013年版）》第19条的规定，病历可以分为客观性病历和主观性病历。客观性病历主要包括门（急）诊病历、住院志、体温单、医嘱单、化验单（检查报告）、医学影像检查资料、特殊检查同意书、手术同意书、手术及麻醉记录单、病理资料及护理记录等。患者享有客观病历资料查阅、复制权。主观性病历是指医务人员在诊疗过程中运用自己的医学知识对患者病情的分析和判断，是医务人员主观认识的成果，主要包括病程记录、诊断分析、疾病分析及治疗方案、会诊意见、疑难病例讨论、上级医师查房记录。患者享有主观病历封存启封权。《民法典》第 1225 条第 1 款规定："医疗机构及其医务人员应当按照规定填写并妥善保管住院志、医嘱单、检验报告、手术及麻醉记录、病理资料、护理记录等病历资料。"从以上规定可见，国家电子病历作成的主体包括患者个人和医疗机构，一份电子病历数据的产生，主要作成主体是记录者医疗机构及被记录者患者个人。电子病历的主观病历部分是医生智慧的产物，是创新性的，而脱离了患者具体信息的创新是无意义的，二者密不可分。所以，电子病历的价值是医疗机构和患者共同创造的，因此，国家电子病历为个人与医疗机构所共有。健康医疗个人数据具有私权利的属性。电子健康档案由国家各级健康医疗行政机关授权的区域卫生健康信息中心、医疗机构和居民个人共同所有。

随着电子计算机技术的普及和发展，国家开始致力于建立全国统一的电子健康档案系统，国家电子健康档案系统尚处于建设推进过程中。电子健康档案数据系统中包括个人健康医疗数据内容，同时涉及部分公共卫生服务数据及药品使用、医疗保险信息，是目前区域健康医疗大数据平台比较成熟的数据资源。电子健康档案数据系统中的电子健康档案重点关注政府管理机构为实现患者与医务人员间跨机构、跨平台的信息共享与交互而建的健康信息集合，满足增强患者就医安全性、改善医务质量和降低医药费用等公共健康管理需要。[1]尽管 EHR 是以电子形式存储的、以共享为核心的健康信息集合,[2] 这种信息库和信息集合依然是显示居民个人健康特征的数据。

从电子健康档案的作成来看,是由各省市卫生行政部门主导平台建设,主要生成健康医疗数据记录,由居民所在地的医疗机构提供的居民的病历数据集合而来。如果居民在区域内不同医疗机构就诊,可能生成多份电子病历,区域卫生行政部门授权的区域卫生信息平台建设机构统一对电子病历进行开发、集合后生成电子健康档案,其内容主要包括居民的身体状况、疾病诊治、健康评估等数据信息。电子健康档案的主要功能是为居民提供个人健康医疗信息平台,构建区域内健康医疗数据信息平台,实现患者与医务人员跨机构、跨平台数据信息共享,提高医疗卫生服务质量,有效提供健康管理和医疗卫生决策支持。电子健康档案由电子病历数据集合而成,电子病历由个人和医疗机构共有。区域卫生行政机关基于社会公共利益可以强制医疗机构上传电子病历。电子健康档案由个人、医疗机构、卫生行政部门授权的区域卫生信息平台建设机构作成,因此,电子健康档案由个人、医疗机构、卫生行政部门授权的区域卫生信息平台建设机构所共有。健康医疗数据机构及健康医疗数据个人对其共同作成的健康医疗个人数据享有署名权;健康医疗数据机构对其作成的健康医疗衍生数据享有署名权。客观上,由于电子病历和电子健康档案是一种特定物,且其最显著的特

点是不可分割物，是由一系列主观和客观的医学记录组成，从医学意义上看，无论离开了哪一部分，其都将失去存在的意义，无法反映个体健康医疗状况。所以，在医疗卫生管理活动中都十分强调病历和电子健康档案的完整性，电子病历和电子健康档案均由医疗卫生机构保存。因此，实践中，个人的病历及电子病案权客观上转化为个人的"病历数据处理权"及"电子病案数据处理权"，这种数据处理权包括个人电子病历和电子健康档案的知情同意权、隐私权、查阅权、复制权、申请修改权等具体权利，这或许是国家现行法没有明确规定数据权利性质，而是直接规定诸如"数据查阅权、数据处理权"等个人数据处理权的缘由。

健康医疗数据个人基于医疗合同的约定或法律的规定而确定个人信息提出义务。忠实义务是居民个人基于合约和法律规定需要履行的主要义务，居民个人有义务以"最大的诚实和忠诚"提供个人信息。健康医疗数据个人基于医疗合同的约定或法律的规定而确定个人信息提出义务。健康医疗数据个人应依据健康医疗合同的约定或法律法规的规定，按照相关标准和规范向健康医疗数据机构提供其个人信息。

健康医疗个人数据兼具人格权和财产权的双重权利属性，是一种高效管理医疗卫生系统的运作工具，在"互联网+政务"模式下的健康医疗个人数据早已溢出私人法益的范畴，具备公共性权利属性，同时健康医疗个人数据也是企业开发和运营数据产业的生产原料，是大健康产业推陈出新的基本需求，是数字医疗建设的基础。健康医疗个人数据多元利益属性为健康医疗个人数据共享提供了现实根据。《网络安全法》第 22 条、第 41 条、第 42 条将"主体同意"作为合法使用个人数据的唯一条件。患者享有知情同意权，是第二次世界大战后的纽伦堡审判以后通过的《纽伦堡法典》所确认的一项准则。[1] 知情同意权表现在病历上就是患者及其家属有权要求开放其为医疗机构所保存的病历资料的信息。患者的病历知情权，是指患者及其家属请求查阅和复制自己的病历资料的权利。具体而言，包括两个方面：其一，患者在住院期间有权知道自己病历中的信息，即患者请求医疗机构查阅医疗记录的权利。其二，患者在出院后、医疗机构病历保存期间内请求复制自己的病历资料的权利。我国对患者的病历知情权与其他大陆法系国家一样，持谨慎的态度。即使在患者权利意识不断高涨的今天，大陆法系国家仍然小心、谨慎地将病历的内容进行区分，患者的病历知情权实际上是被限制的部分病历知情权。我国《医疗纠纷预防和处理条例》第 16 条第 1 款规定："患者有权查阅、复制其门诊病历、住院志、体温单、医嘱单、化验单（检验报告）、医学影像检查资料、特殊检查同意书、手术同意书、手术及麻醉记录、病理资料、护理记录、医疗费用以及国务院卫生主管部门规定的其他属于病历的全部资料。"《医疗事故处理条例》和《医疗机构病历管理规定》赋予了患者部分病历知情权，即患者具有请求查阅、复制自己的客观病历的权利，而对于主观病历，患者仅具有封存与启封自己的主观病历的权利。依据《医疗机构病历管理规定（2013 年版）》第 19 条的规定，医疗机构可以为申请人复印或者复制的病历资料包括：门（急）诊病历和住院病历中的住院志（入院记录）、体温单、医嘱单、化验单（检验报告）、医学影像检查资料、特殊检查（治疗）同意书、手术同意书、手术及麻醉记录单、病理报告、护理记录、出院记录。《医

---

〔1〕　参见邱仁宗、卓小勤、冯建妹：《病人的权利》，北京医科大学、中国协和医科大学联合出版社 1996 年版，第 56 页。

疗事故处理条例》第 10 条第 1、2 款规定："患者有权复印或者复制其门诊病历、住院志、体温单、医嘱单、化验单（检验报告）、医学影像检查资料、特殊检查同意书、手术同意书、手术及麻醉记录单、病理资料、护理记录以及国务院卫生行政部门规定的其他病历资料。患者依照前款规定要求复印或者复制病历资料的，医疗机构应当提供复印或者复制服务并在复印或者复制的病历资料上加盖证明印记。复印或者复制病历资料时，应当有患者在场。"以上条款所列举的病历资料又称客观性病历资料。依照国家法律法规，对于上述客观性病历，患者要求查阅、复制的，医疗机构应当提供方便。

遵照患者个人知情同意原则，健康医疗数据机构收集、存储、加工、作成、汇交和共享健康医疗个人数据等活动，应当向个人明示所处理的个人数据信息的目的、方式和范围且须经个人知情同意，法律法规另有规定的情形除外。健康医疗数据机构收集、存储、汇交和共享无民事行为能力人的健康医疗个人数据，须征得其法定监护人的知情同意。新近实施的《个人信息保护法》明确了个人信息处理活动过程中的权利和义务，赋予了个人在个人信息处理活动中的权利，包括查阅复制权、可携带权、更正补充权、删除权、解释说明权等权利。《个人信息保护法》对个人信息处理者的职责和义务提出了严格的要求，应当根据具体的处理情形采取必要的措施；在涉及敏感个人信息、自动化决策等情形时还须事前进行个人信息保护影响评估；如果处理个人信息数量达到国家网信部门规定数量的，还应当指定个人信息保护负责人。发生或可能发生个人信息泄露、篡改、丢失时，个人信息处理者应当立即采取补救措施，并将相关情况通知履行个人信息保护职责的部门和个人。同时，提供重要互联网平台服务、用户数量巨大、业务类型复杂的个人信息处理者还应履行更高水平的保护义务。《个人信息保护法》规定了履行个人信息保护职责部门的职责内容。总体上看，《个人信息保护法》强化了个人信息保护及个人信息处理者主体的法律责任，但是该法并未对个人信息处理者（个人信息处理主体）作出明确规定。

患者的知情同意权是指患者知悉与其生命健康相关信息的权利。只有在居民个人同意的情况下，其他健康医疗个人数据作成主体及第三人才获得共享数据。个人知情同意权是在其知晓并理解相关内容的前提下作出决定的权利，其主要目的是保护个人的自主选择和参与决定的权利。因此，共享健康医疗个人数据前，应当尽可能详细、明确、充分地告知个人共享数据的特定目的或者计划的用途，如告知共享个人健康医疗数据的目的，共享个人医疗数据的利用期限、范围、方式，患者可以行使的权利及行使的方式等，让个人在知悉上述内容的前提下共享相应的医疗数据。当数据有被披露及用于其他附加商业用途的可能时，需要个人医疗数据其他作成主体以及第三方医疗机构、医保公司等单位向个人作出进一步的说明。

国家现有法律未对知情同意权的行使方式作出具体规定。通常认为，知情同意权的实施方式主要有"选入制度和选出制度，选入制度的基准原则是没有明确许可即视为不同意；选出制度的基准原则是没有明确反对即视为同意"。[1] 我们认为，采用选出制度落实患者的知情同意权更为合适，即医疗机构应当在患者向其提供数据前，事先说明共享个人医疗数据的目的、用途等，如果患者没有明确表示反对则视为同意，此种方式能

---

〔1〕 参见钱亚芳：《大数据时代个人健康数据法律规制》，中国社会科学出版社 2018 年版，第 156 页。

够在一定程度上简化个人医疗数据共享的程序，进而降低成本，提高数据共享的效率。同时，个人有权根据自身的特殊情况以合法理由拒绝同意授权。为保证患者同意的有效性，在患者提供其个人医疗数据之前，医疗机构应当主动向患者提供相关材料，材料内容可借鉴现行的《信息安全技术　个人信息安全规范》。在使用产品或提供服务的过程中，应当允许个人撤回健康医疗原始医疗数据共享的同意授权，数据主体有权随时撤回同意，撤回同意前，基于同意而进行的处理仍具有合法性。撤回同意应与表示同意程序一样具有简便性和可操作性。

在一些基于正当利益的情形下，健康医疗数据机构可以不经健康医疗数据个人知情同意，收集、存储、汇交和共享健康医疗原始数据；第三方自然人、法人和非法人组织向健康医疗数据管理行政机关提出书面申请，经健康医疗数据管理行政机关审查许可，可以不经健康医疗数据个人知情同意使用相关健康医疗个人数据。为满足推动健康社会治理及数字医疗等需要，在个人数据保护的法律原则下，在某些例外的情况下，对于个人健康医疗数据的绝对控制需要让位于健康医疗数据正当利益的维护和实现。有关健康医疗个人数据的交互和使用，在一些场合下，基于正当利益的考量，不经个人的知情同意，将健康医疗数据向第三方自然人和法人进行交互和使用应为适当，此为健康医疗个人数据使用的原则。准确界定"正当利益"是利益博弈中平衡的关键：范围过宽可能侵犯数据主体的权利；范围过窄则不利于社会管理或数字医疗的发展。权衡之下，这些正当利益的法律内涵可能包括以下几个方面：

1. 公共利益。公共利益是指公权力职能目的之外的公共或社会利益，公权力机关处理个人数据的职能行为不属于该公共利益的范畴。值得注意的是，为维护公共利益处理数据的数据控制者不仅包括公权力机构，也包括私营组织。借鉴欧盟《通用数据保护条例》之规定，公共利益应包括以下五种情况：①医学科学或历史研究、医学统计。②医疗服务、公共卫生服务。例如，为分析传染病及预警目的、监测流行病及传播趋势，即使未经数据主体同意，出于公共利益目的亦可处理有关个人敏感数据。③保存和披露公共存档资料。④履行国际法义务。例如，因人身或法律限制而无法作出同意的数据主体，任何将其个人数据转移到国际人道组织的行为都是符合公共利益的。⑤出于人道主义目的。由于紧急事件，尤其在自然灾害或人为灾难发生时处理个人数据也是符合公共利益的。

2. 数据管理者的法定职责。当数据管理者为国家机关时，若数据处理旨在行使法定职权，即使未经数据主体同意，行为仍然合法，这是国家机关履行法定职能的内在需要。其认定标准为：①依法律明文规定，国家机关设置和职能分工的相关立法。②依职权行为，执行主体必须为国家机关且数据处理目的确为执行公务所必要。国家现行法律对健康医疗个人数据的利用尤其是公法意义上的公共使用尚缺乏足够法律支持。相对于企业难以获取健康医疗个人数据的情况，国家机关有强制权力获取如医保身份信息、病史记录等个人信息。

3. 第三方的合法权益。第三方合法利益包括正当的市场营销、诈骗预防、国家机关间数据传输、网络与信息安全保障、向主管部门报告可能的犯罪行为或对公共安全的威胁等情形。

健康医疗个人数据使用还必须严格依照法律规定的权限和程序。基于个人数据保护原则及第三方数据使用的审查许可制度，第三方自然人、法人和非法人组织向健康医疗数据管理行政机关提出书面申请，经健康医疗数据管理行政机关审查许可，并经健康医疗数据个人知情同意后，方可使用相关健康医疗个人数据。法律法规另有规定的除外。

在主体方面，因强制收集、使用个人的健康医疗数据属于限制公民民事权利的行为，因此，有权"强制收集、使用"的主体必须具有法定授权。例如，疫情期间，中央网信办于2020年发布了《中央网络安全和信息化委员会办公室关于做好个人信息保护利用大数据支撑联防联控工作的通知》，其中第1条表述为，除国务院卫生健康部门依据《网络安全法》《中华人民共和国传染病防治法》（以下简称《传染病防治法》）、《突发公共卫生事件应急条例》授权的机构外，其他任何单位和个人不得以疫情防控、疾病防治为由，未经被收集者同意收集使用个人信息。根据前述内容，在疫情期间，具备法定强制收集权限的机构包括：①卫生行政部门、医疗卫生机构、疾病预防控制机构[1]；②街道、乡镇以及居民委员会、村民委员会[2]；③县级以上人民政府在制定防疫应急预案中明确的信息收集主体[3]。但这些被授权的单位及机构在收集和使用个人健康医疗

---

〔1〕《传染病防治法》第12条第1款规定，在中华人民共和国领域内的一切单位和个人，必须接受疾病预防控制机构、医疗机构有关传染病的调查、检验、采集样本、隔离治疗等预防、控制措施，如实提供有关情况。疾病预防控制机构、医疗机构不得泄露涉及个人隐私的有关信息、资料；第35条第1款规定，国务院卫生行政部门应当及时向国务院其他有关部门和各省、自治区、直辖市人民政府卫生行政部门通报全国传染病疫情以及监测、预警的相关信息。

〔2〕《突发公共卫生事件应急条例》第40条规定，传染病暴发、流行时，街道、乡镇以及居民委员会、村民委员会应当组织力量，团结协作，群防群治，协助卫生行政主管部门和其他有关部门、医疗卫生机构做好疫情信息的收集和报告、人员的分散隔离、公共卫生措施的落实工作，向居民、村民宣传传染病防治的相关知识。

〔3〕《传染病防治法》第20条规定，县级以上地方人民政府应当制定传染病预防、控制预案，报上一级人民政府备案。传染病预防、控制预案应当包括……传染病的监测、信息收集、分析、报告、通报制度……

数据时不能超出法律所规定的权限范围，也不能未经健康医疗数据主体同意就随意转让该数据。

　　基于对患者隐私权的保护，相关医疗机构应当有限地采集、处理患者隐私医疗信息。对信息的处理应当有针对性、有范围限制，不能无限制地随意采集患者健康医疗信息。同时，也应当对收集的健康医疗信息的价值进行衡量，医疗机构在采集数据前应当说明采集信息的目的及用途，询问被采集患者对其个人隐私信息的态度是放弃其采集信息的隐私权、有条件地放弃隐私权，还是不放弃，这些都应当事先明确。根据被采集患者的选择，医疗机构在分析、利用、保存数据信息的过程中，应当制定出不同程度的保护方案，以对应患者隐私信息保护的不同需求。患者在诊疗过程中的各个环节都有泄露患者隐私的可能性，然而其中最主要的泄露源头当属后台泄露[1]。因此，各医疗数据管理机构应当加强对后台的安全防护，建立更为牢固的保护系统。同时，我们可以借鉴国外的网络保险制度。尤其因为患者的医疗隐私数据有其特殊性，为维护其隐私权，推广网络保险制度，鼓励患者购买相关保险进行保护是具有一定必要性的。使用健康医疗个人数据还应遵循"最小必要原则"。"最小必要原则"要求数据收集、使用主体应且仅应收集、使用为满足其目的所需要的最少、最有必要的数据，且目的达成后应及时删除；使用健康医疗个人数据还应当尽可能地去标识化。去标识化则是要求在数据使用过程中应该去除个人数据中可唯一识别到个人的信息或披露后会给个人造成重大影响的信息。

　　在以个人数据保护为前提的健康医疗个人数据共享模式中，

---

　　[1]　参见汪艳杰、霍增辉："医疗大数据时代的患者隐私权保护研究"，载《中国卫生法制》2018年第2期。

应当设计包括保护个人隐私的知情同意法律文书等，以匹配健康医疗个人数据共享，并且兼顾正当利益下超越个人知情同意的健康医疗数据共享的情形。

健康医疗衍生数据不再具有个体可识别特征，因此，健康医疗衍生数据权利属于知识产权类型的数据财产权利。其共享覆盖范围应为政府行政机构、健康医疗数据机构、个人和其他第三方自然人和法人。在以知识产权为中心的健康医疗衍生数据共享模式中，应当采取许可制度，允许查询和允许复制健康医疗数据来促进和重复使用数据，这种共享方式意味着数据适用限制较少。这种以知识产权为中心的数据共享，需要注意的是在匿名化和保留有用的细节两者之间找到平衡。

第三节　健康医疗数据共享的实现路径

一、健康医疗数据共享的启动

健康医疗数据共享是基于健康权的维护。国际经济、社会及文化权利委员会将健康权定义为："健康权是一种享受各种对于最高可能达到的健康标准所必需的设施、物品、服务和条件的权利。"这一解释清楚、具象地表达了健康权的内容。健康权既是私法上的权利，又是公法上的权利，国际经济、社会及文化权利委员会对于健康权的定义兼容了健康权的公法和私法属性，客观上使得公、私法两种法域下的健康权的内涵连贯、价值趋同。健康权既具有自由权的成分，又具有社会权的成分，在维护健康的活动中，国家、社会和个人互相渗透，人们相互作用、相互影响、相互依赖，是一种"社会团结连带"的社会法法律关系。对于健康权的维护，必须构建一种新的治理结构，在这种治理结构中，国家公权力、社会权力、个人意志被组合进一个层级秩序明确、功能分化清晰的系统安排中，是一种国家干预、社会共治及个人意思自治相结合的新型的合作治理，这也正与健康医疗数据共享立法的调整手段相吻合。社会共治视阈下的健康医疗数据共享，应建立政府组织领导，相关部门各负其责、全社会共同参与的机制。国家、社会、个人在健康医疗数据共享的各个方面均发挥着作用。全社会参与卫生健康共治是健康医疗数据共享的基本战略。在国家干预、社会共治和个人私权维护的合作治理的发展战略下，各级政府应广泛地宣传发动社会力量，以多方参与、协同合作促进健康医疗数据共享。充分调动医疗卫生行业积极性，丰富健康医疗数据共享制度宣传途径，在传统媒体的基础上，发挥新媒体的作用，开展形式多样的科普活动，保证健康医疗数据共享的宣传持续有效进行；同时，各级政府自身也要开展系列学习和培训活动，切实掌握健康医疗数据共享制度，以积极有效地谋划、引导、推动个人医疗数据共享工作。

共享数据是交互数据，是指数据权利主体之间的数据交互和使用及在"一定条件下"与"指定的第三方"共享使用。其更注重的是市场经济生活中的数据的交互和使用，重在实现数据利用价值及数据利益最大化。健康医疗数据共享的启动，应首先在国家层面确立并制订健康医疗共享数据统一目录，原则上健康医疗数据机构不得通过数据网络平台或以其他方式向社会公众开放该目录上的健康医疗数据，法律法规另有规定的除外。健康医疗个人数据因显示个人信息的特征而具有一定的隐私数据的特征，原则上不适用共享，更不是开放数据。但是，健康医疗个人数据在法律法规允许及个人知情同意的数据保护原则的例外情形下，可以共享利用。从健康医疗数据共享的视角看，涉及个人隐私的数据可以有条件共享。

二、健康医疗数据共享的达成

国家健康医疗数据共享体系应由各级健康医疗行政管理体系和健康医疗数据机构体系共同组成。国家健康医疗数据机构由国家健康医疗数据机构，其他各级医疗、医药、医保行政部门信息中心、医疗机构组成，各级健康医疗数据机构应提供资源条件和人员保障，推动国家健康医疗数据共享的规范运行。

（一）健康医疗数据共享的主要管理机构和协同管理机构的职责

医疗卫生体系包括医疗服务、公共卫生服务、药品保障、医疗保障。

针对健康医疗数据共享机制的顶层设计，建议在国家统一部署和协调下，由卫生健康委员会牵头负责，会同国家医疗、医药、医保相关卫生行政部门研究制订方案，指导、评估、监督国家健康医疗数据汇交和共享等管理工作。强化国家医疗、医药、医保健康医疗行政主管部门的健康医疗数据平台建设、数据汇交和共享、数据监管的联动机制构建，以此推动医疗、医药、医保三医联动，促进国家医改，合力实现增进人民健康福祉的美好愿景。

设立统一领导的职能部门，有利于健康医疗数据共享统一管理，统筹兼顾。由于医疗卫生（临床医学及公共卫生服务）数据是健康医疗数据的核心，建议国家卫生健康委员会对国家行政区内的健康医疗数据共享承担领导和管理职责，国家其他健康医疗行政部门承担国家健康医疗数据共享协同管理职责。建议由国家卫生健康委员会负责健康医疗数据共享的统筹和协调工作，负责组织和落实国家人民政府关于健康医疗数据共享的决策和部署。国家卫生健康委员会同国家中医药行政部门、药监行政部门、医疗保障行政部门等相关健康医疗行政部门研究制订国家健康医疗数据共享的设计与统筹规划；管理、监督国家健康医疗数据汇交和共享等工作。

国家卫生健康委员会在健康医疗数据共享中的主要职责为组织编制国家健康医疗数据共享工作政策和规章制度；负责国家健康医疗数据共享体系化建设并推进实施；建立国家健康医疗数据人才体系，设立健康医疗数据管理相关岗位，建立健康医疗数据从业人员的考核标准和晋升机制；负责国家健康医疗数据汇交与共享的标准化工作，根据国家实际，依法制定地方标准；对国家健康医疗数据的汇交和共享工作进行监督和评估；负责发布国家健康医疗数据共享工作年度报告；负责与国内外健康医疗数据共享的交流与合作。建议国家中医药行政部门、药监行政部门、医疗保障行政部门等相关健康医疗行政部门承担国家健康医疗数据共享协同管理职责，负责本部门管辖职权范围内的相关健康医疗数据汇交和共享的管理监督和评估等工作，承担健康医疗协同管理责任、本部门归口管理的数据的汇交和共享管理责任。

（二）健康医疗数据机构的职责

1. 国家健康医疗数据机构的建立及职责。健康医疗数据机构是指法律授权的处理健康医疗数据的机构。健康医疗数据处理包括健康医疗数据收集、存储、加工、作成、使用、传输、提供、汇交、开放共享等。国家各级医疗、医药、医保健康医疗行政部门数据信息中心、各级医疗卫生机构为国家健康医疗数据机构。国家卫生健康委员会牵头组建国家健康医疗数据中心，负责国家健康医疗数据库的建设。建议将国家健康医疗数据中心确立为国家健康医疗数据最权威和最高级别的健康医疗数据运行机构，该中心在国家健康医疗数据共享工作中职责的确立，有利于国家辖区内医疗、医药、医保数据共享联动和整合，真正实现以"人"为中心的健康促进和管理，进而实现精准医疗。该中心的健康医疗数据共享活动有利于以数据为导向调整医疗卫生资源配备，为国家医疗卫生政策的调整、制定、实施和评估提供支持，从而实现健康医疗数据共享活动的社会效益最大化。在满足社会效益的前提下，该中心可通过与其他健康医疗下属机构分享中心的标准化医疗代码编码器、系统兼容性软件，降低下属机构的数据处理费用，还可以满足健康保险机构、药品研发机构等的趋势性数据分析的社会需求，进而实现社会效益与经济效益相结合的数据共享价值目标。因此，立法应明确国家健康医疗数据中心在健康医疗数据汇交和共享中的地位和作用，实现医疗、医药、医保数据整合，实现区域内健康医疗数据共享利益最大化。

建议由国家健康医疗数据中心负责组织和协调国家医疗、医药、医保数据，实施健康医疗数据资源的汇交和共享具体工作。其主要职责为建立本部门健康医疗数据汇聚和共享管理机制；负责落实国家健康医疗数据汇交与共享的标准化工作，依法组织协调制定数据标准；按照法定程序统一汇聚国家健康医疗数据信息；按照相关标准组织本机构健康医疗数据作成、加工与质量控制工作，建立国家健康医疗数据库或数据集；对健康医疗数据进行必要的分级分类，形成分级分类共享的目录清单，按照分等级、可查阅的原则，明确数据汇交和共享的条件，建立健康医疗数据共享技术平台和服务系统，及时开展健康医疗数据汇交和共享活动：将国家医疗数据系统根据标准对接，实现医疗机构健康医疗数据的交互和使用、整合国家公共卫生和医疗数据，实现公共卫生和医疗体系数据交互和使用、整合国家医保数据与公共卫生和医疗数据，加强医保管理和慢性病病人的健康促进、整合国家健康医疗数据库为统计分析提供标准化数据，以满足国家安全、政策分析、市场分析、质量分析、费用分析、创新性研究活动等需要；妥善保管管辖范围内健康医疗数据，并对共享的健康医疗数据的真实性和质量负责；依法做好健康医疗数据安全管理、确保共享数据留存备份工作等。

2. 国家各级医疗、医药、医保健康医疗数据信息中心、各级各类医疗卫生机构是相关健康医疗数据作成者，因而是健康医疗数据汇交和共享行为的主体。

建议国家各级医疗、医药、医保健康医疗行政部门委托本部门数据中心负责本部门归口管辖管理范围的相关健康医疗数据资源的汇交和共享具体工作。

3. 建议将国家各级各类医疗卫生机构在健康医疗数据共享中的主要职责设定为落实上级主管部门制定的相关标准和管理规范，建立本机构健康医疗数据汇交和共享管理机制；明确本单位的健康医疗数据管理机构。按照法定程序将本机构健康医疗数据统一汇交至本机构行政主管部门卫生健康信息中心，健康医疗数据的汇交应在规定期限内完成；按照相关标准组织本单位健康医疗数据作成和加工整理，建立本机构级别健康医疗数据库或数据集；对健康医疗数据进行必要的分级分类，按照分等级、可查阅的原则，明确数据汇交和共享的条件，适当时开展健康医疗数据汇交和共享活动；妥善保管本机构范围内健康医疗数据，并对汇交和共享的健康医疗数据的真实性和质量负责；依法做好健康医疗数据安全管理、确保汇交和共享数据留存备份工作等。健康医疗数据机构还应当设置健康医疗数据监控部门或者配备专（兼）职人员，具体负责管理本机构内的数据从业人员的数据专业工作。

健康医疗数据机构作为健康医疗数据作成主体，应当承担健康医疗数据有序共享的责任；应保证其提供的健康医疗数据正确、适时、安全，并且是在遵守法律法规和合同约定的条件下取得的；应当建立符合国家统一标准的数据平台，并完善数据平台的安全管理制度；应当在其授权范围内或者法律法规规定范围内，深入研发数据使用的技术手段，高效、充分地挖掘个人医疗数据，同时采取相应的安全保障措施，规范隐私条款内容，避免数据的丢失和泄露。[1]

第四节　大健康产业健康医疗数据共享的适用

一、大健康产业的概念及特点

随着社会发展和人们生活水平的普遍提高，以及人类生活方式的改变，健康越来越受到国人的关注和重视，人们对健康的需求日益增长，传统由医疗卫生部门提供的医疗卫生服务难以满足人们多层次、多样化的健康需求，健康产品的总需求急剧增加。

健康产业是具有巨大市场潜力的新兴产业，包括医疗产品、保健用品、营养食品、医疗器械、保健器具、休闲健身、健康管理、健康咨询等多个与人类健康紧密相关的生产和服务领域。健康产业是一种有巨大市场潜力的新兴产业。美国著名经济学

---

〔1〕　张莉主编、中国电子信息产业发展研究院编著：《数据治理与数据安全》，人民邮电出版社 2019 年版，第 247~253 页。

家保罗·皮尔泽在《财富第五波》中将健康产业称为继 IT 产业之后的全球"财富第五波"。

健康产业基于人的健康需求，与其他产业相比具有其自身的特点。由于人的健康需求的广泛性，健康产业具有跨产业、跨领域、跨地域，又与其他经济部门相互交叉、相互渗透的复合性的特点。同时大健康产业随着医学模式的转变而不断变化和发展，呈现出产业发展的开放性的特点。健康产业基于对健康的维护，是我国医疗卫生事业的必要补充，立法维护健康产业市场公平竞争和市场秩序，具有现实意义。

二、当前大健康产业排除适用健康医疗数据共享

健康医疗数据，是指信息网络技术应用于公共卫生服务、医疗服务、药品保障、医疗保障等医疗卫生领域产生的数据，是人从出生到死亡的整个生命周期中产生的与健康医疗有关的数据。健康医疗数据共享是指健康医疗数据利益相关者——政府、健康医疗数据机构、健康医疗数据个人及其他自然人、法人、非法人组织之间的健康医疗数据的汇交和应用活动。健康医疗数据共享概念极具包容性和开放性，是健康医疗数据利益相关者依法开放其生产、拥有或者通过按照一定标准规范实行集中存储与管理的数据集，保证该数据能够在健康医疗数据利益相关者之间自由流通并获得使用，为社会创造价值。未来的医学应当是数字化医学，每时每刻都在产生无数健康医疗数据，这些数据通过复制、重组可以形成新的数据，实现二次利用。[1] 而能否实现数据的快速流动、快速汇聚和快速共享，将

---

〔1〕 See Nuffield Council on Bioethics, The Collection, Linking and Use of Data in Biomedical Research and Health Care: Ethical Issues, February2015, p. 4.

成为数字医学发展的关键。大健康背景下，大健康产业成为传统医疗卫生服务的必要补充，健康产业的社会健康补强功能使其适用健康医疗数据共享制度具有正当性。在"健康中国"战略背景下，推进健康医疗数据共享立法，大健康产业适用健康医疗数据共享，有利于提高医疗数据共享的水平和数据使用效率，有利于促进国家健康事业发展，有利于促进大健康产业借助健康医疗数据实现高质量发展，发挥其在促进医疗卫生事业发展和促进国民健康方面的作用，有利于其提供更好的社会健康服务。但是，现实中，我国健康医疗数据仅为医疗卫生系统内部数据共享，而大健康产业却被排除在健康医疗数据共享适用之外，这种做法在一定程度上显失公平。

目前，我国健康医疗数据共享处于初级阶段，国家和地方出台了一些促进健康医疗数据开放共享的政策法规，鼓励健康医疗数据平台建设，通过建设国家级和地方级的健康医疗数据平台来促进健康医疗数据的开放共享。在一些地区，健康医疗数据已经逐渐实现在医疗机构、远程诊疗、公共卫生服务、医保结算等领域开放共享的良好局面，为方便人民获得更加专业、便捷的医疗健康服务和实现数字医疗化建设提供了数据资源。但是现实中，即使在医疗卫生系统内部，健康医疗数据共享依然存在一些技术上的困难，如健康医疗大数据的数据量很难达到海量的数字，无法支持人工智能对运算数据量的需求；数据的维度比较单一，比如说基因检测公司只有基因的裸数据，它的表型信息并不完整，医院的数据只有电子化病历和临床诊断的报告，而且很多都没有实现数字化；缺乏共享动力，形成一个个数据孤岛，大家都觉得自己的数据很有价值，但又不愿意共享。很多拥有数据的中心化机构，它的技术成本不足以支持它做大数据的挖掘；等等。目前，健康医疗数据共享程度不高、范围过窄、标准不一等问题突出。显然，由于数据安全、隐私保护以及数据利益归属不清等问题，数据共享面临着一系列风险和困境，医疗卫生系统仍对健康医疗数据共享特别是向医疗系统以外的第三方主体开放共享持谨慎、观望的态度。医疗卫生系统向第三方共享健康医疗数据的意愿并不强烈。这与医疗卫生系统外部的健康产业对健康医疗数据使用的热望形成了鲜明对比。这种只存在于医疗卫生系统内部的小范围共享，无法让企业等第三方社会力量参与进来，造成数据壁垒现象严重，致使根本无法最大化实现数据资源的价值。

我国健康产业目前正处于上升阶段，具有强大的增长动力和广阔的市场空间。健康与数据天生就存在着紧密的联系，健康产业更是需要大量的数据作为支撑。健康产品也和其他商品一样需要不断创新，特别是以消费者需求为导向进行创新，才能不断满足消费的需要，提供最适合的产品。然而，了解不同行业、不同区域和不同社会群体的需求，要依靠大量的信息和数据，特别是事关人们身体状况的健康医疗数据。健康产品消费者的健康医疗数据主要集中在医疗机构和医疗卫生系统，健康产业无法接触到消费者的核心健康数据和了解其治疗的各个阶段，使得健康产品定位可能与实际需求不符。缺乏健康医疗数据，就无法针对不同群体的需求和健康状况进行健康产品设计和创新，导致健康产品设计偏差，产品创新存在障碍。

国内健康管理服务类健康产业，旨在通过健康信息采集、实时监测、健康预警、健康评估等方法对客户的身体健康进行干预，引导客户形成良好的生活习惯和生活方式，加强疾病预防，减少疾病的发生率，实现健康促进。以商业健康保险为例，京东安联保险"家医保—家庭百万医疗险"，通过"险+医+健康"模式，实现从"事后理赔"到"事先预防"的健康新体验。[1]"《健康保险管理办法》中将健康管理服务与合作以专章的形式写入，明确保险公司可以提供健康风险评估和干预、疾病预防、健康体检、健康咨询、健康维护、慢性病管理、养生保健等服务，降低健康风险，减少疾病损失。"[2] 但是，由于对客户自身健康医疗数据的掌握不够，不能及时监测到客户自身健康医疗数据的全部变化，无法全面了解客户的身体健康状况，从而无法提供精准的健康管理服务。

大健康背景下，健康医疗数据的应用不应局限在医疗卫生系统内部，健康医疗数据的缺乏严重制约着大健康产业的发展，因此亟需立法推动大健康产业健康医疗数据共享，解决当前健康产业健康医疗数据"想用不能用"的困境，实现大健康产业健康医疗数据共享。

三、大健康产业适用健康医疗数据共享的正当性

（一）有利于维护社会公共利益

"健康入万策。"大健康背景下，健康治理不仅是医疗卫生系统的工作，而且是多部门合作的健康治理。健康产业作为多层次医疗卫生的重要组成部分之一，有效弥补了我国医疗卫生服务的不足，在推动社会健康事业发展中发挥了重要作用。在当前医疗卫生服务难以满足人们日益增长的多层次健康需求的背景下，大健康产业以其灵活性和广泛性有效地发挥了其对我

---

〔1〕 "从'事后理赔'到'疾病预防'京东安联保险推出全新百万医疗险"，载百度网，http：//baijiahao.baidu.com/s？ id = 17006937843759017&wfr = spider&for = pc，访问日期：2022 年 1 月 10 日。

〔2〕 参见《健康保险管理办法》第 55 条。

国健康医疗的补强作用。为改善民生、满足人们的多层次健康需求提供了有力保障。例如，我国商业健康保险与社会基本医疗保障和补充医疗保险共同构成了我国多层次基本医疗保障体系，其作为社会基本医疗保险的强有力补充[1]，公平地适用健康医疗数据共享应为适当。

大健康背景下，商业健康保险、健康管理、药品医疗器械、保健用品等健康产业与医疗卫生共同构成了健康服务业。为社会提供多样化、多层次、规范化的产品和服务，有利于满足人民群众多层次、多样化的健康服务需求，提升全民健康素质，促进健康服务业进一步发展。因此，推动健康医疗数据对商业健康保险公司共享具有正当性。

（二）有利于数据使用公平

健康产业排除健康医疗数据共享适用，阻碍了大健康产业的数字化进程，严重制约了健康服务业的发展。推动健康医疗数据共享，能够优化数据资源配置，给予健康产业平等的生存和发展环境，特别是在分担健康风险、承担社会责任时拥有平等的条件；有利于加强健康产业与国家卫生行政部门、医疗卫生服务机构的合作，实现优势互补，发挥其各自专业优势来促进健康服务业发展；有利于提升健康信息化建设水平，发挥数据的最大价值，推动多层次健康医疗体系的完善。

将健康产业纳入健康医疗数据共享制度，使其能够及时掌握消费者的实时健康信息，有效解决信息不对称带来的问题，从而推出科学、合理、有针对性的健康产品。健康产业通过健康医疗数据共享加强与医疗机构、卫生健康委员会、健康服务

---

〔1〕　尹燕："我国商业健康保险参与多层次医疗保障体系建设研究"，载《中国保险》2019 年第 12 期。

机构等的交流合作，降低疾病发生风险，减少不合理的医疗费用支出，达到保障健康权的目的。

四、大健康产业中健康医疗数据共享的原则

数据共享不同于数据开放，不是将所有的健康医疗数据免费向公众开放使用，而是向有权限的主体，在符合正当目的的情况下，在合理的范围内依照法律法规的规定共享。

1. 社会公共利益。健康医疗数据并非商业数据，因此大健康产业的所有数据需求都适用健康医疗数据共享。尽管提倡健康产业共享健康医疗数据，但是对于健康产业健康医疗数据的适用，仍应审慎对待。健康产业使用健康医疗数据必须符合法律规定的正当社会公共利益的目的，不能作其他的目的使用。应禁止健康产业将其获取的健康医疗数据用于其他获取自身利益商业目的的使用。

2. 基于大健康产业运行需要。自然人从出生到死亡这一过程中产了无数的健康医疗数据，并不是所有的健康医疗数据都与大健康产业相关。大健康产业使用健康医疗数据是为其自身运营服务的，与大健康产业运行无关的数据自然不在共享范围之内。应当对健康医疗数据共享的范围进行严格限定。

3. 可识别个人身份信息应取得授权同意。对于健康医疗原始数据是否共享，应当充分尊重个体的自主权，个人不同意共享的应当予以尊重，但存在关乎重大社会公共利益的特定情形的除外。可识别个人身份信息的原始健康医疗数据涉及个人隐私，承载着数据主体的人格利益，对是否将其向商业健康保险公司共享，个人理应具有完全的自主决定权。

4. 符合法律规定的共享条件。大健康产业健康医疗数据共享必须符合实体法上的规定，即主体要具备健康医疗数据共享

立法的资格，在数据安全存储、保护和使用时的技术要符合标准等。具体共享流程要符合程序法上的规定，也即在共享时要按照法律规定进行身份认证、电子签名、通过加密链接传输数据等。

五、大健康产业适用健康医疗数据共享的立法建议

（一）立法明确大健康产业适用健康医疗数据共享

立法先行，以法律手段确保大健康产业适用健康医疗数据共享。建立完善的健康医疗数据共享制度、健全相应的法律法规才是实现健康医疗数据共享的必由之路。要解决共享各方参与主体的信任问题，减少数据主体的后顾之忧，提高医疗卫生系统健康医疗数据共享的积极性和主动性，向商业大健康产业主体进行健康医疗数据的开放共享，确保放出"活力与动力"，以真正实现全民健康。

通过立法将商业健康保险参与健康医疗数据共享制度化，以法律和政策确保该制度落地。由于健康医疗数据共享制度涉及多方主体的利益，平衡起来具有较大难度，需要通过法律规定各方的权利与义务，明确商业健康保险适用健康医疗数据共享。另外，健康医疗数据共享跨主体、跨机构、跨区域、跨时空的特点，使得不同主体对健康医疗数据存在多元需求，可能进一步产生利益矛盾与冲突，需要通过专门的法律予以规制。[1] 首先，国家层面应当加快立法，以使大健康产业能够适用健康医疗数据共享，赋予卫生行政部门在整个健康医疗数据共享制度中的主导权和控制权，以国家强制力保证共享的实现。各地

---

〔1〕 高露梅："多主体利益视角下健康医疗数据利用及保护的法制优化"，载《医学与法学》2020 年第 6 期。

方应当在中央和上级的总体要求下，根据本地区实际情况，制定具体的实施规则，落实健康医疗数据共享制度，确保各方主体参与健康医疗数据共享。

（二）商业健康保险健康医疗数据共享的标准

健康医疗数据是国家健康服务业的基础性资源，健康医疗数据共享事关"健康中国"战略的实施、事关国民健康水平的提升、更事关我国多层次医疗保障体系的发展。通过标准化工作与标准制定，构建统一的标准体系是推动健康医疗数据共享的重要基础。然而，当前我国健康医疗数据无论是数据格式、数据系统还是数据本身都不统一、不标准，健康医疗数据跨行业、跨机构、跨部门的采集、交换、共享存在标准障碍，难以实现。[1]在这样的背景下，建立全国性的健康医疗数据共享平台，统一健康医疗数据标准，势在必行。

建议建立权威健康医疗数据共享平台。健康医疗数据共享需要依托于权威健康医疗数据平台的建设，我国也在地方积极开展健康医疗数据中心的试点工作，目前我国已形成了五大健康医疗数据中心。贵州作为国家健康医疗大数据区域中心第二批国家试点，正积极推动健康医疗大数据与大健康产业整合发展，并提出建立省市县三级人口健康信息平台。江苏设立南京中心和常州中心，南京以基因数据库为先导，主要围绕公共卫生、临床诊断、多组学基因，建设互联互通的人口健康信息平台；而常州已经建成了"市县一体化"的区域全民健康信息平台，实现了所有公立医疗机构的数据共享交换。福建福州以"一个办法，两大平台"的模式，取得了健康医疗大数据试点的

---

〔1〕郭锦辉："健康医疗大数据标准体系需加快健全"，载《中国经济时报》2021年4月7日，第3版。

重大突破。山东创建"一湖三台"的核心架构，构建省级影像云，把人的整个生命周期产生的健康医疗数据整合起来。安徽明确健康医疗大数据的应用标准，按需开放给不同的机构，引导其与生物制药、养老等产业整合发展。建议依托目前的五大区域健康医疗数据中心，建立国家级健康医疗数据共享平台，鼓励各省市县将本地区的居民健康医疗数据上传至区域健康医疗数据中心，由五大中心将其所收集的人口健康信息、居民电子健康档案，电子病历等健康医疗数据资源库对接至国家统一的健康医疗数据共享平台。同时要在数据采集汇聚、存储加工、安全使用、开放共享等方面设置统一的国家标准，确保健康医疗数据共享运行过程规范可行。在国家卫生健康委员会统一领导下，国家和地方各健康医疗数据平台对所有的健康医疗数据进行收集、整合、分类，利用技术手段加密，并通过专项对接系统向各需求单位共享。健康医疗数据共享平台的建设需要大量的人力、物力和资金保障，在由政府主导的同时，也需要引进大量的社会资本，同时建成后的健康医疗数据也要向一定的企业共享，实现产学研用的良好结合。

建议推进健康医疗数据标准化建设，进行数据共享系统和设备的创新，实现共享系统和共享技术统一化、标准化。首先，对于接入共享平台的相关参与机构，制定严格的准入标准和强制退出标准，统一进行资格认证；其次，加强顶层设计，形成统一的数据标准体系。建立标准化工作组，根据健康医疗数据共享的迫切需要，制定以促进数据共享为目的的各类标准规范，初步形成从数据采集、处理、加工、存储、质量控制到发布的一套较为完整的标准体系。统一数据格式，制定科学标准、全国统一的标准化医学术语。构建共享的标准体系框架，形成由基础标准、数据标准、管理标准、技术标准、服务与应用标准及专用标准构成的六位一体标准体系框架，贯穿于健康医疗数据共享的全过程和各方面，为健康医疗数据共享保驾护航。[1]

（三）大健康产业健康医疗数据共享的运行

在整个健康医疗数据共享制度中，个人是健康医疗数据的原始提供者，各医疗机构、药店、健康场所甚至是一些健康管理平台是健康医疗数据的收集者，各级卫生健康委员会是健康医疗数据的主要控制者，相关健康服务企业是最大的健康医疗数据利用者。平衡好各方利益是重中之重。健康医疗数据的良好运行离不开各方参与主体的努力，各参与主体应当在卫生行政部门的统一领导和监督下，积极参与共享平台的建设、行使法律规定或合同约定的权利、依法履行相应的义务，促进健康医疗数据共享制度发展。推进大健康产业健康医疗数据共享是贯彻落实国家关于健康医疗数据共享政策，实现健康医疗数据价值最大化的必要举措，体现了政府科学治理、精细化治理以及人性化治理，有利于进一步扩大政府数据共享，体现服务型政府的良好形象。健康医疗数据共享可以为大健康产业科技赋能，从而提升运营效率，减少运营成本，促进产品创新，改善人民健康水平，为全社会提供更加优质的健康服务。健康医疗数据共享能够使健康医疗数据个人获得更加丰富、更多层次的健康保险产品以及及时高效的健康管理服务，进而提升民众健康水平。

各级各地方的卫生健康委员会应当建立起全民健康医疗数据共享信息平台，制定健康医疗数据共享标准，共享范围和适用程序。按法定或约定的条件收集、汇聚、整合各参与主体提

---

〔1〕 李赞梅等："健康医疗科学数据共享标准体系框架构建"，载《医学信息学杂志》2018年第11期。

供的健康医疗数据，对数据进行分级分类，建立共享目录，明确各相应等级、类别的共享方式和收费标准。

各医疗服务机构应当建立自己的健康医疗数据库，依法管理好自己收集和制作的健康医疗数据，保障数据安全。按照法律规定或合同约定的义务，定时向健康医疗数据共享信息平台上传健康医疗数据，保证其所上传的健康医疗数据的真实性、完整性。加强本机构数据共享平台的技术建设，确保数据共享安全高效。

健康医疗数据的产生应当包括数据来源和数据收集，这是健康医疗数据共享的前提和基础。互联网时代是一个信息呈爆炸式增长的时代，健康医疗数据也不例外，尤其是伴随"互联网+医疗"的推行，每时每刻都会产生大量的与个人相关的健康医疗数据。其中，健康医疗原始数据个人是健康医疗数据的主体来源，个人到医疗机构就诊时留下了电子健康记录，与健康医疗机构的工作人员或是医疗机器相结合可能产生健康医疗衍生数据，使用智能可穿戴设备也可能被检测和收集到相应的健康数据，这些健康医疗数据为健康医疗数据共享提供了大量的健康医疗数据作为共享的原始基础。

健康医疗数据的处理应当包括加工和存储，各机构、系统、平台、企业等收集到的健康医疗数据首先会存储在各自的数据库之中，国家将它们纳入健康医疗数据共享的体系之中，它们就有义务将这些健康医疗数据上传到国家和地方统一的健康医疗数据共享平台之中，医疗卫生系统再将这些数据进行加工处理、分级分类，根据不同的类别和级别采用不同的方式进行加密、存储和进一步地共享。如对商业健康保险公司进行共享的健康医疗数据是哪几类，哪些需要付费，哪些只需要支付相应的平台维护费，对不同的信息种类和共享主体设置不同的共享渠道和保密技术。

大健康产业应按照法律规定或约定积极、充分地履行自身的义务，包括依法、依规、合目的性和最小范围使用，通过技术和监管手段确保数据安全和防止隐私泄漏，建立和完善自己本身的数据库，并对其收集的数据进行分析、整理，对于与健康医疗相关的数据，在做好安全保护措施和隐私处理手段之后，共享至健康医疗数据共享平台。

具体共享过程和内容体现在以下三个方面：其一，数据主体个人应当主动了解国家关于健康医疗数据共享制度的相关规定，主动配合健康医疗数据共享制度的主导者，履行自己的义务，按要求及时、准确地上传自己的健康医疗数据，在卫生行政部门基于重大公共健康利益而要求其提供自身健康信息时主动配合。其二，大健康产业参与健康医疗数据共享，大健康产业应当向健康医疗数据共享平台提出所需健康医疗数据的申请，通过验证并获得审批后，可以对相应数据进行查阅、复制等使用行为。在数据传输过程中，应做好加密传输，确保数据传输的保密性、完整性和安全性；对传输过程中的操作人员进行分权管理，不同岗位的人员具有不同的权限。在数据使用过程中要确立最小化使用原则。对因使用而存储在大健康产业机构的健康医疗数据，应做好安全加密技术支持和数据备份工作。根据数据使用期限的规定，在数据使用完毕之后，进行安全销毁。平台也应当对违法违规使用行为设定相应的预警机制，对不正当使用行为能够迅速响应、及时查处并依法追究责任。大健康产业机构在获得健康医疗数据基础上，充分利用大数据、人工智能、云计算、区块链技术，对数据进行分析、整理和分类，然后应用于大健康产业运行的各个环节，以提升其运行效率。其三，卫生行政系统作为健康医疗数据共享制度的主导者和管理者，必须做好基础保障工作，如日常的平台技术维护，定期健康医疗数据的更新，数据安全保护和日常的监管工作，尤其是对大健康产业应用健康医疗数据的行为进行监督，杜绝违法违规使用健康医疗数据的现象发生。

第七章　健康医疗数据的审查与监督

健康医疗数据的应用，应当遵守法律、法规、社会道德和医学伦理，履行数据安全保护义务，禁止数据歧视，不得损害个人、组织和社会利益。应当建立健全法律法规和监督审查制度，形成以政府监管为主导、行业自律为基础、社会公众监督为补充的监管审查体系。

第一节　健康医疗数据安全审查

随着"互联网+医疗"的快速发展，健康医疗数据安全面临严峻的挑战，数据泄露事件时有发生，数据安全问题已经成为推进健康医疗数据应用中亟待解决的重大问题，因此网络安全保障体系建设至关重要。为确保健康医疗数据安全性，健康医疗数据立法应明确健康医疗数据的安全保护措施。

健康医疗大数据安全是其应用发展的前提保障。2018年《国家健康医疗大数据标准、安全和服务管理办法（试行）》第16条规定："健康医疗大数据安全管理是指在数据采集、存储、挖掘、应用、运营、传输等多个环节中的安全和管理，包括国家战略安全、群众生命安全、个人信息安全的权责管理工作。"第17条第1款规定："责任单位应当建立健全相关安全管理制度、操作规程和技术规范，落实'一把手'责任制，加强安全保障体系建设，强化统筹管理和协调监督，保障健康医疗大数据安全。"第 19 条规定："责任单位应当按照国家网络安全等级保护制度要求，构建可信的网络安全环境，加强健康医疗大数据相关系统安全保障体系建设，提升关键信息基础设施和重要信息系统的安全防护能力，确保健康医疗大数据关键信息基础设施和核心系统安全可控。健康医疗大数据中心、相关信息系统等均应开展定级、备案、测评等工作。"第 20 条规定："健康医疗大数据相关系统的产品和服务提供者应当遵守国家有关网络安全审查制度，不得中断或者变相中断合理的技术支持与服务，并应当为健康医疗大数据在不同系统间的交互、共享和运营提供安全与便利条件。"2018 年《国家健康医疗大数据标准、安全和服务管理办法（试行）》明确了健康医疗大数据安全管理的范畴，建立健全相关安全管理制度、操作规程和技术规范，落实"一把手"负责制，建立健康医疗大数据安全管理的人才培养机制，明确了分级、分类、分域的存储要求，对网络安全等级保护、关键信息基础设施安全、数据安全保障措施、数据流转全程留痕、数据安全监测和预警、数据泄露事故可查询、可追溯等重点环节提出明确的要求。明确了相关方职责以及实施健康医疗大数据管理服务的原则，实行"统一分级授权、分类应用管理、权责一致"的管理制度，明确了责任单位在健康医疗大数据产生、收集、存储、使用、传输、共享、交换和销毁等环节中的职能定位，强化对健康医疗大数据的共享和交换。同时，在管理监督方面，强调卫生健康行政部门日常监督管理职责，要求各级各类医疗卫生机构接入相应区域全民健康信息平台，并向卫生健康行政部门开放监管端口。定期开展健康医疗大数据应用的安全监测评估，并提出建立健康医疗大数据安全管理工作责任追究制度。

在具体措施上，首先要加快建立健全信息安全监测系统，防范网络攻击、病毒入侵和数据泄密，增强信息安全能力。其次，设立技术层面的法律安全标准及相关措施，安全标准内容可借鉴美国 HIPAA 法案，"美国 HIPAA 法案将其主要分为四类：其一，管理流程，用以构建和落实相应的安全策略。其二，物理防护，用以保护计算机实体及相关的环境设备免受自然或者人为破坏。其三，技术安全服务，用于数据访问的保护和监控，例如采用审计追踪功能，可记录访问个人信息的人以及做出修改的内容和时间。其四，技术安全机制，用于网络保护信息和限制数据访问机制，这些安全机制包括使用密码和数字，用以帮助限制个人健康信息仅能由获得授权的个人访问；加密个人储存个人健康信息，只有使用带有'密钥''解密'的系统才能查看个人健康信息"。[1] 再次，建立有效的身份认证、授权管理、责任认定机制。最后，定期进行健康医疗数据安全影响评估，并且在对健康医疗数据处理、使用之前进行健康医疗数据安全影响评估。欧盟《通用数据保护条例》中规定，当个人数据的处理可能给数据主体的权利或者自由造成高风险时，个人数据的收集者、管理者、使用者有义务进行隐私影响评估，使其预见数据共享的风险和可能带来的不利后果，进而决定是否共享、如何共享、共享的数据内容和范围等。隐私影响评估的目的是识别此类高风险并进行规避或者制定应对风险的措施，事先制定相应的准则，防范数据处理引起的风险。开展健康医疗数据共享活动前应当开展数据风险评估，评估内容包括共享

---

〔1〕 钱亚芳:《大数据时代个人健康数据法律规制》，中国社会科学出版社 2018 年版，第 92 页。

目的、方式等是否合法、正当，手段是否必要，对个人权益影响及安全风险大小，所采取的保护措施是否合法有效并与风险程序相适应等；加强运行过程中的风险监测，利用技术手段及时发现共享过程中存在的数据安全漏洞，对共享中的违规行为及时发现、预警，防患于未然；事后定期检查各共享主体的数据安全义务履行情况，建立国家、行业和社会联合的数据安全监督体系，定期开展健康医疗数据共享安全检查，定期发布数据安全共享工作报告和监督检查报告，对于违法共享的企业进行专项整治，以形成警示效应。

建议在立法层面上将医疗数据安全影响评估设定为健康医疗数据共享的必经程序，评估的具体内容可以包括以下几点：①个人医疗数据安全措施的有效性；②通过个人医疗数据识别出特定患者的可能性；③数据的流通、使用、开放披露是否会危害患者的人格利益，比如导致歧视性待遇，损害个人名誉等；④必要时应当要求医疗机构、卫生行政管理部门授权的卫生信息机构或者第三方医疗机构、医保单位将个人医疗数据安全影响评估报告提交相关部门进行审核并备案。

国家各级各类健康医疗数据机构应严格遵守国家网络安全及数据安全管理规定，建立网络安全保障机制，采取预防、管理、处置等措施，防范健康医疗数据被窃取、篡改、破坏、非法使用及发生意外事故等风险，保障健康医疗数据处于安全状态。

2018 年《国家健康医疗大数据标准、安全和服务管理办法（试行）》第 21 条规定："责任单位应当依法依规使用健康医疗大数据有关信息，提供安全的信息查询和复制渠道，确保公民隐私保护和数据安全。"处理健康医疗个人数据信息应取得法律授权或者个人明确同意，应采取适当的技术和程序确保数据保密，防止个人隐私泄漏。在数据收集阶段，数据的收集者应当依法收集，如实告知个人健康医疗数据后续处理的规则、目的、方式、范围和风险。涉及个人隐私的健康医疗数据原则上应取得知情同意。健康医疗数据共享涉及多方利益主体，因此，为了保护好数据作成者的合法权益，提高数据应用效率，需要在数据收集阶段就落实好知情同意授权机制，授权协议应当清楚明确，能够使一般人了解其含义并做出真实的意思表示，不得诱导或变相强制个人同意授权，不得以拒绝提供产品或服务来勉强个人同意授权。取得知情同意的目的是确保个人健康医疗数据的安全和保护个人隐私权，所以，如果经过匿名化处理的健康医疗数据已经无法识别到个人身份，则这种情况下的数据收集不需要授权，从而减少此种数据共享的障碍。[1] 应当使用严格规范的技术手段，加强健康医疗数据平台的安全保障建设，实现由经验管理向专业化管理的转变，健全监督机制，落实医疗数据共享中各主体数据安全保障责任。在健康医疗数据立法中应当明确规定专门的数据安全保护规定，对健康医疗数据应用全过程的数据安全进行保护，防止非法处理，禁止任何人在没有做好法律规定的相关安全保护措施时就收集、使用、处理、共享个人的健康医疗数据。

在数据存储阶段，数据收集者应当保证所收集到的数据的存储安全，做好安全备份，定期检查，防止泄露和丢失，不得泄露和随意篡改，需要加工和处理的数据应当在个人授权同意的范围内进行。数据控制者应当对健康医疗数据安全负主要责任，在数据运行的全过程做好风险防范工作，采取必要的技术措施，如通过电子签名、人脸识别、加密传输等确保其收集、

---

〔1〕 王利明："数据共享与个人信息保护"，载《现代法学》2019 年第 1 期。

存储、管理、支配下的数据安全，并且对数据收集、使用中的数据安全做好监督，并对直接责任人追究法律责任。建议建立数据发布审查委员会，并由数据保管人要求相关人员就数据使用签署详细的数据使用协议，其规定旨在规范个人和机构的各种使用，保护数据主体免受侵犯隐私权和其他滥用行为，如果数据用户违反该协议，则构成侵权等违法行为。在健康数据使用阶段，对个人隐私数据进行加密或匿名化处理，[1]《国家健康医疗大数据标准、安全和服务管理办法（试行）》第22条规定，责任单位应当按照《网络安全法》的要求，严格规范不同等级用户的数据接入和使用权限，并确保数据在授权范围内使用。任何单位和个人不得擅自利用和发布未经授权或超出授权范围的健康医疗大数据，不得使用非法手段获取数据。健康医疗数据行为也必须严格依照数据主体授权同意的具体范围或用途进行，不得超出在数据收集时数据作成者授权给收集者的数据使用范围。

创新健康医疗数据保护监管手段，强化对数据应用行为的监督检查力度，引导企业规范数据管理，严厉打击违法犯罪行为，强化执法能力建设，突出政府全盘统筹、综合协调的职能，从财税、投资、人才队伍建设等方面对个人医疗数据共享发展给予必要支持，着力推动统一的个人医疗数据共享平台建设，对各单位的个人医疗数据共享工作落实情况开展考核评定。

---

〔1〕《个人信息保护法》第73条第4项规定，匿名化，是指个人信息经过处理无法识别特定自然人且不能复原的过程。

第二节　健康医疗数据伦理审查

医学伦理是从事医学诊疗、研究等行为应当遵循的基本准则，医学伦理原则包括："尊重原则、不伤害原则、有利原则、公正原则。"[1] 第18届世界医学协会联合大会通过的《赫尔辛基宣言》制定了涉及人体对象医学研究的伦理原则，其中主要包括以人作为受试对象的生物医学研究的伦理原则和限制条件。我国《民法典》和《卫生健康法》均对医疗行为伦理原则作出规定。我国在药品临床试验、人工辅助生殖技术、生物医学等领域建立了伦理审查制度，但是健康医疗数据医疗伦理审查机制还有待完善。2018年7月12日国家卫生健康委员会发布的《国家健康医疗大数据标准、安全和服务管理办法（试行）》第27条规定，责任单位应当遵循医学伦理原则，保护个人隐私。[2] 该规定仅对健康医疗数据应用伦理作出原则性规定。立法应当进一步细目化、制度化，建议建立健康医疗数据应用的伦理审查机制，设立健康医疗数据法律与伦理委员会作为审查与监督机构。我国的医学伦理审查主要是通过在医院等机构内部设立的医学伦理委员会来进行的，实际上是机构的一种自我规制机制，其约束力比较弱，难以满足实际审查需要。建议由医疗数据机构行业组织成立伦理审查委员会，将分散在各医疗

---

　　[1]　张艳萍："伦理素养应成为医务人员必备修养"，载《医师报》2021年11月4日，第A2版。

　　[2]　《国家健康医疗大数据标准、安全和服务管理办法（试行）》第27条规定："责任单位实施健康医疗大数据管理和服务，应当按照法律法规和相关文件规定，遵循医学伦理原则，保护个人隐私。"

机构内部的自我规制整合成整体的、有组织的、系统性的医学伦理审查。这种审查更专业、更具有灵活性。建议健康医疗数据法律与伦理委员会由医学专家、法律专家、伦理专家等多领域专业人士组成，审查内容包括健康医疗数据收集的审查、适用申请的审查、数据行为的全程监督、患者相关资料的备案监督等。健康医疗数据涉及人的生命安全，也关乎人性尊严和个人隐私。在健康医疗数据应用的过程中要处理好个人隐私保护的问题，需要进行医学伦理审查，医学伦理审查主要涉及健康医疗数据在医疗机关等相关主体进行数据收集时所做的审查。进行医学伦理审查，能够在收集时就对涉及个人隐私的健康医疗数据进行相应的保护或者排除，防止这类隐私数据未经个人知情同意就被收集处理，或者将不应当进行共享的数据进行收集共享，给个人造成伤害。审查要点是对患者知情同意、医务人员告知义务履行情况的审查，判断患者是否能真正理解其健康医疗数据的应用，是否属于自愿选择，申请是否符合患者最佳利益。健康医疗数据法律与伦理委员会应提出书面审查意见；健康医疗数据的医学伦理审查应当以医疗机构行业为审查主体，政府等相关部门为补充。[1] 健康医疗数据法律与伦理委员会对从业人员健康医疗数据行为实施全程监督，对是否符合数据技术规范和医学伦理道德等情况进行持续监督，以确保健康医疗数据质量与安全。

---

[1] 赵鹏：“生物医学研究伦理规制的法治化”，载《中国法学》2021 年第 6 期。

第三节　健康医疗数据歧视审查

健康医疗数据共享制度的目的是提升和促进健康医疗数据使用效率，为健康提供保障。大健康产业参与医疗数据共享之后能够掌握大量的健康医疗数据，跟个人健康相关的健康医疗数据反映着个人身体健康状态，甚至能够通过对这些健康信息的分析来预测个人未来发生疾病的风险。例如，商业健康保险不仅掌握了个人健康信息，还能通过数据整合与分析间接掌握群体的健康信息，导致原本由消费者占信息优势转变为保险公司占优势的局面。[1] 健康保险公司可能会滥用、误用健康信息从而造成对投保人的数据歧视，严重影响公民公平参与商业健康保险的权利，这将进一步对社会公平造成影响，数据歧视将使保险人因风险过高而拒绝承保，部分人员无法获得健康险的保障，因而失去了通过保险分散风险的机会，这与现行的人权、健康权原则是相背离的。[2] 法律应当积极回应时代的变化和需求。商业健康保险公司不得基于其掌握的健康医疗数据限制或变相限制公民平等地参与健康医疗保险的权利。如在人身保险核保过程中的基因信息的使用已经被法律规制，《健康保险管理办法》第 38 条第 2 款规定："保险公司不得以被保险人家族遗传病史之外的遗传信息、基因检测资料作为核保条件。"

---

〔1〕 王瀚洋："建立国家级医疗健康数据平台的思考"，载《中国银行保险报》2020 年 7 月 31 日，第 7 版。

〔2〕 黄光辉："保险中'基因歧视'的法学思考"，载《广东经济管理学院院报》2004 年第 3 期。

大数据时代以数据作为基础资源，算法决策作为核心引擎。数据是算法的依托，本身具有客观中立性，但人为设计的算法却不可避免地隐含偏见。如在就业领域，某些特殊群体的健康信息可能会导致其在岗位推送和筛选上时常受到搜索引擎的差别对待；此类在算法自动化决策中产生的不公平现象，被称为算法歧视或算法偏见。规制算法歧视，应确立算法公正原则。在算法公正原则的指导下，无论是算法的开发者、监管者还是运营者，均应当在涉及算法的工作中自觉维护公民的平等权利，避免对特定群体或地区产生不合理的差别对待。在具体操作过程中，各主体应遵守包括算法透明、算法解释、算法问责、算法包容以及算法审查等在内的各项细化原则。针对算法歧视的法律规制应当结合具体场景和现有问题循序渐进地开展。目前，欧盟主要通过《通用数据保护条例》中规定的"数据清洁"条款，从源头上移除特定种类的数据，以防止敏感数据给数据主体带来的歧视，总体遵循以数据保护为核心的规制路径；还有国家将算法规制的路径从算法透明转换为以结果为重心的算法审查，以平衡企业经济效益与社会公共利益。

第四节　健康医疗数据应用的社会监督

社会监督是法律实施的重要组成部分。2018 年 7 月 12 日国家卫生健康委员会发布的《国家健康医疗大数据标准、安全和服务管理办法（试行）》第 9 条规定，国家卫生健康委员会鼓励成立国家健康医疗数据行业协会，开展行业自律、交流合作和共享利用技术研究等大数据相关工作。公民、法人和其他组织有权对健康医疗数据共享活动进行监督，并提出批评和建议。因此，应充分发挥健康医疗数据行业协会的监督管理功能，通过行业自律组织对数据行为定期开展审查和整顿，能有效发挥行业组织自治的职能，促使其开展自我管理和自我监督。健康医疗数据行业协会可以为健康医疗数据应用提供规范的指导建议、加强专业人员技能培训和数据行为监督，推动健康医疗数据应用不断标准化。建议立法赋予全国范围内具有权威社会公信力的健康医疗数据行业协会制定行业规范的权利，建立培训及定期考核体系，加强行业协会对健康医疗数据从业人员行业准入、服务内容的监督。通过制定协会章程，明确"关怀生命、维护生命尊严"的宗旨，以发挥健康医疗数据行业协会的监督作用。行业协会可以对健康医疗数据运行开展检查，同时可以开展外部的投诉举报机制，通过线上线下的举报机制，畅通监督渠道，尊重公众的监督权和检举权，发挥公众、媒体的监督作用，使任何组织和个人都可以对违反数据安全规定，不正当使用数据的行为进行投诉、举报，相关部门应当积极受理和处理，对于举报属实的，可以给予相应的奖励，以提高公众行使监督权的积极性。对于相关违法行为给予相应的行政处罚，严重者取消数据使用资格，给健康医疗数据主体个人造成损害的应承担损害赔偿等责任，涉及犯罪的应追究其刑事责任。

大数据时代，数据环境正在悄悄改变公众的健康观念、行为模式，从而影响公共健康和个人健康，在对抗疾病这一关乎人类生存和生命质量的活动中，人们作为一个整体密切相关，需要通过连带关系相互合作。人们需要通过相互合作以实现公共健康和个人健康。在医疗卫生活动中，这种社会连带关系构成健康医疗行为规则的基础，医患关系呈现出社会法律关系的特点。因此对于健康医疗数据的监管，社会共同体，包括政府、社会组织、医疗卫生机构及医务人员、商业企业甚至患者个人，应该致力于共同合作，通过多种手段改变健康医疗数据环境，从而获得真正的健康医疗数据使用自由。

第二部分　健康医疗数据立法实践研究

第八章　《健康医疗数据条例》专家意见稿

第一章　总　则

第一条　为了促进健康医疗数据保护与应用及专业人员队伍建设，规范健康医疗数据行为，推动国家健康医疗数据的开发与利用，保障公民健康权，依据相关法律法规，制定本条例。

【主旨】

本条是本条例立法宗旨。

【理由依据】

本条涉及健康医疗数据应用立法的目的。

立法目的是立法的指导思想和行动纲领。立法宗旨、立法目的体现了法律所要达成的目标及解决的主要问题。立法目的的确立，是整个立法工作的逻辑起点。直接关系到整个法律规范文本框架及具体内容的设计，直接关系到整个立法中所涉及的各种法律关系的调整和利益平衡。健康医疗数据交互和使用是一项专业性极强的工作，需要专业的平台建设和专业的人员队伍，并需要严格遵守数据共享规则。因此，健康医疗数据应用立法，应当涉及如下三个方面的内容：一是加强健康医疗数据应用平台建设和专业的人员队伍建设，使国家健康医疗数据专业平台建设逐渐规范，形成具有专业精神、技术能力的健康医疗数据专业人员队伍，使之能够满足新时代医疗卫生深化改革对健康医疗数据应用提出的越来越高的要求。二是规范健康医疗数据应用的行为，规范健康医疗数据交互和使用工作，明晰健康医疗数据应用相关主体的权利义务，促进健康医疗数据使用安全。三是推动国家数字健康医疗的发展，保障公民健康权。这三项内容相互联系、层层递进、不可分割。

【内容解释】

（一）"健康医疗数据应用平台和专业人员队伍建设"

在卫生法领域，2019 年 12 月 28 日通过的具有医疗卫生基本法性质的《卫生健康法》第 5 条规定："公民依法享有从国家和社会获得基本医疗卫生服务的权利。国家建立基本医疗卫生制度，建立健全医疗卫生服务体系，保护和实现公民获得基本医疗卫生服务的权利。"该规定明确了我国实行基本医疗卫生制度，以确保全民能够获得可以负担的、安全有效的、高质量的医疗卫生服务。确保合理医疗卫生服务远远不只是医疗技术本身，我们还需要一些积极的尝试来找出效果佳、方便创新的医疗卫生服务方法。随着以数字革命为特征的第四次工业革命的兴起，人类社会的发展进入了一个数据的时代。当前，数据渗透到每一个行业和业务领域，医疗卫生领域亦概莫能外。在"以人为本"的现代医学伦理学的基本理念下，以患者更健康、更方便等权益为出发点，个人在从出生到死亡的全生命周期中产生的健康医疗数据，为更好理解疾病的机理、寻找更好的治疗途径、合理配置医疗资源和确定合理的医疗支出，为切实实现医疗、医药、医保三医联动，并最终使人们达到最高的健康水平提供了广阔的空间。

数据平台建设是数据共享的基础性工作。就健康医疗数据的交互和使用而言，近年来，世界上许多国家已经开始着手建立各类医学科学数据库并分享给全人类。在法律规范方面，多国已出台对健康医疗大数据共享使用加以规制的相关法律法规。美国是最早尝试实现医疗信息数字化和共享的国家，其进行了一系列法律政策上的完善，如 HIPAA（1996），HITECH（2009），PPACA（2010）和 FDASIA（2012）。英国则是由政府主导，授权政府下属的权威组织进行筹备和实施，并将其列入了国家信息科技项目研究和国民保险制度。2012 年奥地利颁布了名为《使用电子健康数据时的数据保障措施联邦法》这一专门数据立法，不但立足于数据安全和保障对医疗服务提供者的数据保障义务及使用限制进行了明确规定；还着眼于数据的管理和发展，明确要求联邦医疗机构运营电子健康索引服务；并且规范了相关主体的权利、义务，诸如医疗服务提供者的健康数据存储权、特定类型数据的存储时间限制、电子健康记录系统参加者提供数据时的安全保障义务等。

目前，许多发达国家在健康医疗大数据的运用上已取得比较突出的成就。在医疗信息数据化方面，欧美等发达国家已经基本实现了电子病历在初级医疗（即基层医疗机构）中的全面普及，但在二级医疗（即二级医疗机构）中的普及率存在差异。如丹麦、瑞典等国的初级医疗和二级医疗的电子医疗记录普及率已接近 100%；英国在初级医疗方面的普及率也接近 100%，在二级医疗方面的普及率约为 70%；德国分别约为 80% 和 40%；法国分别约为 70% 和 30%；美国在初级医疗方面的普及率约为

87%，二级医疗方面稍低[1]。在此基础上，许多国家通过制度指引、政府引导、法律规制形成了许多健康医疗数据库。如英国的通用实践研究数据库、健康促进网，荷兰的记录联结系统，美国的艾贝欧、凯撒、耶比欧等。在数据库的支持下，涌现了很多运用健康医疗数据推动医疗事业发展的企业，如美国的阿泰瑞斯公司运用健康医疗数据开发了解析心脏血管核磁共振成像的人工智能，阿基米德公司通过对病历数据的分析实现了病理样态的模拟等。

一直以来，我国政府、全社会及医疗行业对健康数据建设给予了充分重视。尽管我国尚无针对健康医疗数据的专门性立法，但散见于一些法律、行政法规、部门规章、地方法规之中的健康医疗数据规定也为健康医疗数据应用立法提供了一定支撑。其中，法律层级最高的是《民法典》第 111 条规定的自然人的信息权，为我国数据立法确定了总纲。《网络安全法》是另外一部涉及数据保护的重要法律，该法对个人信息作了界定，并将个人信息的保护纳入网络安全的范围。此外，我国国家卫生健康委员会于 2018 年颁布了《国家健康医疗大数据标准、安全和服务管理办法（试行）》，对于我国的健康医疗数据的立法而言是一个良好的开端。我国的相关医事立法中也涉及一些健康医疗数据方面的规定，如原国家卫生计生委颁布的《电子病历应用管理规范（试行）》侧重于对电子病历的管理规制，但对于数据主体权利的保护并未涉及。[2] 2019 年 12 月颁布的

---

〔1〕 ［日］吉田笃弘、稻垣良子、高杉周子："数字创新如何实现商业变革？——引人瞩目的配合引发的课题与战略探索"，参见刘瑛、高逸："健康医疗数据法律规制研究"，载《天津师范大学学报（社会科学版）》2020 年第 2 期。

〔2〕 参见刘瑛、高逸："健康医疗大数据法律规制研究"，载《天津师范大学学报》2020 年第 2 期。

《卫生健康法》中也明确提出了国家推动健康医疗大数据应用发展的要求，要求制定标准和信息安全制度以促进医疗卫生资源共享。[1]

目前，我国国家、省、市、县四级健康信息平台已初步建立，并正在开展省级区域内平台互联互通工作。国家卫健委也积极推动卫生健康信息跨部门、跨层级利用，已在国家政务信息共享交换平台发布了出生医学证明接口、死亡医学证明接口等六类数据接口；先后印发两批《数据共享清单》并出台《国家卫生健康委数据共享交换系统（政务外网）服务接口管理暂行办法》，以期实现健康卫生信息在国家人口基础信息库身份核验、民政部婚姻登记信息核验、医师执业登记等方面的应用。[2]

我国 2008 年开始对健康医疗数据建设，并且进行电子健康档案试点；2010 年对电子病历进行试点，并且将二者进行对接；2011 年从乡村开始进行建设电子健康档案，后目标设定为城乡70％建档率；2012 年开发搭建标准管理平台进行标准统一，并设定目标为 15 年完成 75％的电子健康档案建档率；2013 年将电子健康档案和电子病历并列提出，共同纳入卫生信息平台建设框架；开展医疗卫生机构信息系统标准化成熟度测评试点工作，

---

[1]《卫生健康法》第 49 条规定："国家推进全民健康信息化，推动健康医疗大数据、人工智能等的应用发展，加快医疗卫生信息基础设施建设，制定健康医疗数据采集、存储、分析和应用的技术标准，运用信息技术促进优质医疗卫生资源的普及与共享。县级以上人民政府及其有关部门应当采取措施，推进信息技术在医疗卫生领域和医学教育中的应用，支持探索发展医疗卫生服务新模式、新业态。国家采取措施，推进医疗卫生机构建立健全医疗卫生信息交流和信息安全制度，应用信息技术开展远程医疗服务，构建线上线下一体化医疗服务模式。"

[2] 参见赵飞等："健康医疗大数据共享开放模式研究"，载《中国卫生信息管理杂志》2019 年第 6 期。

并以建立城乡居民电子健康档案和中西医电子病历、推广医保"一卡通"为重点，建设支持各级医院上下联动、医保医药医疗业务协同、居民健康监测咨询等的医疗健康公共服务信息系统，进行电子健康档案公开试点；2014 年提出电子健康档案和电子病历信息库的动态更新和全国覆盖目标。2017 年、2018 两年将其纳入信息化和公共服务平台的建设计划。2018 年推动电子健康档案向个人开放。我国目前已有北京、上海、辽宁等 15 个省、市在建设基于居民电子健康档案的省级区域卫生信息平台，采集了海量医疗卫生档案数据，建立居民电子健康档案数据系统，正在成为区域健康医疗大数据的存储中心。

2020 年 3 月 4 日，中共中央政治局常委会会议强调，加快 5G 网络、数据中心等新型基础设施建设（以下简称"新基建"）进度。2020 年 4 月，国家发改委首次明确"新基建"范围，包括信息基础设施、融合基础设施、创新基础设施等。"新基建"备受各方关注，并且在新冠肺炎疫情期间发挥了巨大作用，数字医疗在"新基建"基础上得以快速发展。国家卫生健康委副主任李斌 5 月 9 日在国新办举行的国务院政策例行吹风会上表示："运用大数据、人工智能、云计算等数字技术，在疫情监测分析、病毒溯源、防控救治、资源调配等方面更好地发挥支撑作用。"当前，线上诊断、远程医疗、在线会诊等活力迸发，医疗卫生加速了数字化转型的进程，健康医疗数据应用平台建设更上一个新台阶。

（二）维护公民健康权

从世界范围来看，健康权已被国际法确定为一项基本权利。《世界卫生组织组织法》将健康的目标设定为"使全世界人民获得可能达到的最高的健康水平"。其序言确认"享受可能获得的最高健康标准是每个人的基本权利之一，不因种族、宗教政治信仰、经济及社会条件而有区别"。1948 年发布的《世界人权宣言》第 25 条规定，为了自己及其家人的健康和幸福，每个人都享有达到基本生活水平的权利，包括食物、衣服、住房、医疗和必要社会服务的权利，在失业、疾病、残疾、寡居、老年或其他不可控因素导致生计难以为继时的安全保障权利，明确了健康权的物质条件。《经济、社会及文化权利国际公约》第 11 条则明确了健康的物质权："……相当的生活水准，包括足够的食物、衣着和住房，并能不断改进生活条件"的权利以及"免于饥饿的基本权利"。

《宪法》第 21 条规定："国家发展医疗卫生事业，发展现代医药和我国传统医药，鼓励和支持农村集体经济组织、国家企业事业组织和街道组织举办各种医疗卫生设施，开展群众性的卫生活动，保护人民健康。国家发展体育事业，开展群众性的体育活动，增强人民体质。"《宪法》第 45 条规定："公民在年老、疾病或者丧失劳动能力的情况下，有从国家和社会获得物质帮助的权利。国家发展为公民享受这些权利所需要的社会保险、社会救济和医疗卫生事业。国家和社会保障残废军人的生活，抚恤烈士家属，优待军人家属。国家和社会帮助安排盲、聋、哑和其他有残疾的公民的劳动、生活和教育。"我国《宪法》虽未直接表述公民健康权，但是规定了一系列保障健康的决定性因素，健康权依法获得了确认和保护。健康权的基础性地位是健康医疗数据应用立法实践理性的开端，它确定了行动的基本理由。

现代医学最初表现为一种治病救人的科学技术，随着科学技术的进步，人口老龄化进程加速以及疾病谱从传染病向慢性非传染性疾病转变，医疗卫生服务已向四个方面扩大，即从单纯治疗扩大到预防保健，从生理服务扩大到心理服务，从医院服务扩大到社区服务，从单纯的医疗技术措施扩大到综合的社会服务，[1] 现代医学不仅通过健康评估、疾病诊治以及促进机体康复与人类紧密相连，还通过疾病预防、健康教育、生活指导、心理咨询、优生优育等面向整个社会，因此现代医学已不再只是一门复杂的科学技术体系，而成为一个庞大的社会服务体系，现代医学呈现出社会化的趋势。健康医疗数据应用顺应了现代医学社会化的趋势，突出了医疗卫生服务的"公共性"和社会成员彼此之间的连带关系。健康医疗数据应用释放的这种公正和友爱价值观无不渗透着强烈的社会团结连带思想，对于健康医疗数据应用的实现，采国家干预、社会共治和个人私权维护的合作治理模式应为适当。

第二条 本条例所称健康医疗数据，是指人从出生到死亡的整个生命周期中产生的与医疗卫生相关的原始数据及其衍生数据。健康医疗数据分为健康医疗个人数据和健康医疗衍生数据两类。

本条例所称健康医疗个人数据，即健康医疗原始数据，是指以电子或者其他方式记录的个人从出生到死亡的整个生命周期中产生的与医疗卫生相关的数据。健康医疗原始数据是个人基本信息与个人相关健康医疗服务信息的综合数据，包括电子病历、电子健康档案、个人电子处方、个人医学证明、可穿戴设备采集的与个人健康医疗相关的数据、个人公共卫生数据、个人的支付或医保相关数据等，健康医疗个人数据是能够显示个人识别特征的数据。

本条例所称健康医疗衍生数据，是指健康医疗个人数据经过加工处理后衍生、聚合而成的不具有个人识别特征的、系统

---

〔1〕 龚幼龙主编：《社会医学》，人民卫生出版社 2000 年版，第 1 页。

的、可读取的、创造新的使用价值的健康医疗数据。

【主旨】

本条是关于健康医疗数据概念、健康医疗数据分类的规定。

【理由依据】

法的名称取决于法的内容，也就是法的内容要体现在法的名称上。法的名称应与法的内容保持一致。无论是在立法还是法律实务中，关于法律概念的不同立场，将导致不同的法律决定。在健康医疗数据应用立法中，对立法所涉及的概念和重要名称术语进行定义是必要的。只有明确了相关概念、术语的含义，才能在共同的专业语境下规制法律关系。现行法尚未有关于健康医疗数据及健康医疗数据应用概念的解释，需要在本条例中予以明确。

【内容解释】

（一）健康医疗数据的概念

"大数据"称谓起源于互联网技术行业，是指无法在一定时间范围内用常规及其他软件工具对其进行感知、获取、管理和服务的数据集。[1] 此概念是从网络技术的角度出发对新型数据类型所作的定义，这种数据观点是互联网行业对数据的技术类型作出分类，本是互联网技术领域的专业术语，也是除了少数互联网大企业谁也没有的数据。另一方面，信息技术革命与人类经济社会活动的交汇融合，引发了数据爆炸式增长，产生了大量的数据，人们将其称为"大数据"，用以形容数据的"海量性"。互联网浪潮下，此种数据"海量性"语义下的大数据称谓广泛地出现在社会生活各个领域。甚至出现在一些法律文件中，

---

〔1〕 李国杰、程学旗："大数据研究：未来科技及经济社会发展的重大战略领域——大数据的研究现状与科学思考"，载《中国科学院院刊》2012年第6期。

2015 年 8 月国务院发布《促进大数据发展行动纲要》，是我国促进数据发展的第一部权威性、系统性文件。该纲要中所称大数据，与互联网行业从技术角度提出的大数据概念完全不同，是指我国现代信息化进程中产生的和可被利用的海量数据集合，是当代信息社会的数据资源总和，是信息时代的全数据，既包括互联网数据，也包括政府数据和行业数据。[1]此纲要中"大数据"的内涵实际上与"数据"概念无异，无非强调的是各种数据信息体量广大。2018 年《国家健康医疗大数据标准、安全和服务管理办法（试行）》第 4 条规定："本办法所称健康医疗大数据，是指在人们疾病防治、健康管理等过程中产生的与健康医疗相关的数据。"此办法在没有规定健康医疗数据概念的前提下，直接定义了健康医疗大数据，从此规定的文义解释可见，此办法中的"健康医疗大数据"实际上等同于"健康医疗数据"的文义。该法所称"健康医疗大数据"实际上即为"健康医疗数据"。《卫生健康法》第 49 条第 1 款规定："国家推进全民健康信息化，推动健康医疗大数据、人工智能等的应用发展，加快医疗卫生信息基础设施建设，制定健康医疗数据采集、存储、分析和应用的技术标准，运用信息技术促进优质医疗卫生资源的普及与共享。"此条款中同时出现了"健康医疗大数据"和"健康医疗数据"两个概念，但是该法并没有对二者进行详细概念界定，没有明示二者的区别。故本法化繁为简，且亦为体现法律语言的严谨，直接称其为"健康医疗数据"。本条例所称"健康医疗数据"与现行法所称"健康医疗大数据"文义相同。

关于健康医疗数据的内涵，2019 年 4 月国家质量监督检验

---

〔1〕 单志广："《促进大数据发展行动纲要》解读"，载国家信息中心网，ht-tp：//www.sic.gov.cn/News/609/9713.htm，访问日期：2020 年 3 月 4 日。

检疫总局和国家标准化管理委员会联合发布的《信息安全技术 健康医疗数据安全指南》第 3 条第 1 款规定，个人健康医疗数据是指能够单独或者与其他信息结合识别特定自然人或者反映特定自然人生理或心理健康的相关数据。第 2 款规定，健康医疗数据包括个人健康医疗数据以及由个人健康医疗数据加工处理之后得到的健康医疗电子相关数据。该概念将健康医疗数据定义为"生理或心理健康的相关电子数据"，这显然不能涵盖健康医疗数据的全部内容。

现有的学术研究中，对于健康医疗数据的研究论述多采"健康医疗大数据"称谓。关于健康医疗大数据的概念，目前学界观点不一，表述混乱。有的学者将健康大数据等同于健康医疗大数据，如认为每个人从出生到死亡的整个生命周期中产生的与健康相关的数据，都属于健康医疗大数据。[1] 也有的学者认为健康医疗大数据是临床医疗大数据，[2] 甚至一些文献中还出现了医疗健康大数据、医疗卫生大数据、医疗大数据、生物医学大数据等不同的表述。这里有必要厘清一些基本概念。

健康数据指人从出生到死亡的整个生命周期中产生的一切与健康有关的数据，是信息网络技术应用于公共卫生服务、医疗服务、药品供应、医疗保障等医疗卫生领域以及医疗卫生以外的，如体育卫生、劳动卫生、环境卫生、交通安全等其他一

---

〔1〕 参见袁杨："健康医疗大数据应用发展的 SWOT 分析"，载《医学信息学杂志》2018 年第 7 期；徐志祥、王莹："我国医疗行业大数据应用现状及政策建议"，载《中国卫生信息管理杂志》2017 年第 6 期。

〔2〕 如学者颜延等认为，健康医疗大数据是医疗人员在对病人进行诊疗过程中产生的数据，包括其基本情况、行为数据、诊疗数据、管理数据、电子病历等。参见颜延等："医疗健康大数据研究综述"，载《科研信息化技术与应用》2014 年第 6 期。

切与健康相关领域的数据。

健康医疗数据仅指医疗卫生领域产生的数据，是信息网络技术应用于公共卫生服务、医疗服务、药品保障、医疗保障等医疗卫生领域产生的数据，是指人从出生到死亡的整个生命周期中产生的与健康医疗有关的数据，由于医疗卫生是保障人生命健康权的最为直接和有效的手段，健康医疗数据构成整个健康数据的核心内容。

2015 年中共中央、国务院《"健康中国 2030"规划纲要》提出："到 2020 年，建立覆盖城乡居民的中国特色基本医疗卫生制度，健康素养水平持续提高，健康服务体系完善高效，人人享有基本医疗卫生服务和基本体育健身服务，基本形成内涵丰富、结构合理的健康产业体系，主要健康指标居于中高收入国家前列。到 2030 年，促进全民健康的制度体系更加完善，健康领域发展更加协调，健康生活方式得到普及，健康服务质量和健康保障水平不断提高，健康产业繁荣发展，基本实现健康公平，主要健康指标进入高收入国家行列。到 2050 年，建成与社会主义现代化国家相适应的健康国家。"数据技术作为推动医疗卫生服务模式和服务内容变革的重要手段，广泛应用到医疗卫生服务的各个领域。健康医疗数据产生于医疗卫生服务体系的各个环节。健康医疗数据，涵盖公共卫生服务、医疗服务、医疗保障和药品保障活动中形成的各种数据信息，是国家的基础性战略资源。

（二）健康医疗数据的分类

当前，出于对数据信息安全的考量，在数据使用中，立法和司法实践中将数据区分个人数据信息和不具有标识特征的数据信息。如将信息分为"个人信息"和"匿名化""去标识化"

"数据脱敏"等。[1] 上述概念仅能体现个人信息与不再体现个人信息的数据的区别，这种不再体现个人信息的数据并不能较好体现数据的新的创造价值。《信息安全技术 健康医疗数据安全指南》第3条第1款规定，个人健康医疗数据是指能够单独或者与其他信息结合识别或反映特定自然人生理或心理健康的相关数据。第2款规定，健康医疗数据包括个人健康医疗数据以及由个人健康医疗数据加工处理之后得到的健康医疗相关数据。本法所称健康医疗原始数据与此规定之"个人健康医疗数据"相对应。本法所称健康医疗衍生数据与此规定之"由个人健康医疗数据加工处理之后得到的健康医疗相关数据"相对应。

按照健康医疗数据来源不同，健康医疗数据分为健康医疗原始数据和健康医疗衍生数据。健康医疗数据既包括健康医疗原始数据，也包括健康医疗原始数据经算法加工处理、数据发掘和数据分析而形成的衍生数据。

1. 健康医疗原始数据。健康医疗个人数据是个人从出生到死亡的整个生命周期中产生的与医疗卫生有关的数据。个人医疗数据是医疗卫生服务方在为患者诊断和治疗疾病过程中形成的医疗卫生活动记录。健康医疗个人数据是个人基本信息与个人健康医疗服务数据的综合数据，健康医疗个人数据，是指仅仅通过收集而未经过加工的原始资料，是物理上存在于电子设备终端的数据，本质上属于健康医疗原始数据。健康医疗个人数据，个人医疗数据主要包括电子病历、电子健康档案（Electronic Health Record，EHR）、个人电子处方、个人医学证明等形式，无论其作成主体为何，健康医疗个人数据的鲜明特点是此

---

[1] 参见 2020 年 4 月《网络数据安全标准体系建设指南（征求意见稿）》附件 1 术语定义之"个人信息""匿名化""去标识化""数据脱敏"的概念。

类数据均是显示个人特征的数据信息，具有可识别性。健康医疗个人数据亦可称为健康医疗原始数据。

电子病历是患者个人在医疗机构诊疗记录的数字化记录，其法律属性与纸质版病历无异。电子健康档案，是电子化的健康档案。国际标准化组织卫生信息技术委员会对 EHR 概念进行了界定：居民电子健康档案是个人健康资料的数字化记录。国际医疗卫生领域信息系统指标体系及交换协议（HL7）对 EHR 的定义为：EHR 是向每个个人提供的一份具有安全保密性的、记录其在卫生体系中关于健康历史与服务的终身档案。[1]我国 2009 年原卫生部发布的《健康档案基本架构与数据标准（试行）》（已失效）中规定，健康档案是居民健康管理（疾病防治、健康保护、健康促进等）过程的规范、科学记录。并明确健康档案的基本内容主要由个人基本信息和主要卫生服务记录两部分组成。由此可知，居民健康档案的核心是表示个人健康特征的具有个体识别性的健康信息。需要说明的是，2009 年原卫生部发布的《健康档案基本架构与数据标准（试行）》文件目前虽然已经失效，但是其后发布相关的文件涉及此概念时，并未对该概念加以修改。电子健康档案是以个人健康为核心，贯穿整个生命过程，涵盖各种健康相关因素，满足居民自我保健和健康管理、健康决策需要的系统化信息资源。[2]尽管电子健康档案可能表现为数据集合，但其是单纯的数据集合，电子健康档案是具有居民个人健康特征的数据，属于健康医疗原始

---

〔1〕 Gary Dickinson, Linda Fischetti, Sam Heard. HL7EHR System Functional Model Draft Standard for Trial Use. Health Level Seven, July, 2004.

〔2〕 孟群等："城乡居民健康档案基本数据集"，载 http://ishare.iask.sina.com.cn，访问日期：2022 年 2 月 21 日。

数据。

2. 健康医疗衍生数据。衍生数据由原始数据经过算法加工处理，已脱离原始数据的个体化特征，形成了新的质变的数据集。健康医疗衍生数据来源于健康医疗原始数据，是经过算法加工处理后衍生的数据，其所依据原始数据包括电子健康档案、电子病历，还包括来源于医疗机构的信息管理系统、医疗机构人体生命体征设备、人体可穿戴医疗设备、临床决策支持设备等的数据。在区域健康医疗大数据建设和发展中，随着健康医疗原始数据的不断丰富、大数据技术的发展和对原始数据的不断发掘，健康医疗衍生数据正在成为区域健康医疗大数据的增长点。健康医疗衍生数据脱离了原始数据的个性化特征，不再具有个体可识别性，健康医疗衍生数据的价值是创造。健康医疗衍生数据呈现出功能多样性、应用协同性等优势，在保障个体健康、集体健康和社会健康中具有重要作用和价值。健康医疗衍生不仅不再具有可识别性，而且更能体现数据新的创造价值。

第三条　本条例所称健康医疗数据的开放是指政府行政部门及法律法规授权的具有公共事务管理职能的组织向社会公众提供可访问读取的健康医疗开放数据的活动。

本条例所称健康医疗数据共享是指健康医疗数据利益相关者——政府、健康医疗数据机构、健康医疗数据个人及其他自然人、法人、非法人组织之间的健康医疗数据的汇交和共享活动。

国家各级政府、政府行政区域内区县以上健康医疗行政部门（含卫生健康行政部门、中医药行政部门、药监行政部门、医疗保障行政部门，下同）信息中心、各级各类医疗卫生机构、健康医疗数据个人所涉及的健康医疗数据的汇交和共享活动，适用本条例。

基于正当利益，经审查许可，国家健康医疗行政部门以外的其他政府部门及健康医疗数据机构以外的其他自然人、法人、非法人组织使用国家健康医疗数据适用本条例。

【主旨】

本条规定了本条例的空间效力。

【理由依据】

法的空间效力是指法生效的地域范围，即法律在什么空间范围内可以发挥其效力。凡是地方国家机关制定的地方性法规，只能在制定机关管辖的范围内发生效力。本条例为北京市人民代表大会及其常务委员会制定的地方性法规，应在北京地区发生效力。

【内容解释】

本条例所称健康医疗数据是指以人为中心的，在人从出生到死亡的全生命周期中与医疗卫生相关的数据。本条例所称的医疗卫生活动包括医疗服务、公共卫生服务、药品保障、医疗保障活动。因此，国家内医疗、公共卫生、药品保障、医疗保障等医疗卫生活动产生的健康医疗数据的汇交与共享活动，适用本条例。而上述健康医疗数据管理和作成主体为区县以上卫生行政部门（含中医药行政部门、药监行政部门、医疗保障行政部门，下同）、各级各类健康医疗数据机构。因此可以表述为：国家行政区域内区县以上健康医疗行政部门（含中医药行政部门、药监行政部门、医疗保障行政部门，下同）信息中心、各级各类医疗卫生机构、相关企事业单位所涉及的健康医疗数据的汇交与共享活动，适用本条例。

第四条　健康医疗数据应用应遵循统筹规划、集约建设、汇聚整合、开放共享、保障安全的原则。

【主旨】

本条是国家健康医疗数据应用活动的基本原则性规定。

【理由依据】

健康医疗数据应用活动是以数据为媒介，以人的健康为目标，以数据交互和利用为内容的专业性活动。健康医疗数据应用活动应当如何开展，相关健康医疗数据从业人员在健康医疗数据应用活动过程中应当履行哪些义务，承担哪些责任，在总则中应当有一个概括性、统领性规定。

【内容解释】

健康医疗数据开放是指由政府行政部门及法律法规授权的具有公共事务管理职能的组织向社会公众提供，社会公众有权利免费或者付费访问，并且能在一定条件下获取并使用的健康医疗数据。健康医疗数据是指人从出生到死亡的整个生命周期中产生的与健康医疗相关的数据。涵盖公共卫生服务、医疗服务、医疗保障和药品保障活动形成的各种数据信息。健康医疗数据既包括健康医疗个人数据，也包括健康医疗个人数据经算法加工处理、数据发掘和数据分析而产生的健康医疗衍生数据。健康医疗个人数据是个人从出生到死亡的整个生命周期中产生的与医疗卫生有关的数据。健康医疗个人数据是个人基本数据与个人健康医疗服务数据的综合数据，健康医疗个人数据的鲜明特点是此类数据均是显示个人特征的数据信息，具有可识别性。无疑，从患者记录中提取的健康医疗个人数据是最重要但也是最敏感的数据类型。但是基于患者隐私权保护原则的限制，显然，健康医疗个人数据并非政府健康医疗数据开放的主要数据资源。健康医疗衍生数据是健康医疗个人数据经过算法加工处理后衍生出的新的质变的数据。健康医疗衍生数据来源于健康医疗个人数据，其经过算法加工处理后脱离了原始数据的个性化特征，不再具有个体可识别性，健康医疗衍生数据的价值是创造。在"公民科学"时代，公民有权找到并访问法定的健康医疗衍生数据，因此，不难理解，健康医疗衍生数据是政府健康医疗数据开放的主要数据资源。

健康医疗衍生数据资源通常被称为"大数据"，这种向公众开放可用的健康医疗数据资源属于"政务数据"或"公开数据"。政务机构在履行职责或提供服务过程中形成的数据为政务机构数据。在我国，政务机构数据主要包括两个部分，一为政府部门数据，二为法律法规授权管理公共事务的组织的数据，也可以理解为政务数据资源。《政务信息资源共享管理暂行办法》第 2 条第 1 款规定："本办法所称政务信息资源，是指政务部门在履行职责过程中制作或获取的，以一定形式记录、保存的文件、资料、图表和数据等各类信息资源，包括政务部门直接或通过第三方依法采集的、依法授权管理的和因履行职责需要依托政务信息系统形成的信息资源等。"2021 年 9 月 1 日开始施行的《数据安全法》第五章对政务数据安全与开放作出专章规定，依据《数据安全法》第 41 条规定："国家机关应当遵循公正、公平、便民的原则，按照规定及时、准确地公开政务数据。依法不予公开的除外。"第 43 条规定："法律、法规授权的具有管理公共事务职能的组织为履行法定职责开展数据处理活动，适用本章规定。"可见，政务数据包括政府部门及具有公共事务管理职能的组织在履行职责或提供服务过程中形成的数据。

需要明晰的是，并非政府部门及具有公共事务管理职能的组织在履行职责或提供服务过程中形成的所有的医疗领域的政务数据皆为健康医疗数据。健康医疗数据是指人从出生到死亡的整个生命周期中所涉及医疗卫生活动产生的与健康医疗相关的数据，其本质上是人们在医疗卫生服务活动及行为的反映和记录，一些政府部门及具有公共事务管理职能的组织在履行职责或提供服务过程中形成的反映人的医疗卫生活动以外的数据，如卫生行政部门及组织的财务数据、工资数据、经营数据等，本质上不是患者或者个人的医疗卫生活动的数据，而是分别属于其他专业领域的数据，故应被排除在健康医疗数据概念之外。

共享在现代汉语中的文义解释为"共同享有，共同享用"，健康医疗数据应用，强调在健康医疗数据收集、处理、管理、使用等过程中，数据的开放、交换、使用，强调数据的公开性、可获取性和可用性。2016 年印发的《国务院办公厅关于促进和规范健康医疗大数据应用发展的指导意见》指出要"推动健康医疗大数据资源共享开放。鼓励各类医疗卫生机构推进健康医疗大数据采集、存储，加强应用支撑和运维技术保障，打通数据资源共享通道。加快建设和完善以居民电子健康档案、电子病历、电子处方等为核心的基础数据库。……建立全国健康医疗数据资源目录体系，制定分类、分级、分域健康医疗大数据开放应用政策规范，稳步推动健康医疗大数据开放。"健康医疗数据应用概念极具包容性和开放性，是指健康医疗数据利益相关者依法开放其生产、拥有或者通过按照一定标准规范实行集中存储与管理的数据集，保证该数据能够自由流通并获得使用，为社会创造价值。

国家健康医疗数据应用的框架首先是行政法视野下的法律构建，这是由我国医疗卫生体制决定的。因此应遵循统筹规划、集约建设的原则开展健康医疗数据应用活动。其次，在具体的数据共享活动中，应从社会法的视角，采取汇聚整合、共享利用、保障安全的原则实现健康医疗数据应用。

第五条　健康医疗数据应用，应当坚持以"人"为中心，应当以实现社会效益为主，确保社会效益与经济效益相统一。

【主旨】

本条规定了健康医疗数据应用活动中利益平衡的原则。

【理由依据】

健康医疗数据应用是医疗卫生活动的一部分，其工作目标在于维护公民健康。同时，健康医疗数据应用活动中面临各种因素的取舍、各种利益的权衡，这都会影响健康医疗数据应用活动。因此，健康医疗数据应用活动与其他医疗卫生活动一样，应当以人的健康利益为重，以"人"为中心，坚持以社会效益为主，社会效益与经济效益相统一的原则，以实现增进人民健康福祉的最终目标。

【内容解释】

（一）以"人"为中心开展健康数据应用活动

以"人"为中心是医疗卫生活动永恒的主题，也是健康医疗数据应用的基本原则。以"人"为中心，就是把人的健康需求视为健康医疗数据应用的需求，从而有效促进医疗卫生服务质量的提高。开展健康医疗数据应用活动过程中，应当以维护人的健康利益、保护患者权益、方便患者为出发点，最大限度地保护人的健康的合法权益，最大限度地发挥健康医疗数据应用的作用。

（二）坚持以社会效益为主，社会效益与经济效益相统一的原则

坚持把社会效益放在首位的原则，是由健康医疗数据的特殊属性及医疗卫生活动的目的所决定的。健康医疗数据是医疗卫生实践活动的产物，我国社会发展医疗卫生事业的目的，是

满足人民对医疗卫生服务的需要。因此，医疗卫生事业，要以社会效益为准则。但是强调社会效益，并不是放弃经济效益，社会效益与经济效益既对立又统一。健康医疗数据越受市场欢迎，经济效益就越好，社会效益也越大，这样两者就达到了有机的统一。在社会主义市场经济条件下，健康医疗数据也具有商品的属性，可以创造出新的价值，它要进入市场，就要讲经济效益。健康医疗数据具有生产要素的性质，健康医疗数据应用也是社会主义市场经济活动的有机组成，以社会效益为主，实现社会效益与经济效益的统一是社会主义市场经济的要求，也是以数据为关键要素的数字医疗、数字经济发展的价值追求。

第六条 **国家鼓励和支持开展健康医疗数据应用的跨地区及国际合作与交流。**

【主旨】

本条是关于健康医疗数据的跨地区与国际合作交流促进的规定。

【理由依据】

（略）

【内容解释】

（略）

第七条 **涉及国家安全、重大利益需要保密或者涉及知识产权保护的健康医疗数据的共享，按照国家有关规定执行。**

【主旨】

本条是对涉密和涉知识产权保护的健康医疗数据应用的规定。

【理由依据】

（略）

【内容解释】

（略）

第八条 违反法律、社会公德、医学伦理或者妨害公共利益获取健康医疗数据资源，不适用本条例。

健康医疗数据共享活动，不得违反宪法和法律、行政法规，不得损害公共利益。国家对健康医疗数据的交互和使用依法进行监督管理。

【主旨】

本条是健康医疗数据应用的禁止性规定。

【理由依据】

健康医疗数据及健康医疗数据应用活动必须合法并符合医学伦理原则。

【内容解释】

（略）

第九条 公民、法人和其他组织有权对健康医疗数据应用活动进行监督，并提出批评和建议。

【主旨】

本条规定了健康医疗数据应用的社会监督。

【理由依据】

社会监督是法的重要组成部分。2018 年 7 月 12 日国家卫生健康委员会发布的《国家健康医疗大数据标准、安全和服务管理办法（试行）》第 19 条规定，鼓励成立国家健康医疗数据行业协会，开展行业自律、交流合作和共享利用技术研究等大数据相关工作。公民、法人和其他组织有权对健康医疗数据共享活动进行监督，并提出批评和建议。因此，应充分发挥健康医疗数据行业协会的监督管理功能，通过行业自律组织对数据应用活动定期开展审查和整顿，能有效发挥行业组织自治的职能，开展自我管理和自我监督。健康医疗数据行业协会可以为健康医疗数据应用提供规范的指导建议、加强专业人员技能培训和数据行为监督，推动健康医疗数据应用不断标准化。建议立法赋予全国范围内具有权威社会公信力的健康医疗数据行业协会制定行业规范的权利，建立培训及定期考核体系，加强行业协会对健康医疗数据从业人员行业准入、服务内容的监督。通过制定协会章程，明确"关怀生命、维护生命尊严"的宗旨，以发挥健康医疗数据行业协会的监督作用。行业协会可以对健康医疗数据运行开展检查，同时可以建立外部的投诉举报机制，通过线上线下的举报机制，畅通监督渠道，尊重公众的监督权和检举权，发挥公众、媒体的监督作用，使任何组织和个人都可以对违反数据安全规定、不正当使用数据的行为进行投诉、举报，相关部门应当积极受理和处理，对于举报属实的，可以给予相应的奖励，以提高公众行使监督权的积极性。对于有关数据违法行为给予相应的行政处罚，严重者取消数据使用资格，给健康医疗数据主体个人造成损害的承担损害赔偿等责任，涉及犯罪的追究其刑事责任。

【内容解释】

本法条在表述上参考了《政府信息公开条例》第 9 条设计而成。[1]

---

　　〔1〕《政府信息公开条例》（2007 年 4 月 5 日通过，2019 年 4 月 3 日修订）第 9 条规定："公民、法人和其他组织有权对行政机关的政府信息公开工作进行监督，并提出批评和建议。"

第二章 健康医疗数据应用的职责分工

第十条 国家实施健康医疗数据应用发展战略，建立政府组织领导、相关部门各负其责、全社会共同参与的机制。多方参与，协同合作促进健康医疗数据应用。

【主旨】

本条是健康医疗数据应用的管理体制。

【理由依据】

社会共治视阈下的健康医疗数据应用，即采国家干预、社会共治和个人私权维护的合作治理模式。

【内容解释】

健康医疗数据应用是基于对健康权的维护。健康权涵盖了保障健康的物质条件及对身体和精神双重健康的需求。国际经济、社会及文化权利委员会将健康权定义为："健康权是一种享受各种对于最高可能达到的健康标准所必需的设施、物品、服务和条件的权利"。这一解释清楚地、具象地表达了健康权的内容。国家不排斥私法上健康权对个体之间法律关系的规训，国家通过不干预个人实现权利来尊重健康权，更为重要的是，健康权要求国家履行对健康的义务，包括健康设施、商品和服务；营养和食品安全、基本营养、住房、环境卫生和安全饮用水；基本药物和公平分配医疗资源以及采取公平合理的公共健康战略和行动计划等。国家必须尊重、保护及落实健康权利。健康权既是私法上的权利，又是公法上的权利，国际经济、社会及文化权利委员会对于健康权的定义兼容了健康权的公法和私法属性，客观上使得公、私法两种法域下的健康权的内涵连贯和价值趋同。健康权除了具有自由权的属性之外，还表现出一种靠国家的积极干预来实现人的健康的社会权。因此健康权既具有自由权的属性，又具有社会权的属性，这与更广泛为人所熟知的单纯的自由权具有显著的差异。

健康权既具有自由权的成分，又具有社会权的成分，在维护健康的活动中，国家、社会和个人互相渗透，人们相互作用、相互影响、相互依赖，是一种"社会团结连带"的社会法法律关系，对于健康权的维护，必须构建一种新的治理结构，在这种治理结构中，国家公权力、社会权力、个人意志被组合进一个层级秩序明确、功能分化清晰的系统安排中，是一种国家干预、社会共治及个人意思自治相结合的新型的合作治理，这也正与健康医疗数据应用立法的调整手段相吻合。健康医疗数据应用立法必须符合健康权是自由权与社会权混合权的要求，健康医疗数据应用的社会共同体关系建构是健康权属性的充分体现。

现代医学最初表现为一种治病救人的科学技术，随着科学技术的进步、人口老龄化进程加速以及疾病谱从传染病向慢性非传染性疾病转变，医疗卫生服务已向四个方面扩大，即从单纯治疗扩大到预防保健，从生理服务扩大到心理服务，从医院服务扩大到社区服务，从单纯的医疗技术措施扩大到综合的社会服务，[1] 现代医学不仅通过健康评估、疾病诊治以及促进机体康复与人类紧密相连，还通过疾病预防、健康教育、生活指导、心理咨询、优生优育等面向整个社会，因此现代医学已不再只是一门复杂的科学技术体系，而成为一个庞大的社会服务体系，现代医学呈现出社会化的趋势。健康医疗数据应用顺应了现代医学社会化的趋势，突出了医疗卫生服务的"公共性"

---

〔1〕 龚幼龙主编：《社会医学》，人民卫生出版社 2000 年版，第 1 页。

和社会成员彼此之间的连带关系。健康医疗数据应用释放的这种公正和友爱价值观无不渗透着强烈的社会团结连带思想，对于健康医疗数据应用的实现，采国家干预、社会共治和个人私权维护的合作治理模式应为适当。本条表述，部分参考《艾滋病防治条例》第2条设计而成。[1]

第十一条 国务院负责国家行政区内健康医疗数据应用工作的领导和决策。国务院委托国家卫生健康委员会负责健康医疗数据应用的统筹和协调工作，负责组织和落实国家关于健康医疗数据应用的决策和部署。国家卫生健康委员会会同国家中医药行政部门、药监行政部门、医疗保障行政部门等相关健康医疗行政部门研究制定国家健康医疗数据应用的设计与统筹规划；管理、监督国家健康医疗数据汇交和共享等工作。

【主旨】

本条是关于健康医疗数据应用活动的主要管理机构和协同管理机构的规定。

【理由依据】

国家卫生健康委员会对国家行政区内的健康医疗数据应用负有领导和管理职责，国家其他健康医疗行政部门负有国家健康医疗数据应用协同管理职责。

【内容解释】

本条例所称医疗卫生，包括医疗服务、公共卫生服务、药

---

〔1〕《艾滋病防治条例》（2006年1月18日通过，自2006年3月1日起施行，2019年修订）第2条规定："艾滋病防治工作坚持预防为主、防治结合的方针，建立政府组织领导、部门各负其责、全社会共同参与的机制，加强宣传教育，采取行为干预和关怀救助等措施，实行综合防治。"

品保障、医疗保障。国家健康医疗数据应用机制的顶层设计，是在国家和政府的统一部署和协调下，由国家卫生健康委员会牵头负责，会同国家医疗、医药、医保相关卫生行政部门研究制定工作方案，指导、评估、监督国家健康医疗数据汇交和共享等管理工作。强化国家医疗、医药、医保健康医疗行政主管部门的健康医疗数据平台建设、数据汇交和共享、数据监管的联动机制构建。以此推动医疗、医药、医保三医联动，促进国家医改，合力实现增进人民健康福祉的美好愿景。

第十二条　国家卫生健康委员会在健康医疗数据应用中的主要职责是：

（一）组织编制国家健康医疗数据应用工作政策和规章制度。

（二）负责国家健康医疗数据应用体系化建设并推进实施。

（三）建立国家健康医疗数据人才体系，设立健康医疗数据管理相关岗位，建立健康医疗数据从业人员的考核标准和晋升机制。

（四）负责国家健康医疗数据汇交与共享的标准化工作，根据国家实际，依法制定地方标准。

（五）对国家健康医疗数据的汇交和共享工作进行监督和评估。

（六）负责发布国家健康医疗数据应用工作年度报告。

（七）负责与国内外健康医疗数据应用的交流与合作。

【主旨】

本条是对国家卫生健康委员会在健康医疗数据应用中的主要职责的规定。

【理由依据】

设立统一领导职能部门，有利于健康医疗数据应用统一管理，统筹兼顾。

【内容解释】

国家卫生健康委在健康医疗数据应用中的权利义务。医疗卫生（临床医学及公共卫生服务）数据是健康医疗数据的核心。国家卫生健康委是医疗卫生行政机关。

第十三条　国家中医药行政部门、药监行政部门、医疗保障行政部门等相关健康医疗行政部门是国家健康医疗数据应用的协同管理部门，负责本部门管辖职权范围内的相关健康医疗数据汇交和共享的管理监督和评估等工作。

【主旨】

本条是对国家中医药行政部门、药监行政部门、医疗保障行政部门等相关健康医疗行政部门在国家健康医疗数据应用中的法律地位及主要职责的规定。

【理由依据】

各级健康医疗数据政府职能部门在健康医疗数据应用中的职责定位。

【内容解释】

协同管理责任、本部门归口管理的数据的汇交和共享管理责任。

第十四条　健康医疗数据机构是指法律授权的处理健康医疗数据的机构。健康医疗数据处理包括健康医疗数据收集、存储、加工、使用、传输、提供、汇交、开放、共享等。国家行政区内各级医疗、医药、医保健康医疗行政部门信息中心、各

级医疗卫生机构为国家健康医疗数据机构。

【主旨】

本条是对健康医疗数据机构概念的规定。

【理由依据】

健康医疗数据服务机构的确立。

【内容解释】

健康医疗数据机构是指法律授权的处理健康医疗数据的机构。健康医疗数据处理包括健康医疗数据收集、存储、加工、使用、传输、提供、汇交、公开共享等。

第十五条　国家卫生健康委员会委托国家卫生健康信息中心负责全市健康医疗数据库的建设，国家健康医疗数据中心是全国健康医疗数据体系的权威机构。

国家健康医疗数据中心负责组织和协调国家医疗、医药、医保数据应用，实施健康医疗数据资源的汇交和应用具体工作。其主要职责是：

（一）建立本部门健康医疗数据汇聚和应用管理机制。

（二）负责落实国家健康医疗数据汇交与应用的标准化工作，依法组织协调制定地方标准。

（三）按照法定程序统一汇聚全市健康医疗数据信息。

（四）按照相关标准组织本机构健康医疗数据作成、加工与质量控制工作，建立全市级别健康医疗数据库或数据集。

（五）对健康医疗数据进行必要的分级分类，形成分级分类共享的目录清单，按照分等级、可查阅的原则，明确数据汇交和应用的条件，建立健康医疗数据应用技术平台和服务系统，适时开展健康医疗数据汇交和应用活动：

1. 将国家医疗数据系统根据标准连接起来，实现全市医疗机构健康医疗数据的交互和使用；

2. 整合国家公共卫生和医疗数据，实现公共卫生和医疗体系数据交互和使用；

3. 整合国家医保数据与公共卫生和医疗数据，加强医保管理和对慢性病病人的健康促进。

4. 整合国家健康医疗数据库，为统计分析提供标准化数据，以满足国家安全、政策分析、市场分析、质量分析、费用分析、创新性研究活动等需要。

（六）妥善保管管辖范围内健康医疗数据，并对开放共享的健康医疗数据的真实性和质量负责。

（七）依法做好健康医疗数据安全管理、确保共享数据留存备份等工作。

【主旨】

本条是对国家健康医疗数据中心在国家健康医疗数据应用中的法律地位及主要职责的规定。

【理由依据】

国家健康医疗数据中心在健康医疗数据应用中的职责的确立有利于健康医疗数据库的建设，有利于国家医疗、医药、医保数据联动和整合。

【内容解释】

确立国家健康医疗数据中心为国家区域内健康医疗数据最权威和最高级别的健康医疗数据运行机构，该中心在国家健康医疗数据应用工作中职责的确立，有利于国家辖区内医疗、医药、医保数据共享联动和整合，真正实现以"人"为中心的健康促进和管理，进而实现精准医疗。该中心的健康医疗数据应用活动有利于以数据为导向调整医疗卫生资源配备，为全国医疗卫生政策的调整、制定、实施和评估提供支持，从而实现健康医疗数据应用活动的社会效益最大化。在满足社会效益的前提下，国家健康医疗数据中心可通过与区域内其他健康医疗下属机构分享中心的标准化医疗代码编码器、系统兼容性软件，降低下属机构的数据处理费用。还可以满足健康保险机构、药品研发机构等的趋势性数据分析的社会需求，进而实现社会效益与经济效益相结合的数据共享价值目标。确立和发挥国家卫生健康信息中心在健康医疗数据应用中的地位和作用，有利于实现医疗、医药、医保数据整合，实现区域内健康医疗数据应用利益最大化。[1]

第十六条 国家各级医疗、医药、医保健康医疗行政部门委托本部门信息中心负责本部门归口管辖职权范围的相关健康医疗数据资源的汇交和共享具体工作。主要职责是：

（一）落实上级主管部门制定的相关标准和管理规范，建立本部门健康医疗数据应用管理机制。

（二）明确本部门的健康医疗数据管理机构。按照法定程序将本机构健康医疗数据统一汇交至国家卫生健康信息中心。健康医疗数据的汇交应在规定期限内完成。

（三）按照相关标准组织本单位健康医疗数据作成和加工整理工作，建立本单位级别健康医疗数据库或数据集。

（四）对健康医疗数据进行必要的分级分类，按照分等级、可查阅的原则，明确数据汇交和共享的条件，适时开展健康医疗数据汇交和共享活动。

（五）妥善保管管辖范围内健康医疗数据，并对汇交和共享

---

〔1〕 许午："在'大健康大数据'的框架下建设'北京国家健康医疗大数据中心'"，载《北京国家卫健委卫生信息中心讲座》2019 年 3 月 8 日。

的健康医疗数据的真实性和质量负责。

（六）依法做好健康医疗数据安全管理、确保汇交和共享数据留存备份等工作。

【主旨】

本条是关于健康医疗数据机构概念、健康医疗数据机构是健康医疗数据应用行为主体及其主要职责的规定。

【理由依据】

国家各级各类健康医疗数据机构是健康医疗数据的作成者，因而其是健康医疗数据汇交与应用行为的主体。

【内容解释】

国家各级医疗、医药、医保健康医疗数据信息中心、各级各类医疗卫生机构是相关健康医疗数据作成者，因而是健康医疗数据汇交和共享行为的主体。本条进而对国家健康医疗数据机构的具体职责作出列举式规定。

第十七条 国家各级各类医疗卫生机构在健康医疗数据应用中的主要职责是：

（一）落实上级主管部门制定的相关标准和管理规范，建立本部门健康医疗数据汇交和共享管理机制。

（二）明确本单位的健康医疗数据管理机构。按照法定程序将本部门健康医疗数据统一汇交至本机构行政主管部门卫生健康信息中心。健康医疗数据的汇交应在规定期限内完成。

（三）按照相关标准组织本部门健康医疗数据作成和加工整理工作，建立本部门级别健康医疗数据库或数据集。

（四）对健康医疗数据进行必要的分级分类，按照分等级、可查阅的原则，明确数据汇交和应用的条件，适时开展健康医疗数据汇交和应用活动。

（五）妥善保管本部门范围内健康医疗数据，并对汇交和应用的健康医疗数据的真实性和质量负责。

（六）依法做好健康医疗数据安全管理、确保汇交和应用数据留存备份等工作。

【主旨】

本条是对医疗机构在健康医疗数据应用活动中主要职责的规定。

【理由依据】

（略）

【内容解释】

（略）

第十八条　健康医疗数据机构应当设置健康医疗数据监控部门或者配备专（兼）职人员，具体负责管理本机构内的数据从业人员的数据专业工作。

【主旨】

本条规定了健康医疗数据机构内部数据管理相关要求。

【理由依据】

（略）

【内容解释】

（略）

第十九条　鼓励成立国家健康医疗数据行业协会，开展行业自律、交流合作和开放共享应用技术研究等大数据相关工作。

【主旨】

本条规定了健康医疗数据行业协会的法律地位。

【理由依据】

（略）

【内容解释】

（略）

第二十条　本条例所称健康医疗数据个人是指健康医疗原始数据所标识的自然人个人。

【主旨】

本条是对健康医疗数据个人概念的确定。

【理由依据】

（略）

【内容解释】

（略）

第三章　健康医疗数据的汇交和应用

第二十一条　健康医疗数据机构和健康医疗数据个人是健康医疗原始数据作成者。健康医疗原始数据由健康医疗数据机构和健康医疗数据个人共同所有。

【主旨】

本条是关于健康医疗原始数据所有权归属的确定。

【理由依据】

健康医疗原始数据确权是确定健康医疗原始数据共享主体范围的前提，是健康医疗原始数据共享行为的基础。

【内容解释】

从法理上分析，数据所有权归属数据作成主体。健康医疗原始数据，是具有个人特征的数据信息，由个人主动参与，包括个体特征、遗传信息、疾病信息、免疫信息、行为习惯信息、家族信息等，并且根据上述信息可以直接或间接进行特定个体识别。

健康医疗原始数据权利具有民法上的私权的性质，健康医疗原始数据具有人格权和财产权的双重属性，健康医疗原始数据的所有权由其作成主体共同共有。这种共有是基于财产的不可分割性。我国《民法典》第 297 条规定："不动产或者动产可以由两个以上组织、个人共有……"此乃健康医疗原始数据在权益相关者中有限共享的法律权利基础。

健康医疗原始数据具有人格权和知识产权属性，本条规定参考《民法典》第 990 条、第 991 条、第 992 条规定及《中华人民共和国著作权法》（以下简称《著作权法》）第 9 条、第 11 条规定设计而成。[1]

第二十二条　健康医疗衍生数据所有权归属作成该健康医疗衍生数据的健康医疗数据机构。

【主旨】

本条是关于健康医疗衍生数据所有权归属的规定。

【理由依据】

从法理上分析，数据所有权归属数据作成主体。

---

〔1〕《著作权法》第 9 条规定，著作权人包括作者以及其他依照《著作权法》享有著作权的自然人、法人或者非法人组织。第 11 条规定："著作权属于作者，本法另有规定的除外。创作作品的自然人是作者。由法人或者非法人组织主持，代表法人或者非法人组织意志创作，并由法人或者非法人组织承担责任的作品，法人或者非法人组织视为作者。"《民法典》第 990 条第 1 款规定："人格权是民事主体享有的生命权、身体权、健康权、姓名权、名称权、肖像权、名誉权、荣誉权、隐私权等权利。"第 991 条规定："民事主体的人格权受法律保护，任何组织或者个人不得侵害。"第 992 条："人格权不得放弃、转让或者继承。"

【内容解释】

随着健康医疗数据的爆发式增长和区域协同医疗服务体系的推进发展，医疗健康进入了大数据和云计算时代，海量的电子病历、居民个人健康档案等健康医疗原始数据汇集到医疗卫生行政机关授权的医疗卫生信息平台建设机构的数据系统中，这些健康医疗原始数据经算法加工处理、数据发掘和数据分析形成了新的衍生数据，医疗卫生行政机关授权的医疗卫生信息平台建设机构数据系统上的数据包括两类，即健康医疗原始数据和健康医疗衍生数据。如个人电子健康档案为健康医疗原始数据，由个人电子健康档案经过算法加工处理、数据发掘而成的电子健康档案系统数据则为衍生数据，这种健康医疗衍生数据脱离了个体特征，产生新的价值，其特征是"创造"。该衍生数据是区域卫生行政部门实现健康医疗数据应用的重要数据资源。

衍生的健康医疗数据来源于原始的健康医疗数据，但是经过算法加工处理，已形成了新的数据集系统。随着电子健康档案、可穿戴健康医疗设备、转化医学和基因测试的兴起和流行，越来越多的个人健康信息，经过算法和数据脱敏，形成了新的衍生数据。健康医疗数据权属事关数据开发和使用。区域卫生行政部门授权的区域卫生信息平台建设机构合法收集并运用算法加工处理形成的新的衍生数据，是具备了新的价值的资产，符合财产性权利产生的法理基础。

虽然健康医疗衍生数据来源于健康医疗原始数据，但是，健康医疗原始数据权利人只是提供了原材料，并没有参与新的衍生数据的价值创造。新的衍生数据是相关数据机构基于本地区健康卫生公共利益，对健康医疗原始数据进行算法加工处理创造的新的大数据。这种数据已经不具有个人特性，不再具有个体特征的可识别性。我国《民法典》第 111 条规定:"自然人的个人信息受法律保护。任何组织或者个人需要获取他人个人信息的,应当依法取得并确保信息安全,不得非法收集、使用、加工、传输他人个人信息,不得非法买卖、提供或者公开他人个人信息。"显然,健康医疗衍生数据已经不再具有个人数据信息的特征。健康医疗衍生数据是各级区域健康医疗行政机构授权的机构——各级各类区域健康医疗数据中心、各级各类医疗机构基于社会公共利益,对海量健康医疗原始数据进行专业化处理后形成的衍生数据,是新的数据价值的创造者,此时,该衍生数据的权属应归于衍生数据的作成者,即作成该健康医疗衍生数据的健康医疗数据机构。由于健康医疗衍生数据脱离了个体化特征,数据作成主体拥有数据所有权。健康医疗衍生数据由相关各级区域健康医疗行政部门授权的各级区域健康医疗数据机构作成,因此,区域卫生行政部门授权的健康医疗数据机构具有健康医疗衍生数据所有权。

第二十三条　电子病历为医疗机构和患者个人共同所有。电子健康档案为国家各级健康医疗行政机关授权的区域卫生健康信息中心、医疗机构和居民个人共同所有。

【主旨】

本条是关于电子病历和电子健康档案的所有权归属的规定。

【理由依据】

从法理上分析,数据所有权归属数据作成者。

【内容解释】

(一)电子病历为医疗机构和患者个人共同所有

病历是关于患者在接受医疗期间所有过程情节的书面记录与文件。我国 2010 年 3 月 1 日开始施行的《病历书写基本规范》不仅仅是一个技术性的规范,还是临床医疗活动中的一个法律规范。《病历书写基本规范》第 1 条对病历的定义是:"病历是指医务人员在医疗活动过程中形成的文字、符号、图表、影像、切片等资料的总和,包括门(急)诊病历和住院病历。"我国病历的种类主要包括文字病历、影像资料、病理切片、电子病历。随着计算机在医疗实践中的普及,我国医疗机构出现了采用计算机存储方式保存的病历。《电子病历应用管理规范(试行)》第 3 条规定,电子病历是指医务人员在医疗活动过程中,使用医疗机构信息系统生成的文字、符号、图表、图形、数字、影像等数字化信息,并能实现存储、管理、传输和重现的医疗记录,是病历的一种记录形式,包括门(急)诊病例和住院病历。使用文字处理软件编辑、打印的病历文档,不属于电子病历。该规范对电子病历的录入、身份识别、电子签名、复制管理等提出了基本要求,对实施电子病历的基本条件作了具体规定,亦对电子病历的管理作了专章规定。电子病历尽管需借助计算机、网络等电子设备记录、存储、传输,但电子病历与文字病历只是在记录的方式上和记载内容的介质上存在差异,两者在根本上具有相同的功能,仍然靠其所记载的内容和思想来反映客观事实,一般情况下,医疗机构即使应用计算机录入病历,在医疗机构存档的同时,仍然会打印出一份与其记载内容相同的纸质病历供临床使用和患者复印。我国《电子病历应用管理规范(试行)》第 7 条规定,《医疗机构病历管理规定(2013 年版)》《病历书写基本规范》《中医病历书写基本规范》适用于电子病历管理。因此将电子病历的权属纳入病历范畴探讨应为适当。

病历书写是指医务人员通过问诊、查体、辅助检查、诊断、治疗、护理等医疗活动获得有关资料,并进行归纳、分析、整理形成医疗活动记录的行为。医疗机构的医务人员在医疗执业过程中，负有病历作成的义务。医疗机构的医务人员是病历的制作人。根据《病历书写规范》第1条规定，以病历作成部门不同，病历分为门（急）诊病历和住院病历。以病历主客观内容不同，病历分为客观病历和主观病历。根据《医疗事故处理条例》第10条、第16条以及《医疗机构病历管理规定（2013年版）》第19条的规定，病历可以分为客观性病历和主观性病历。客观性病历主要包括门（急）诊病历、住院志、体温单、医嘱单、化验单（检查报告）、医学影像检查资料、特殊检查同意书、手术同意书、手术及麻醉记录单、病理资料及护理记录等。患者享有客观病历资料查阅、复制权。主观性病历是指医务人员在诊疗过程中运用自己的医学知识对患者病情的分析和判断，是医务人员主观认识的成果，主要包括病程记录、诊断分析、疾病分析及治疗方案、会诊意见、疑难病例讨论、上级医师查房记录。患者享有主观病历封存及启封权。我国的电子病历作成的主体包括患者个人和医疗机构，一份电子病历数据的产生，主要作成主体是记录者医疗机构及被记录者患者个人。电子病历的主观病历部分是医生智慧的产物，是创新性的，而脱离了患者具体信息的创新是无意义的，二者密不可分，所以电子病历的价值是医疗机构和患者共同创造的，因此我国电子病历为个人与医疗机构所共同共有。健康医疗原始数据具有私权利的属性。

我国现行法上对患者知情同意权、病历查阅权、复制权等的规定，说明了我国患者具有电子病历数据的所有权，同时电子病历数据是医疗机构法人财产。因此，电子病历的所有权为医疗机构和个人共有。基于公共利益，国家可以强制规定医疗机构向其上级卫生行政机构提供电子病历数据。

（二）电子健康档案为国家各级健康医疗行政机关授权的区域卫生健康信息中心、医疗机构和居民个人共同所有

随着电子计算机技术的普及和发展，我国开始致力于建立全国统一的电子健康档案系统，根据本书课题组实证调研的有关发现，国家电子健康档案系统尚处于建设推进中。电子健康档案数据系统中包括个人健康医疗原始数据内容，同时涉及部分公共卫生服务数据及药品使用、医疗保险信息，是目前区域健康医疗大数据平台比较成熟的数据资源。电子健康档案数据系统中的电子健康档案重点关注政府管理机构为实现患者与医务人员间跨机构、跨平台的信息共享与交互而建的健康信息集合，满足增强患者就医安全、改善医疗服务质量和降低医药费用等公共健康管理需要。[1]尽管 EHR 是以电子形式存储的、以共享为核心的健康信息集合，[2] 这种信息库和信息集合依然是显示居民个人健康特征的数据。

从电子健康档案的作成来看，主要由各省国家卫生行政部门主导平台建设，主要生成健康医疗数据记录，由居民所在地的医疗机构提供的居民的病历数据集合而来。如果居民在区域内不同医疗机构就诊，可能生成多份电子病历，区域卫生行政部门授权的区域卫生信息平台建设机构统一对电子病历进行开发，集合生成电子健康档案，其内容主要包括居民的身体状况、疾病诊治、健康评估等数据信息。电子健康档案主要功能是为居民提供个人健康医疗信息平台，构建区域内健康医疗数据信

---

[1] 徐健："加拿大电子健康档案建设新进展及启示"，载《医学信息学杂志》2018 年第 7 期。

[2] 徐健："加拿大电子健康档案建设新进展及启示"，载《医学信息学杂志》2018 年第 7 期。

息平台，实现患者与医务人员跨机构、跨平台数据信息共享，提高医疗卫生服务质量，实现有效健康管理，提供医疗卫生决策支持。电子健康档案由电子病历数据集合而成，电子病历为个人和医疗机构共有。区域卫生行政机关基于社会公共利益可以强制医疗机构上传电子病历。电子健康档案由个人、医疗机构、卫生行政部门授权的区域卫生信息平台建设机构作成，因此，电子健康档案为个人、医疗机构、卫生行政部门授权的区域卫生信息平台建设机构所共同共有。《网络安全法》《全国人民代表大会常务委员会关于加强网络信息保护的决定》《征信业管理条例》《医疗事故处理条例》《医疗纠纷预防及处理条例》《医师法》《医疗机构病历管理规定（2013 年版）》《电子病历应用管理规范（试行）》《基于健康档案的区域卫生信息平台建设指南（试行）》等法律法规均赋予了数据主体知情同意权、查阅权、更正权、删除权等权利，这实际上相当于间接认可了记录主体和被记录主体对健康医疗原始数据的数据所有权。

第二十四条　健康医疗数据机构及健康医疗数据个人对其共同作成的健康医疗原始数据享有署名权。

健康医疗数据机构对其作成的健康医疗衍生数据享有署名权。

【主旨】

本条是对健康医疗数据的署名权的规定。

【理由依据】

（略）

【内容解释】

（略）

第二十五条　健康医疗数据个人应依据健康医疗合同的约定或法律法规的规定，按照相关标准和规范向健康医疗数据机构提供其个人信息。

【主旨】

本条规定了健康医疗数据个人的个人数据提出义务。

【理由依据】

健康医疗数据个人基于医疗合同的约定或法律的规定而负有个人信息提出义务。

【内容解释】

健康医疗数据个人基于医疗合同的约定或法律的规定而负有个人信息提出义务。忠实义务是居民个人基于合约和法律规定需要履行的主要义务，居民个人有义务以"最大的诚实和忠诚"提供个人信息。

第二十六条　健康医疗数据机构开展收集、存储、加工、汇交和开放共享健康医疗原始数据等活动，应当向个人明示所处理的个人数据信息的目的、方式和范围且须经个人知情同意，法律法规另有规定的情形除外。

健康医疗数据机构收集、存储、汇交和开放共享无民事行为能力人的健康医疗原始数据，须征得其法定监护人的知情同意。

【主旨】

本条是关于健康医疗数据机构共享个人数据中的健康医疗数据个人知情同意权的规定。

【理由依据】

健康医疗数据机构收集健康医疗数据应遵循个人知情同意原则，即健康医疗原始数据共享的个人数据保护的原则性规定——个人知情同意权的确立。

【内容解释】

我国尚无健康医疗数据应用的专门立法，相关规定主要散见于一些法律、行政法规、部门规章、地方性法规之中。其中，《民法典》第111条规定的自然人的信息权，为我国数据共享立法确定了总纲，划定了数据利用的法律红线。尊重和保护个人数据信息权，确立健康医疗原始数据的知情同意权是国际通行的惯例。保护个人数据权在欧盟《通用数据保护条例》和美国HIPAA法案的数据利用条款中均得到体现。

知情同意权是指只有在居民个人同意的情况下，其他健康医疗原始数据作成主体及第三人才获得共享数据的资格。个人知情同意权是在其知晓并理解相关内容的前提下作出决定的权利，其主要目的是保护个人的自主选择和参与决定的权利，因此，共享健康医疗原始数据前，应当尽可能详细、明确、充分地告知个人共享数据的特定目的或者计划用途，如告知共享个人健康医疗数据的目的，共享个人医疗数据的利用期限、范围、方式，患者可以行使的权利及行使的方式等，以确保个人在知悉上述内容的前提下共享相应的医疗数据。当数据有被披露及用于其他附加商业用途的可能时，需要个人医疗数据其他作成主体以及第三方医疗机构、医保公司等单位向个人作出进一步的说明。

我国现有法律未对知情同意权的行使方式作出具体规定。通常认为，知情同意权的实施方式主要有"选入制度和选出制度，选入制度的基准原则是没有明确许可即视为不同意；选出制度的基准原则是没有明确反对即视为同意"。[1] 我们认为，采用选出制度落实患者的知情同意权更为合适，即医疗机构应当在患者向其提供数据前，事先说明共享个人医疗数据的目的、用途等，如果患者没有明确表示反对则视为同意，此种方式能够在一定程度上简化个人医疗数据共享的程序，进而降低成本，提高数据共享的效率。同时，个人有权根据自身的特殊情况以合法理由拒绝同意授权。为保证患者同意的有效性，在患者提供其个人医疗数据之前，医疗机构应当主动向患者提供相关材料，材料内容可借鉴现行的《信息安全技术 个人信息安全规范》。在使用产品或提供服务的过程中，应当允许个人撤回健康医疗原始医疗数据共享的同意授权，数据主体有权随时撤回同意，撤回同意前，基于同意而进行的处理仍具有合法性。撤回同意应与表示同意程序一样具有简便性和可操作性。

患者的知情同意权是指患者知悉与其生命健康相关信息的权利。患者享有知情同意权，是第二次世界大战后的纽伦堡审判以后通过的《纽伦堡法典》所确认的一项准则。[2] 知情同意权表现在病历上就是患者及其家属有权要求公开其为医疗机构保存的病历资料的信息。患者的病历知情权，是指患者及其家属请求查阅和复制自己的病历资料的权利。具体而言，包括两个方面：其一，患者在住院期间有权知道自己病历中的信息，即患者请求医疗机构查阅医疗记录的权利。其二，患者在出院后医疗机构病历保存期间内请求复制自己的病历资料的权利。

〔1〕 钱亚芳：《大数据时代个人健康数据法律规制》，中国社会科学出版社2018年版，第156页。
〔2〕 邱仁宗、卓小勤、冯建妹：《病人的权利》，北京医科大学、中国协和医科大学联合出版社1996年版，第56页。

我国同其他大陆法系国家一样，对患者的病历知情权持谨慎的态度。即使在患者权利意识不断高涨的今天，大陆法系国家仍然小心、谨慎地根据内容对病历进行区分，患者的病历知情权实际上是被限制的部分病历知情权。我国《民法典》第 1225 条规定医疗机构及其医务人员应当按照规定填写并妥善保管住院志、医嘱单、检验报告、手术及麻醉记录、病理资料、护理记录等病历资料。患者要求查阅、复制上述病历资料的，医疗机构应当及时提供。我国《医疗纠纷预防和处理条例》第 16 条第 1 款规定："患者有权查阅、复制其门诊病历、住院志、体温单、医嘱单、化验单（检验报告）、医学影像检查资料、特殊检查同意书、手术同意书、手术及麻醉记录、病理资料、护理记录、医疗费用以及国务院卫生主管部门规定的其他属于病历的全部资料。"《医疗事故处理条例》和《医疗机构病历管理规定（2013 年版）》赋予了患者部分病历知情权，即患者具有请求查阅、复制自己的客观病历的权利；而对于主观病历，患者仅具有封存与启封自己的主观病历的权利。《医疗机构病历管理规定（2013 年版）》第 19 条规定，医疗机构可以为申请人复印或者复制的病历资料包括：门（急）诊病历和住院病历中的住院志（入院记录）、体温单、医嘱单、化验单（检验报告）、医学影像检查资料、特殊检查（治疗）同意书、手术同意书、手术及麻醉记录单、病理报告、护理记录、出院记录。《医疗事故处理条例》第 10 条第 1、2 款规定："患者有权复印或者复制其门诊病历、住院志、体温单、医嘱单、化验单（检验报告）、医学影像检查资料、特殊检查同意书、手术同意书、手术及麻醉记录单、病理资料、护理记录以及国务院卫生行政部门规定的其他病历资料。患者依照前款规定要求复印或者复制病历资料的，医疗机构应当提供复印或者复制服务并在复印或者复制的病历资料上加盖证明印记。复印或者复制病历资料时，应当有患者在场。"以上条款所列举的病历资料又称客观性病历资料。依照我国法律法规，对于上述客观性病历，患者要求查阅、复制的，医疗机构应当提供方便。

第二十七条　健康医疗数据作成应当客观、真实、准确、及时、完整、规范。

【主旨】

本条规定了健康医疗数据作成的基本要求。

【理由依据】

健康医疗数据作成中的"真实义务"。

【内容解释】

健康医疗数据机构有义务在执业过程中本着"最大的诚实"履行健康医疗数据作成义务。真实性原则要求不得涂改、伪造、篡改健康医疗数据。形式真实性原则要求健康医疗数据应该准确、不失真（本条规定参考《病历书写基本规范》第 3 条规定设计而成）。

第二十八条　健康医疗数据个人自愿参与健康医疗数据汇交与开放共享，法律法规另有规定的除外。健康医疗数据个人享有其健康医疗原始数据查询权、查阅权、复制权、修正权及请求删除权。

【主旨】

本条规定了健康医疗数据个人知情同意权、数据查询权及修正权。

【理由依据】

这些权利是健康医疗原始数据个人所有权的延伸。

【内容解释】

关于患者知情同意权、个人数据保护视野下的查询权、查阅权、复制权等是学界通说，且现行法多有规定。知情同意是患者自主权的重要体现[1]。"知情同意原则"是指在患者的隐私信息被采集和利用过程中，患者应当享有绝对的知情权和选择权；患者出于治疗疾病、维护自身生命健康的考虑而允许医生接触其医疗数据信息，患者的许可、同意是排除医生侵犯患者隐私权的前提[2]。在知情同意原则视角下，患者享有绝对的自主权利，除非在紧急情况下医生才可以视情况作出独立判断。尊重患者知情同意权也体现了对患者人权的尊重，更是医护人员的一项重要义务，也是临床上处理医患关系的基本伦理准则之一。

患者隐私权要求其对自身健康医疗数据应当享有知情控制权。从知情权角度来看，患者对健康医疗大数据信息的知情权不仅体现在其对个人隐私数据信息内容层面的知情，也包括对权利行使以及维持状态的知情。这种知情权应当是全面的、多层次的，同时也应当是稳定且连续的，不应当因受到干扰而间断。从选择权角度来看，患者对个人隐私及信息有选择决定的权利，即患者在对其自身不涉及社会公共利益的个人信息进行支配的过程中，应当有选择将其公开或者隐瞒的权利，以及选择对其个人信息公开或隐瞒的程度的权利。

---

[1] 参见阿赛古丽、覃红："从尊重自主选择原则谈患者隐私权的保护"，载《医学与哲学》2007年第7期。

[2] 参见高玉玲："论医疗信息化中的患者隐私权保护——以电子病历运用为视角"，载《法学论坛》2014年第2期。

第二十九条　健康医疗数据机构应个人要求，为其查阅、复制健康医疗数据资料，可以按照规定收取数据成本服务费，具体收费标准由国家价格主管部门会同国家卫生健康委规定。

【主旨】

本条是关于健康医疗数据个人数据服务收费的规定。

【理由依据】

健康医疗数据机构对于健康医疗数据个人使用数据，可收取必要的数据处理成本费。

【内容解释】

由于所有的健康医疗数据的记录、管理、维护、保存等费用均由医疗机构或者区域卫生行政机构授权的卫生信息平台建设机构承担，健康医疗数据个人需要使用的，需缴纳一定数额的费用作为数据作成和维护的部分成本的经济补偿。本条参考了《医疗事故处理条例》第 10 条第 3 款之规定。[1]

第三十条　在国家范围内确立并制定健康医疗开放共享数据统一目录，健康医疗数据机构不得通过数据网络平台或以其他方式向公众公开该目录上的健康医疗数据。法律法规另有规定的除外。

【主旨】

本条是关于健康医疗数据公开的禁止性规定。

【理由依据】

健康医疗数据应用的边界和范围的有关规定。

---

[1]《医疗事故处理条例》第 10 条第 3 款规定："医疗机构应患者的要求，为其复印或者复制病历资料，可以按照规定收取工本费。具体收费标准由省、自治区、直辖市人民政府价格主管部门会同同级卫生行政部门规定。"

【内容解释】

健康医疗数据分为共享类数据和非共享类数据。

数据按照数据源的目标形式分为共享类和非共享类数据。非共享数据包括公开数据和保密数据。公开数据具有公共性，是一种公共数据，是可以被任何人访问、使用、重用或重新发布的数据，唯一可能受到的限制是要求使用者署名。保密数据是国家法律规定既不可以公开，又不可以共享的数据。

共享数据是交互数据，是指数据权利主体之间的数据交互和使用及在"一定条件下"与"指定的第三方"共享使用。更注重的是国家场经济生活中的数据的交互和使用，重在实现数据利用价值及数据利益最大化。共享数据不是公共数据。

涉及个人隐私的数据原则上不能共享，更不能公开。但是基于公共健康等原因及法律法规另有规定的情形下，涉及个人隐私数据可以有条件共享，是附条件的共享数据。

健康医疗原始数据因显示个人信息的特征，具有一定的隐私数据的特征，原则上不适用共享，更不是公开数据。但是健康医疗原始数据在法律法规允许及个人知情同意的数据保护原则的例外情形下，可以共享利用。健康医疗原始数据是附条件的共享数据。

健康医疗衍生数据，不显示个人数据特征，健康医疗衍生数据分为基于公共利益适于公开的公共数据即公开数据及不适于公开但在一定数据权利人及第三人范围内共享的数据。本条例是关于健康医疗数据应用的立法，不涉及健康医疗数据中的公开数据，因此本条例应明确共享的健康医疗数据的范围，将健康医疗衍生数据中的公开数据排除在外。应建立健康医疗共享数据目录，且规定各级各类健康医疗数据机构不得公开共享数据目录中的健康医疗数据。

第三十一条　第三方自然人、法人和非法人组织向健康医疗数据管理行政机关提出书面申请，经健康医疗数据管理行政机关审查许可，可以使用相关健康医疗衍生数据。法律法规另有规定的除外。

【主旨】

本条是关于第三方自然人、法人和非法人组织使用健康医疗衍生数据的规定。

【理由依据】

第三方数据使用的审查许可制度。

【内容解释】

（略）

第三十二条　第三方自然人、法人和非法人组织向健康医疗数据管理行政机关提出书面申请，经健康医疗数据管理行政机关审查许可，并经健康医疗数据个人知情同意后，方可使用相关健康医疗原始数据。法律法规另有规定的除外。

【主旨】

本条是对第三方自然人、法人和非法人组织使用健康医疗原始数据的原则性规定：官方审查许可制及健康医疗数据个人知情同意。

【理由依据】

个人数据保护原则：个人信息的知情同意原则及第三方数据使用的审查许可制度。

【内容解释】

个人数据保护前提下的第三人数据使用权及个人知情同意权。

隐私权是指"自然人享有的私人生活安宁与私人信息秘密依法受到保护，不被他人非法侵扰、知悉、收集、利用和公开的一种人格权"[1]。而且权利主体对他人在何种程度上可以介入自己的私生活，对自己的隐私是否向他人公开以及公开的人群范围和程度等具有决定权。隐私权是一种基本人格权利。个人隐私权作为隐私权的一个延伸概念，已具有隐私权的一般特征；同时，由于其个人身份以及医疗活动专业性因素的影响，个人隐私权又具备自身的特殊性。

在我国现行的法律体系中，尽管宪法、民法、刑法及其相关司法解释和法规条例对公民隐私权都有相关规定，但尚未形成比较完整的隐私权相关法律体系。我国《民法典》第1226条规定医疗机构及其医务人员应当对患者的隐私保密。泄露患者隐私或者未经患者同意公开其病历资料，给患者造成损害的，应当承担侵权责任。在对医疗执业行为进行规范的行政法规及相关规章制度中，如《医师法》《医疗机构管理条例》《医疗事故处理条例》中均对患者信息等隐私的保护进行了规定。在《医疗机构病历管理规定（2013年版）》中也明确了医院对患者病历保管的责任与义务。在我国现有的保护患者隐私权的相关法律法规中，大多数规范仍然是在传统的纸质诊疗档案管理背景基础下制定的，对医疗人工智能大数据背景下的隐私保护的相关规定则尚不明晰。

相关医疗机构应当有限地采集、处理患者隐私医疗信息。对信息的处理应当有针对性、有范围限制，不能无限制地随意采集患者健康医疗信息。同时也应当对收集的健康医疗信息的价值进行衡量，医疗机构在采集数据前应当说明采集信息的目

---

〔1〕 王利明主编：《人格权法研究》，中国人民大学出版社2012年版，第9页。

的及用途，询问被采集患者对其个人隐私信息的态度，是放弃其被采集信息的隐私权、有条件放弃还是不放弃，这些都应当事先明确。根据被采集患者的选择，医疗机构在分析、利用、保存数据信息的过程中，应当制定不同程度的保护方案，以对应患者隐私信息保护的不同需求。

随着健康医疗数据的飞速发展，制定一项保护个人隐私权的法规，不仅是隐私权自身的要求，也是社会发展规律的必然选择。我国近年发布了《"健康中国 2030"规划纲要》《"十三五"全国人口健康信息化发展规划》《国家健康医疗大数据标准、安全和服务管理办法（试行）》等一系列与健康医疗大数据相关的政策文件，为健康医疗大数据的发展及其研究实践化提供了政策支持和引导。但是实践在法律法规上仅提出了一些原则性要求，在具体应用形式和操作层面并未作过多限制。2019 年底发布的《卫生健康法》中也明确了保护信息安全和个人隐私的要求，禁止任何组织和个人非法收集、使用、加工、传输个人健康信息[1]，对于何种涉及个人健康信息的行为属合法行为、何种为非法行为，亟待下位法律法规予以明确。因此，我们应当通过法律法规采用直接、明确的保护方式对患者隐私权进行保护，从而确保我们在保护患者隐私权时有法可依。

在制定相关标准、管理制度或者相关立法的同时，政府也应当发挥作用，引导行业积极履行行业义务、承担相关责任、进行自我规范与自我调整。且由于立法具有一定的滞后性，更要求政府应当积极发挥引导、培训、规范作用。同时，政府作

---

［1］ 详见《卫生健康法》第 92 条，国家保护公民个人健康信息，确保公民个人健康信息安全。任何组织或者个人不得非法收集、使用、加工、传输公民个人健康信息，不得非法买卖、提供或者公开公民个人健康信息。

为行政机关也应当定期予以监管，进行标准化管理，为个人隐私数据安全提供更坚固的保障。

患者在诊疗过程中的各个环节都有泄露患者隐私的可能性，然而其中最主要的泄露源头当属后台泄露[1]。因此，各医疗数据管理机构应当加强对后台的安全防护，建立更为牢固的保护系统。同时，我们可以借鉴国外的网络保险制度。尤其因为患者的医疗隐私数据有其特殊性，为维护其隐私权，推广网络保险制度，鼓励患者购买相关保险对隐私进行保护是具有一定必要性的。

综上所述，随着健康医疗数据发展，个人隐私权保护问题兼具强烈的时代特点以及切实的现实意义。我国当前对个人隐私的法律保护具有滞后性：一方面政府大力推进大数据的发展，另一方面配套的安全防范以及救济措施仍十分缺乏。我国在发展健康医疗数据的同时，在对个人隐私权保护方面应当吸取多方经验，及时准备好对应的保护与救济举措，让对个人隐私权的保护在实践的过程中有理可据、有法可依。

第三十三条 在一些基于正当利益的情形下，健康医疗数据机构可以不经健康医疗数据个人知情同意，收集、存储、汇交和开放共享健康医疗个人数据；第三方自然人、法人和非法人组织向健康医疗数据管理行政机关提出书面申请，经健康医疗数据管理行政机关审查许可，可以不经健康医疗数据个人知情同意使用相关健康医疗个人数据。这些正当利益的情形包括：

（一）公共利益：公共利益的标准应满足下列条件之一：

---

[1] 参见汪艳杰、霍增辉："医疗大数据时代的患者隐私权保护研究"，载《中国卫生法制》2018年第2期。

1. 医学科学或历史研究、医学统计等。

2. 某些出于公共利益的公共卫生服务。

3. 某些国际法义务。

4. 人道主义目的。

（二）健康医疗数据管理行政机关的法定职责。国家机关的法定职责认定标准应满足下列条件之一：

1. 依法律明文规定，国家机关设置和职能分工的相关立法。

2. 依职权行为，执行主体必须为国家机关且数据处理目的确为执行公务必要。

（三）第三方的合法权益。第三方合法利益包括正当的市场营销、诈骗预防、国家机关间数据传输、网络与信息安全保障、向主管部门报告可能的犯罪行为或对公共安全的威胁等情形。

【主旨】

本条规定了健康医疗原始数据汇交和共享个人数据保护原则的例外情形。

【理由依据】

基于一些正当利益下的健康医疗原始数据汇交和共享个人数据保护原则的例外情形。

【内容解释】

健康医疗原始数据共享的原则例外情形——基于正当利益。

欧盟数据保护法原则上规定相对严格的个人数据保护要求，但是同时设计了基于公共利益可以不经个人知情同意的例外条款。美国 HIPPA 法案规定只需患者知情同意即可进行数据交互使用。相比之下，欧盟《通用数据保护条例》中个人数据的使用有原则也有例外的规定，更具有弹性。借鉴欧盟法，构建我国健康医疗原始数据共享制度更具有现实意义。

隐私权作为一项个体性权利，又称"个体独处权"（the

right to be let alone），强调个人在隐私利益上的自主或者自治。就其权利性质而言，直接反映了个体与外界的紧张关系；而就其权利的实现而言，其以隐私的自我管理为实现方式，即强调对自己行为的自由控制。健康医疗数据作为一种个人隐私程度极高的个人信息，其数据化后信息的结构性变化使得各数据间拓展出相关性，从而使原来孤立的个体隐私利益彼此相互关联。健康医疗数据的结构性变化对隐私利益产生的影响主要体现于以下几个方面：

第一，数据高度相关性特征突破传统隐私利益孤立局面。健康医疗数据相关性和可识别性的特点对传统隐私保护提出了挑战。

第二，群体层面隐私形态的出现。在大数据时代，隐私保护将突破以往的个人形态：通过大数据算法分析，将数据进行群体层面的处理与应用而无需对个人加以识别。针对上述影响，应当转变传统隐私观念，譬如将个人隐私权放在群体语境中实现，个体适当降低隐私期待，并弱化对健康医疗数据使用的个体同意与持续控制。将对个人可识别的健康信息的关注转移到统计学意义上的群体可识别健康信息上来。

健康医疗原始数据兼具人格权和财产权的双重权利属性，是高效管理医疗卫生系统的运作工具，"互联网+政务"模式下的健康医疗原始数据早已溢出私人法益的范畴，具备公共性权利属性。同时健康医疗原始数据也是企业开发和运营数据产业的生产原料，是大健康产业推陈出新的基本需求，是数字医疗建设的基础。健康医疗原始数据多元利益属性为健康医疗原始数据共享提供了现实根据。《网络安全法》第 22 条、第 41 条、第 42 条将"主体同意"作为合法使用个人数据的唯一条件。为推动健康社会治理及数字医疗发展，在个人数据保护的法律原则下，在某些例外的情况下，对于个人健康医疗数据的绝对控制需要让位于健康医疗数据正当利益的维护和实现。有关健康医疗原始数据的交互和使用，在一些场合下，基于正当利益的考量，不经个人的知情同意，将健康医疗数据向第三方自然人和法人进行交互和使用应为适当，此为健康医疗原始数据共享的例外情形。准确界定"正当利益"是利益博弈中实现平衡的关键，范围过宽可能侵犯数据主体的权利，范围过窄则不利于社会管理或数字医疗的发展。权衡之下，这些正当利益的法律内涵可能包括以下几个方面：

1. 公共利益。公共利益是指公权力职能目的之外的公共或社会利益，公权力机关处理个人数据的职能行为不属于该公共利益的范畴。值得注意的是，为维护公共利益处理数据的数据控制者不仅包括公权力机构，也包括私营组织。借鉴欧盟《通用数据保护条例》，公共利益应包括以下五种情况：①医学科学或历史研究、医学统计。②医疗服务、公共卫生服务，如为分析传染病及预警目的、监测流行病及传播趋势，即使未经数据主体同意，出于公共利益目的亦可处理有关个人敏感数据。③保存和披露公共存档资料。④履行国际法义务。如因人身或法律限制而无法做出同意的数据主体，任何将其个人数据转移到国际人道组织的行为。⑤出于人道主义目的。对于紧急事件，尤其在自然灾害或人为灾难发生时处理个人数据。

2. 数据管理者的法定职责。当数据管理者为国家机关时，若数据处理旨在行使法定职权，即使未经数据主体同意，行为仍然合法，这是国家机关履行法定职能的内在需要。其认定标准为：①依法律明文规定，国家机关设置和职能分工的相关立法。②依职权行为，执行主体必须为国家机关且数据处理目的确为执行公务必要。我国现行法律对健康医疗原始数据的利用尤其是公法意义上的公共使用尚缺乏足够法律支持。相对于企业难以获取健康医疗原始数据的情况，国家机关有强制权力获取如医保身份信息、病史记录等个人信息。

3. 第三方的合法权益。第三方合法利益包括正当的市场营销、诈骗预防、国家机关间数据传输、网络与信息安全保障、向主管部门报告可能的犯罪行为或对公共安全的威胁等情形。

第三十四条　因政府决策、公共安全、公共卫生、公益性科学研究等公共利益及数据管理者法定职责依法开放共享使用健康医疗数据的，健康医疗数据所有权人应当无偿提供。

【主旨】

本条是关于健康医疗数据应用的社会效益的规定。

【理由依据】

健康医疗数据应用应以实现社会效益为主。健康医疗数据应用活动与其他医疗卫生活动一样，坚持以社会效益为主，以实现增进人民健康福祉的最终目标。

【内容解释】

坚持把社会效益放在首位的原则，是由健康医疗数据的特殊属性及医疗卫生活动的目的所决定的。健康医疗数据是医疗卫生实践活动的产物，我国社会发展医疗卫生事业的目的，是满足人民对医疗卫生服务的需要。因此，医疗卫生事业要以实现社会效益为准则。

一般情形下，健康医疗原始数据的作成费用，应属于公共消费。因政府决策、公共安全、公共卫生、公益性科学研究等公共利益依法共享使用健康医疗数据的，健康医疗数据所有权人健康医疗数据机构应当无偿提供，不能行使收益权。涉及健康医疗数据个人的，健康医疗数据个人应无偿提供。

第三十五条　鼓励各级各类健康医疗数据机构开展健康医疗数据加工及增值服务。

对于因经营性活动需要使用健康医疗数据的情形，当事人各方应当签订有偿服务合同。有偿服务收费标准由国家人民政府价格主管部门会同国家卫生健康委规定。

对于健康医疗数据应用产生的经济收益，由相关方共同协商确定经济收益分配形式和比例。

【主旨】

本条是关于健康医疗原始数据的获益权的规定。

【理由依据】

在法律的框架内予以合适的经济利益的配合，有利于群体的共识性行动。

【内容解释】

公共消费包括国家行政管理和国防支出，教科文卫事业支出，社会救济和劳动保险方面的支出等，是指由政府和为居民服务的非营利机构承担费用、对社会公众提供的消费性货物或服务。公共消费既是国民消费不可或缺的重要组成部分，同时又能带动居民（私人）消费，因此，扩大公共消费可以直接和间接地提升消费率，从而具有化解宏观经济运行中矛盾和促进社会事业发展的双重功能。公共消费需要是指主要通过分配社会基金而实现的需要，如基础教育、卫生防疫、妇幼保健、公共交通及公共文化、体育、娱乐等。公共消费需要是人们生活消费需要的重要组成部分。在发达国家，公共产品和服务的消费可以占到全社会消费的非常高甚至一半以上的比重。基于社会公共利益和法律法规的规定，一般情形下，健康医疗原始个人数据的作成费用，应属于公共消费。尽管健康医疗数据具有财产权的性质，其所有权人也不能将健康医疗大数据出卖，但其仍然可以通过别的途径获取一定的利益。申请数据使用者，除了个人和医疗机构外，还有保险机构、司法机关、公安机关等，对于健康医疗数据，由于所有的健康医疗数据的记录、管理、维护、保存等费用均由医疗机构或者区域卫生行政机构授权的卫生信息平台建设机构承担，因此，个人不能行使收益权。所以即使数据依法向居民个人开放，居民查询其个人健康医疗数据时，依然需要向健康医疗原始数据作成机构缴纳相关费用，以对数据作成机构的投入进行补偿。特殊情形下，当健康医疗原始数据用于商业目的的数据共享时，在健康医疗数据个人知情同意下，健康医疗原始数据所有者健康医疗数据机构和健康医疗个人具有获益权。

对于健康医疗衍生数据，其数据作成和维护需要大量的资金投入，经区域卫生行政机构审批获得查询和使用权的用户需要对相关健康医疗衍生数据所有权人支付相关费用，以使该类数据作成机构的投入、数据系统维护获得必要的经济补偿与获益。

"任何法律秩序提供保障的权威都以某种方式依赖于构成该秩序的社会群体的共识性行动，而社会群体的形成在很大程度上依赖于物质利益的配合。"[1] 在法律框架内的分享和合作，在不损害健康利益数据个人的利益的前提下形成公平的利益分享机制，以提高健康医疗数据机构收集、作成、汇交和开放共享健康医疗数据的积极性，对于健康医疗数据应用的发展具有积极意义。

---

〔1〕 〔德〕马克斯·韦伯：《经济、诸社会领域及权力》，李强译，生活·读书·新知三联书店1998年版。

第三十六条 未经健康医疗数据所有权人同意许可，他人不得将共享获取的数据内容转移到其他载体上。未经健康医疗数据所有权人同意许可，他人不得通过销售、发行、出租、联网传输或其他方式将经共享获取的数据内容提供给公众。

【主旨】

本条是关于禁止提取和反复利用健康医疗数据的规定。

【理由依据】

健康医疗数据机构的知识产权、再利用权受到保护。

【内容解释】

健康医疗数据机构在数据收集、汇交和共享中付出了巨大的经济代价，健康医疗机构享有数据的知识产权、再利用权。该权利禁止他人未经许可，以发行、出租、传输健康医疗数据机构的全部或部分数据内容，以实现健康医疗数据机构权利和义务上的平衡。

第三十七条 鼓励与健康医疗数据有关的科学研究、咨询服务、产品开发、数据加工活动。

鼓励健康医疗数据应用发展和成果转化，鼓励建立健康医疗数据作为生产要素参与数据应用创新创业，营造良好数据共享氛围。

【主旨】

本条是关于数据开发创新的原则性规定。

【理由依据】

健康医疗数据的开发和创新应用。

【内容解释】

（略）

第四章　健康医疗数据应用保障

第三十八条　国家健康医疗数据应用体系由各级健康医疗行政管理体系和健康医疗数据机构体系共同组成。国家健康医疗数据机构由国家卫生健康信息中心，其他各级医疗、医药、医保行政部门信息中心医疗机构组成，各级健康医疗数据机构应提供资源条件和人员保障，推动国家健康医疗数据应用的规范运行。

【主旨】

本条是对健康医疗数据应用中的物质和人力资源保障的规定。

【理由依据】

（详见本法第一条）

【内容解释】

（详见本法第一条）

第三十九条　国家各级各类健康医疗数据行政管理部门应当加强健康医疗数据安全监督管理工作，加强健康医疗数据安全监督管理人才队伍建设、人才培养。

【主旨】

本条是对国家各级各类健康医疗数据行政管理部门的数据安全监督管理职责的规定。

【理由依据】

（略）

【内容解释】

（略）

第四十条 国家各级各类健康医疗数据机构应严格遵守国家网络安全及数据安全管理规定，建立网络安全保障机制，采取预防、管理、处置等措施，防范健康医疗数据被窃取、篡改、破坏、非法使用及意外事故等风险，确保健康医疗数据处于安全状态。

【主旨】

本条是关于健康医疗数据机构在数据共享中数据安全保障职责的规定。

【理由依据】

（略）

【内容解释】

（略）

第四十一条 处理健康医疗原始数据个人数据信息应取得法律授权或者个人明确同意，应采取适当的技术和程序确保数据保密，防止个人隐私泄漏。

【主旨】

本条是关于健康医疗数据中个人隐私的保护性规定。

【理由依据】

数据的个人隐私保护性规定。

【内容解释】

个人隐私权是一项个人人格权，是人的一项基本权利。

第四十二条 当事人对个人信息使用合同中关于信息使用

条款的理解有争议的，应当作出有利于健康医疗数据个人的解释。

【主旨】

本条是关于健康医疗数据应用争议解决中对个人信息权的保护性规定。

【理由依据】

民法上的个人信息的保护性规定。

【内容解释】

个人信息保护措施。

第四十三条　涉及国家机密的健康医疗数据的收集、存储、加工和使用，应当按照国家有关保密法律法规执行。

【主旨】

本条是关于涉及国家机密的健康医疗数据的保护性规定。

【理由依据】

国家机密的保护性规定。

【内容解释】

（略）

第五章　法律责任

第四十四条　健康医疗数据机构及其健康医疗数据从业人员有下列行为之一的，由国家政府及其主管行政部门责令改正；情节严重的，由主管机关对相关责任人员依法给予行政处分或纪律处分；构成犯罪的，依法追究刑事责任。

（一）非法收集、加工健康医疗数据的；

（二）非法复制、记录、存储健康医疗数据的；

（三）泄露、买卖经共享获得的健康医疗数据的；

（五）未依法履行健康医疗数据管理职责的。

【主旨】

本条是对健康医疗数据机构及其从业人员行政责任及刑事责任的规定。

【理由依据】

（略）

【内容解释】

（略）

第四十五条 健康医疗数据机构及其健康医疗数据从业人员违反法律法规，致使个人数据信息遭受不法收集、汇交和共享利用或侵害数据个人信息主体的其他权利的，根据情况承担停止侵害、消除影响、赔礼道歉等民事责任；给个人信息主体造成经济损失的，应承担损害赔偿责任。

【主旨】

本条是对健康医疗数据机构及其从业人员民事责任的规定。

【理由依据】

（略）

【内容解释】

（略）

第四十六条 健康医疗数据机构错误删除数据或者错误断开数据链接的，根据情况承担停止侵害、消除影响、赔礼道歉等民事责任；给数据共享第三方自然人、法人、非法人组织造成经济损失的，健康医疗数据机构应当承担赔偿责任。

【主旨】

本条是对健康医疗数据机构对数据使用方的损害赔偿责任的规定。

【理由依据】

（略）

【内容解释】

（略）

第四十七条　健康医疗数据个人违反法律法规或者合同约定删除、篡改个人数据信息的，根据情况承担停止侵害、消除影响、赔礼道歉等民事责任；给健康医疗数据机构及数据共享第三方自然人、法人、非法人组织造成经济损失的，应当承担赔偿责任。损害公共利益的，由主管行政管理部门予以行政处罚；情节严重构成犯罪的，依法追究刑事责任。

【主旨】

本条是对健康医疗个人的法律责任的规定。

【理由依据】

（略）

【内容解释】

（略）

第四十八条　第三方自然人、法人、非法人组织违反本条例规定，有下列情况之一的，根据情况承担停止侵害、消除影响、赔礼道歉、赔偿损失等民事责任；同时损害公共利益的，可以由主管行政管理部门责令停止侵权行为，没收违法所得，处以罚款；情节严重构成犯罪的，依法追究刑事责任。

（一）以非法手段获取、使用超出审查许可范围的健康医疗数据的；

　　（二）故意避开或破坏技术措施的；

　　（三）故意删除、篡改健康医疗数据权利人的数据信息的；

　　（四）未经权利人同意，擅自将健康医疗数据所有权人共享的相关数据内容转移到其他载体上；

　　（五）未经权利人同意，擅自通过销售、发行、出租、联网传输或其他方式将经健康医疗数据所有权人共享的数据提供给公众。

　　【主旨】

　　本条规定了第三方自然人、法人、非法人组织在健康医疗数据应用中的法律责任。

　　【理由依据】

　　（略）

　　【内容解释】

　　（略）

　　第四十九条　各级各类负责健康医疗数据应用管理的国家工作人员，在履行职责过程中，有玩忽职守、徇私舞弊行为的，应当给予记过以上行政处分；由此造成的损失由相关数据管理行政部门承担。情节严重构成犯罪的，依法追究有关人员刑事责任。

　　【主旨】

　　本条是对健康医疗数据国家工作人员的法律责任的规定。

　　【理由依据】

　　（略）

　　【内容解释】

　　（略）

第六章　附　则

第五十条　本条例自发布之日起施行。

第九章 《健康医疗数据条例》
专家建议稿法律条文精编

第一章 总 则

第一条【立法宗旨】

为了促进健康医疗数据保护与应用及专业人员队伍建设，规范健康医疗数据行为，推动国家健康医疗数据的开发与利用，保障公民健康权，依据相关法律法规，制定本条例。

第二条【健康医疗数据】

本条例所称健康医疗数据，是指人从出生到死亡整个生命周期中产生的与健康医疗相关的原始数据及其衍生数据。

本条例所称健康医疗个人数据，即健康医疗原始数据，是指以电子或者其他方式记录的能够显示个人识别特征的健康医疗数据，包括电子病历、电子健康档案、电子处方、医学证明、可穿戴设备采集的与个人健康医疗相关的数据、个人公共卫生数据、个人的支付或医保相关数据等。

本条例所称健康医疗衍生数据，是指健康医疗个人数据经过加工处理后形成的不具有个人识别特征的健康医疗数据。

第三条【法的空间效力】

本条例所称健康医疗数据的开放是指政府行政部门及法律法规授权的具有公共事务管理职能的组织向社会公众提供可访问读取的健康医疗开放数据的活动。

本条例所称健康医疗共享是指健康医疗数据利益相关者——政府、健康医疗数据机构、健康医疗数据个人及其他自然人、法人、非法人组织之间的健康医疗数据的汇交和共享活动。

国家各级政府、政府行政区域内区县以上健康医疗行政部门（含卫生健康行政部门、中医药行政部门、药监行政部门、医疗保障行政部门，下同）信息中心、各级各类医疗卫生机构、健康医疗数据个人所涉及的健康医疗数据的开放共享活动，适用本条例。

基于正当利益，经审查许可，国家健康医疗行政部门以外的其他政府部门及健康医疗数据机构以外的其他自然人、法人、非法人组织使用国家健康医疗数据适用本条例。

第四条【健康医疗数据应用的基本原则】

健康医疗数据共享应遵循统筹规划、集约建设、促进应用、保障安全与隐私的原则。

第五条【健康医疗数据应用的利益平衡的原则】

健康医疗数据应用，应当坚持以"人"为中心，应当以实现社会效益为主，确保社会效益与经济效益相统一。

第六条【跨区域合作交流】

国家鼓励和支持开展健康医疗数据应用的跨区域合作与交流。

第七条【涉密数据保护】

涉及国家安全、重大利益需要保密的健康医疗数据，按照国家有关规定执行。

第八条【违法获取的数据】

违反法律法规、社会公德、医学伦理或者妨害公共利益获取的健康医疗数据，不属于本条例保护范围。

健康医疗数据共享活动，不得违反宪法和法律、行政法规，不得损害公共利益。国家对健康医疗数据的汇交和应用依法进行监督管理。

第九条【社会监督】

公民、法人和其他组织有权对健康医疗数据共享活动进行监督，并提出批评和建议。

第二章　健康医疗数据共享的管理

第十条【管理体制】

国家实施健康医疗数据应用发展战略，建立政府组织领导、相关部门各负其责、全社会共同参与的机制，多方参与，协同合作促进健康医疗数据共享。

第十一条【主要行政管理机构和协同行政管理机构】

国务院负责国家行政区内健康医疗数据共享工作的领导和决策。

国务院委托国家卫生健康委员会负责健康医疗数据应用的统筹和协调工作，负责组织和落实国家关于健康医疗数据共享的决策和部署。

国家卫生健康委员会会同国家药监行政部门、医疗保障行政部门等相关健康医疗行政部门研究制定国家健康医疗数据应用的设计与统筹规划；管理、监督国家健康医疗数据汇交和应用等工作。

第十二条【各级卫生健康委员会的职权】

国家卫生健康委员会在健康医疗数据应用中依法行使下列职权：

（一）组织编制国家健康医疗数据应用工作政策和规章制度；

（二）负责国家健康医疗数据应用体系化建设并推进实施；

（三）建立国家健康医疗数据人才体系，设立健康医疗数据管理相关岗位，建立健康医疗数据从业人员的考核标准和晋升机制；

（四）负责国家健康医疗数据应用的标准化工作，根据国家实际，依法制定地方标准；

（五）对国家健康医疗数据的应用工作进行监督和评估；

（六）负责与国内外健康医疗数据应用的交流与合作；

（七）负责国家健康医疗数据共享监督管理的其他事项。

区卫生健康委员会负责落实国家卫生健康委员会关于健康医疗数据应用的规章制度，负责本部门管辖职权范围内的数据应用的监督管理工作。

第十三条【各级药监行政部门、医疗保障行政部门等相关健康医疗行政部门的职权】

各级药监行政部门、医疗保障行政部门等相关健康医疗行政部门是本级健康医疗数据共享的协同管理部门，负责本部门管辖职权范围内的相关健康医疗数据汇交和共享的管理监督和评估等工作。

第十四条【健康医疗数据机构】

健康医疗数据机构是指法律法规授权的处理健康医疗数据的机构。健康医疗数据机构为国家行政区内各级卫生健康委员会、药监行政部门、医疗保障行政部门信息中心或数据处理机构、医疗卫生机构。

前款所称健康医疗数据处理，包括健康医疗数据的收集、存储、加工、制作、使用、传输、汇交、开放、共享等。

第十五条【各级卫生健康委信息中心或数据处理机构应履行的义务】

国家健康医疗数据中心负责健康医疗数据的汇交和应用的具体工作，国家健康医疗数据中心是国家健康医疗数据中心体系中的总中心，依法履行下列义务：

（一）建立国家健康医疗数据汇聚和应用管理机制；

（二）负责国家健康医疗数据汇交与应用的标准化管理工作，根据国家实际，组织协调制定健康医疗数据地方标准，并组织宣贯落实；

（三）按照法定程序及相关标准统一汇聚、整合国家健康医疗数据；

（四）对健康医疗数据进行必要的分级分类，建立分级分类共享的目录清单，按照分等级、可查阅的原则，明确数据汇交和应用的条件，适时开展健康医疗数据汇交和应用活动；

（五）妥善保管管辖范围内健康医疗数据，并对共享的健康医疗数据的真实性和质量负责；

（六）依法做好健康医疗数据安全管理、确保共享数据留存备份等工作；

（七）其他应由国家健康医疗数据中心负责的事项。

地方卫生健康委健康医疗数据处理机构按照国家健康医疗数据的原则和标准，建立本地区健康医疗数据汇交和应用机制，按照法定程序及相关标准统一汇聚、整合本地区健康医疗数据，负责管辖职权范围内的数据汇交和应用的监督管理工作。

第十六条【各级药监行政部门、医疗保障行政部门委托本部门信息中心或数据处理机构应履行的义务】

各级药监行政部门、医疗保障行政部门委托本部门信息中心或数据处理机构按照国家健康医疗数据汇交和应用的原则和标准，建立本部门管辖职权范围内健康医疗数据的汇交和应用机制，按照法定程序及相关标准整合本地区健康医疗数据，负责管辖职权范围内的数据汇交和应用的监督管理工作。

第十七条【医疗机构的主要职责】

各级各类医疗卫生机构在健康医疗数据汇交和应用中的主要职责是：

（一）落实上级主管部门制定的相关标准和管理规范，建立本机构健康医疗数据汇交和应用管理机制；

（二）按照法定程序在规定期限内将本机构健康医疗数据汇交至行政主管部门委托的信息中心或数据处理机构；

（三）按照相关标准组织本单位健康医疗数据处理，建立本机构健康医疗数据库；

（四）妥善保管本机构范围内健康医疗数据，并对汇交和应用的健康医疗数据的真实性和质量负责；

（五）依法做好健康医疗数据安全管理、确保汇交和应用数据留存备份等工作。

第十八条【健康医疗数据机构内部数据管理】

健康医疗数据机构应当设置健康医疗数据监控部门或者配备专（兼）职人员，具体负责管理本机构内的数据从业人员的数据专业工作。

第十九条【行业协会的主要职责】

国家健康医疗数据相关行业协会开展行业自律、交流合作和共享利用学术研究等相关工作。

第二十条【健康医疗数据个人】

本条例所称健康医疗数据个人是指健康医疗个人数据所标识的个人。

第三章 健康医疗数据的汇交和开放共享

第二十一条【健康医疗个人数据所有权归属】

健康医疗数据机构和健康医疗数据个人是健康医疗个人数据制作者。健康医疗个人数据为健康医疗数据机构和健康医疗数据个人共同所有。

第二十二条【健康医疗衍生数据所有权归属】

健康医疗衍生数据所有权归属制作该健康医疗衍生数据的健康医疗数据机构。

第二十三条【电子病历和电子健康档案的所有权归属】

电子病历的所有权为医疗机构和患者个人共同所有。电子健康档案的所有权为各级健康医疗行政部门授权的信息中心或数据处理机构、医疗机构和个人共同所有。

第二十四条【健康医疗数据署名权】

健康医疗数据机构及健康医疗数据个人对其共同制作的健康医疗个人数据享有署名权。

健康医疗数据机构对其制作的健康医疗衍生数据享有署名权。

第二十五条【个人信息提供义务】

健康医疗数据个人应依据法律法规的规定及健康医疗合同的约定，按照相关标准和规范向健康医疗数据机构提供其个人信息。

第二十六条 【个人知情同意】

健康医疗数据机构处理健康医疗个人数据，应当向个人明示所处理的个人数据信息的目的、方式和范围且须经个人知情同意，法律法规另有规定的除外。

健康医疗数据机构处理无民事行为能力人的健康医疗个人数据，须征得其监护人的知情同意。

第二十七条 【健康医疗数据制作】

健康医疗数据制作应当客观、真实、准确、及时、完整、规范。

第二十八条 【个人数据自主决定权、查询权、查阅权、复制权、请求修正权及请求删除权】

健康医疗数据个人自主决定参与健康医疗数据汇交与开放共享，法律法规另有规定的除外。健康医疗数据个人享有其健康医疗个人数据查询权、查阅权、复制权、请求修正权及请求删除权。

第二十九条 【数据个人使用数据服务费用】

健康医疗数据机构应个人要求，为其查阅、复制健康医疗数据资料，可以按照规定收取数据成本服务费，具体收费标准由国家价格主管部门会同市卫生健康委规定。

第三十条 【禁止健康医疗共享数据开放】

在国家范围内确立并制定健康医疗开放共享数据统一目录，健康医疗数据机构不得通过数据网络平台或以其他方式向公众开放该目录上的健康医疗数据，法律法规另有规定的除外。

第三十一条 【第三方使用健康医疗衍生数据】

第三方自然人、法人和非法人组织向健康医疗数据管理行政机关提出书面申请，经健康医疗数据管理行政机关审查许可，可以使用相关健康医疗衍生数据。法律法规另有规定的除外。

第三十二条【第三方使用健康医疗个人数据】

其他单位或个人可以按照与健康医疗数据机构的书面合同约定，使用相关健康医疗数据。使用健康医疗个人数据的，应经健康医疗数据个人知情同意。法律法规另有规定的除外。

第三十三条【健康医疗个人数据的个人数据保护规定的例外情形】

在下列基于正当利益的情形下，处理、使用健康医疗个人数据时可以不经健康医疗数据个人知情同意：

（一）基于社会公共利益的科学研究、公共卫生服务或基于国际公共利益的国际法义务；

（二）基于健康医疗行政部门的法定职责；

（三）基于单位或个人的合法权益，包括诈骗预防、国家机关间数据传输、网络与信息安全保障、向主管部门报告可能的犯罪行为或对公共安全的威胁等情形。

第三十四条【健康医疗数据无偿使用条件】

因政府决策、公共安全、基于社会公共利益的科学研究和公共卫生服务、基于国际公共利益的国际法义务、健康医疗行政部门的法定职责依法共享使用健康医疗数据的，健康医疗数据所有权人应当无偿提供。

第三十五条【健康医疗数据的获益权】

鼓励各级各类健康医疗数据机构开展健康医疗数据处理及增值服务。

对于因经营性活动需要使用健康医疗数据的情形，当事人各方可以签订有偿服务合同。

对于健康医疗数据应用产生的经济收益，由相关方共同协商确定经济收益分配形式和比例。

第三十六条【禁止提取和再转让健康医疗数据】

未经健康医疗数据所有权人同意，他人不得向第三方转移经共享获取的数据，不得通过销售、发行、出租、联网传输或其他方式将经共享获取的数据提供给公众。

第三十七条【鼓励数据开发创新】

鼓励与健康医疗数据有关的科学研究、咨询服务、产品开发、数据加工活动。

鼓励健康医疗数据应用发展和成果转化，鼓励建立健康医疗数据作为生产要素参与数据应用创新创业，营造良好数据开放共享氛围。

第四章 健康医疗数据共享保障

第三十八条【物质和人力资源保障】

国家为健康医疗数据共享提供资源条件和人员保障，推动国家健康医疗数据共享的规范运行。

第三十九条【健康医疗数据安全保障】

国家各级各类健康医疗行政部门应当加强健康医疗数据安全监督管理工作。

第四十条【数据安全保障】

国家各级各类健康医疗数据机构应严格尊说国家网络安全及数据安全管理规定，建立网络安全保障机制，采取预防、管理、处置等措施，防范健康医疗数据被窃取、篡改、破坏、非法使用及意外事故等风险，确保健康医疗数据处于安全状态。

第四十一条【个人隐私保护】

处理健康医疗个人数据，应采取适当的管理和技术措施确保数据保密，防止个人隐私泄漏。

第四十二条【数据应用争议解决中对个人数据权益的优先保护】

当事人对个人信息使用合同中关于数据信息使用条款的理解有争议的，应当作出有利于健康医疗数据个人的解释。

第四十三条【知识产权保护】

处理和使用涉及知识产权的健康医疗数据，应当按照国家有关知识产权法律法规执行。

第五章　法律责任

第四十四条【健康医疗数据机构及其从业人员行政责任及刑事责任】

健康医疗数据机构及其健康医疗数据从业人员有下列行为之一的，由行政主管部门责令改正；情节严重的，由行政主管部门对相关责任人员依法给予行政处分或纪律处分；构成犯罪的，依法追究刑事责任。

（一）非法收集、加工健康医疗数据的；

（二）非法复制、记录、存储健康医疗数据的；

（三）篡改、泄露、买卖经共享获得的健康医疗数据的；

（四）未依法履行健康医疗数据管理职责的。

第四十五条【健康医疗数据机构及其从业人员侵害数据个人权益的民事责任】

健康医疗数据机构及其健康医疗数据从业人员违反法律法规，致使个人数据遭受非法收集、汇交和开放共享应用或侵害健康医疗数据个人的其他权利的，根据情况承担停止侵害、消除影响、赔礼道歉等民事责任；给健康医疗数据个人造成经济损失的，应承担损害赔偿责任。

第四十六条【健康医疗数据机构及其从业人员侵害数据使用人权益的民事责任】

健康医疗数据机构及其健康医疗数据从业人员违反法律法规或者合同约定给数据使用人造成损害的，根据情况承担停止侵害、消除影响、赔礼道歉等民事责任；给数据使用人造成经济损失的，健康医疗数据机构应当承担赔偿责任。

第四十七条【健康医疗数据个人的法律责任】

健康医疗数据个人违反法律法规或者合同约定，删除、篡改个人数据信息的，根据情况承担停止侵害、消除影响、赔礼道歉等民事责任；给健康医疗数据机构及其他单位或个人造成经济损失的，应当承担赔偿责任。损害公共利益的，由行政主管部门予以行政处罚；情节严重构成犯罪的，依法追究刑事责任。

第四十八条【第三方的法律责任】

其他单位或个人违反本条例规定，有下列情况之一的，根据情况承担停止侵害、消除影响、赔礼道歉、赔偿损失等民事责任；损害公共利益的，由行政主管部门予以行政处罚；情节严重构成犯罪的，依法追究刑事责任：

（一）非法获取或使用超出法律法规或合同约定范围的健康医疗数据的；

（二）故意避开或破坏技术措施的；

（三）故意删除、篡改健康医疗数据权利人的数据信息的；

（四）未经权利人同意，擅自向他人转移经共享获取的数据；

（五）未经权利人同意，擅自将经共享获取的数据提供给公众。

第四十九条【健康医疗数据国家工作人员的法律责任】

各级各类负责健康医疗数据共享管理的国家工作人员，在履行职责过程中，有玩忽职守、徇私舞弊行为的，应当给予记过以上行政处分，由此造成的损失由相关数据管理行政部门承担。情节严重构成犯罪的，依法追究有关人员刑事责任。

第六章 附则

第五十条 本条例自发布之日起施行。

附 录

《中华人民共和国个人信息保护法》

(2021年8月20日第十三届全国人民代表大会常务委员会第三十次会议通过)

目 录

第一章　总　　则

第一条　为了保护个人信息权益，规范个人信息处理活动，促进个人信息合理利用，根据宪法，制定本法。

第二条　自然人的个人信息受法律保护，任何组织、个人不得侵害自然人的个人信息权益。

第三条　在中华人民共和国境内处理自然人个人信息的活动，适用本法。

在中华人民共和国境外处理中华人民共和国境内自然人个人信息的活动，有下列情形之一的，也适用本法：

（一）以向境内自然人提供产品或者服务为目的；

（二）分析、评估境内自然人的行为；

（三）法律、行政法规规定的其他情形。

第四条　个人信息是以电子或者其他方式记录的与已识别或者可识别的自然人有关的各种信息，不包括匿名化处理后的信息。

个人信息的处理包括个人信息的收集、存储、使用、加工、传输、提供、公开、删除等。

第五条　处理个人信息应当遵循合法、正当、必要和诚信原则，不得通过误导、欺诈、胁迫等方式处理个人信息。

第六条　处理个人信息应当具有明确、合理的目的，并应当与处理目的直接相关，采取对个人权益影响最小的方式。

收集个人信息，应当限于实现处理目的的最小范围，不得过度收集个人信息。

第七条　处理个人信息应当遵循公开、透明原则，公开个人信息处理规则，明示处理的目的、方式和范围。

第八条　处理个人信息应当保证个人信息的质量，避免因个人信息不准确、不完整对个人权益造成不利影响。

第九条　个人信息处理者应当对其个人信息处理活动负责，并采取必要措施保障所处理的个人信息的安全。

第十条　任何组织、个人不得非法收集、使用、加工、传输他人个人信息，不得非法买卖、提供或者公开他人个人信息；不得从事危害国家安全、公共利益的个人信息处理活动。

第十一条　国家建立健全个人信息保护制度，预防和惩治侵害个人信息权益的行为，加强个人信息保护宣传教育，推动形成政府、企业、相关社会组织、公众共同参与个人信息保护的良好环境。

第十二条　国家积极参与个人信息保护国际规则的制定，促进个人信息保护方面的国际交流与合作，推动与其他国家、地区、国际组织之间的个人信息保护规则、标准等互认。

第二章　个人信息处理规则

第一节　一般规定

第十三条　符合下列情形之一的，个人信息处理者方可处理个人信息：

（一）取得个人的同意；

（二）为订立、履行个人作为一方当事人的合同所必需，或者按照依法制定的劳动规章制度和依法签订的集体合同实施人力资源管理所必需；

（三）为履行法定职责或者法定义务所必需；

（四）为应对突发公共卫生事件，或者紧急情况下为保护自然人的生命健康和财产安全所必需；

（五）为公共利益实施新闻报道、舆论监督等行为，在合理的范围内处理个人信息；

（六）依照本法规定在合理的范围内处理个人自行公开或者其他已经合法公开的个人信息；

（七）法律、行政法规规定的其他情形。

依照本法其他有关规定，处理个人信息应当取得个人同意，但是有前款第二项至第七项规定情形的，不需取得个人同意。

第十四条　基于个人同意处理个人信息的，该同意应当由个人在充分知情的前提下自愿、明确作出。法律、行政法规规定处理个人信息应当取得个人单独同意或者书面同意的，从其规定。

个人信息的处理目的、处理方式和处理的个人信息种类发生变更的，应当重新取得个人同意。

第十五条　基于个人同意处理个人信息的，个人有权撤回其同意。个人信息处理者应当提供便捷的撤回同意的方式。

个人撤回同意，不影响撤回前基于个人同意已进行的个人信息处理活动的效力。

第十六条　个人信息处理者不得以个人不同意处理其个人信息或者撤回同意为由，拒绝提供产品或者服务；处理个人信息属于提供产品或者服务所必需的除外。

第十七条　个人信息处理者在处理个人信息前，应当以显著方式、清晰易懂的语言真实、准确、完整地向个人告知下列事项：

（一）个人信息处理者的名称或者姓名和联系方式；

（二）个人信息的处理目的、处理方式，处理的个人信息种类、保存期限；

（三）个人行使本法规定权利的方式和程序；

（四）法律、行政法规规定应当告知的其他事项。

前款规定事项发生变更的，应当将变更部分告知个人。

个人信息处理者通过制定个人信息处理规则的方式告知第一款规定事项的，处理规则应当公开，并且便于查阅和保存。

第十八条　个人信息处理者处理个人信息，有法律、行政法规规定应当保密或者不需要告知的情形的，可以不向个人告知前条第一款规定的事项。

紧急情况下为保护自然人的生命健康和财产安全无法及时向个人告知的，个人信息处理者应当在紧急情况消除后及时告知。

第十九条　除法律、行政法规另有规定外，个人信息的保存期限应当为实现处理目的所必要的最短时间。

第二十条　两个以上的个人信息处理者共同决定个人信息的处理目的和处理方式的，应当约定各自的权利和义务。但是，该约定不影响个人向其中任何一个个人信息处理者要求行使本法规定的权利。

个人信息处理者共同处理个人信息，侵害个人信息权益造成损害的，应当依法承担连带责任。

第二十一条　个人信息处理者委托处理个人信息的，应当与受托人约定委托处理的目的、期限、处理方式、个人信息的种类、保护措施以及双方的权利和义务等，并对受托人的个人信息处理活动进行监督。

受托人应当按照约定处理个人信息，不得超出约定的处理目的、处理方式等处理个人信息；委托合同不生效、无效、被撤销或者终止的，受托人应当将个人信息返还个人信息处理者或者予以删除，不得保留。

未经个人信息处理者同意，受托人不得转委托他人处理个人信息。

第二十二条　个人信息处理者因合并、分立、解散、被宣告破产等原因需要转移个人信息的，应当向个人告知接收方的名称或者姓名和联系方式。接收方应当继续履行个人信息处理者的义务。接收方变更原先的处理目的、处理方式的，应当依照本法规定重新取得个人同意。

第二十三条　个人信息处理者向其他个人信息处理者提供其处理的个人信息的，应当向个人告知接收方的名称或者姓名、联系方式、处理目的、处理方式和个人信息的种类，并取得个人的单独同意。接收方应当在上述处理目的、处理方式和个人信息的种类等范围内处理个人信息。接收方变更原先的处理目的、处理方式的，应当依照本法规定重新取得个人同意。

第二十四条　个人信息处理者利用个人信息进行自动化决策，应当保证决策的透明度和结果公平、公正，不得对个人在交易价格等交易条件上实行不合理的差别待遇。

通过自动化决策方式向个人进行信息推送、商业营销，应当同时提供不针对其个人特征的选项，或者向个人提供便捷的拒绝方式。

通过自动化决策方式作出对个人权益有重大影响的决定，个人有权要求个人信息处理者予以说明，并有权拒绝个人信息处理者仅通过自动化决策的方式作出决定。

第二十五条　个人信息处理者不得公开其处理的个人信息，取得个人单独同意的除外。

第二十六条　在公共场所安装图像采集、个人身份识别设备，应当为维护公共安全所必需，遵守国家有关规定，并设置显著的提示标识。所收集的个人图像、身份识别信息只能用于维护公共安全的目的，不得用于其他目的；取得个人单独同意的除外。

第二十七条　个人信息处理者可以在合理的范围内处理个人自行公开或者其他已经合法公开的个人信息；个人明确拒绝的除外。个人信息处理者处理已公开的个人信息，对个人权益有重大影响的，应当依照本法规定取得个人同意。

第二节　敏感个人信息的处理规则

第二十八条　敏感个人信息是一旦泄露或者非法使用，容易导致自然人的人格尊严受到侵害或者人身、财产安全受到危害的个人信息，包括生物识别、宗教信仰、特定身份、医疗健康、金融账户、行踪轨迹等信息，以及不满十四周岁未成年人的个人信息。

只有在具有特定的目的和充分的必要性，并采取严格保护措施的情形下，个人信息处理者方可处理敏感个人信息。

第二十九条　处理敏感个人信息应当取得个人的单独同意；法律、行政法规规定处理敏感个人信息应当取得书面同意的，从其规定。

第三十条　个人信息处理者处理敏感个人信息的，除本法第十七条第一款规定的事项外，还应当向个人告知处理敏感个人信息的必要性以及对个人权益的影响；依照本法规定可以不向个人告知的除外。

第三十一条　个人信息处理者处理不满十四周岁未成年人个人信息的，应当取得未成年人的父母或者其他监护人的同意。

个人信息处理者处理不满十四周岁未成年人个人信息的，应当制定专门的个人信息处理规则。

第三十二条　法律、行政法规对处理敏感个人信息规定应当取得相关行政许可或者作出其他限制的，从其规定。

第三节　国家机关处理个人信息的特别规定

第三十三条　国家机关处理个人信息的活动，适用本法；本节有特别规定的，适用本节规定。

第三十四条　国家机关为履行法定职责处理个人信息，应当依照法律、行政法规规定的权限、程序进行，不得超出履行法定职责所必需的范围和限度。

第三十五条　国家机关为履行法定职责处理个人信息，应当依照本法规定履行告知义务；有本法第十八条第一款规定的情形，或者告知将妨碍国家机关履行法定职责的除外。

第三十六条　国家机关处理的个人信息应当在中华人民共和国境内存储；确需向境外提供的，应当进行安全评估。安全评估可以要求有关部门提供支持与协助。

第三十七条　法律、法规授权的具有管理公共事务职能的组织为履行法定职责处理个人信息，适用本法关于国家机关处理个人信息的规定。

第三章　个人信息跨境提供的规则

第三十八条　个人信息处理者因业务等需要，确需向中华人民共和国境外提供个人信息的，应当具备下列条件之一：

（一）依照本法第四十条的规定通过国家网信部门组织的安全评估；

（二）按照国家网信部门的规定经专业机构进行个人信息保护认证；

（三）按照国家网信部门制定的标准合同与境外接收方订立

合同，约定双方的权利和义务；

（四）法律、行政法规或者国家网信部门规定的其他条件。

中华人民共和国缔结或者参加的国际条约、协定对向中华人民共和国境外提供个人信息的条件等有规定的，可以按照其规定执行。

个人信息处理者应当采取必要措施，保障境外接收方处理个人信息的活动达到本法规定的个人信息保护标准。

第三十九条　个人信息处理者向中华人民共和国境外提供个人信息的，应当向个人告知境外接收方的名称或者姓名、联系方式、处理目的、处理方式、个人信息的种类以及个人向境外接收方行使本法规定权利的方式和程序等事项，并取得个人的单独同意。

第四十条　关键信息基础设施运营者和处理个人信息达到国家网信部门规定数量的个人信息处理者，应当将在中华人民共和国境内收集和产生的个人信息存储在境内。确需向境外提供的，应当通过国家网信部门组织的安全评估；法律、行政法规和国家网信部门规定可以不进行安全评估的，从其规定。

第四十一条　中华人民共和国主管机关根据有关法律和中华人民共和国缔结或者参加的国际条约、协定，或者按照平等互惠原则，处理外国司法或者执法机构关于提供存储于境内个人信息的请求。非经中华人民共和国主管机关批准，个人信息处理者不得向外国司法或者执法机构提供存储于中华人民共和国境内的个人信息。

第四十二条　境外的组织、个人从事侵害中华人民共和国公民的个人信息权益，或者危害中华人民共和国国家安全、公共利益的个人信息处理活动的，国家网信部门可以将其列入限制或者禁止个人信息提供清单，予以公告，并采取限制或者禁止向其提供个人信息等措施。

第四十三条　任何国家或者地区在个人信息保护方面对中华人民共和国采取歧视性的禁止、限制或者其他类似措施的，中华人民共和国可以根据实际情况对该国家或者地区对等采取措施。

第四章　个人在个人信息处理活动中的权利

第四十四条　个人对其个人信息的处理享有知情权、决定权，有权限制或者拒绝他人对其个人信息进行处理；法律、行政法规另有规定的除外。

第四十五条　个人有权向个人信息处理者查阅、复制其个人信息；有本法第十八条第一款、第三十五条规定情形的除外。

个人请求查阅、复制其个人信息的，个人信息处理者应当及时提供。

个人请求将个人信息转移至其指定的个人信息处理者，符合国家网信部门规定条件的，个人信息处理者应当提供转移的途径。

第四十六条　个人发现其个人信息不准确或者不完整的，有权请求个人信息处理者更正、补充。

个人请求更正、补充其个人信息的，个人信息处理者应当对其个人信息予以核实，并及时更正、补充。

第四十七条　有下列情形之一的，个人信息处理者应当主动删除个人信息；个人信息处理者未删除的，个人有权请求删除：

（一）处理目的已实现、无法实现或者为实现处理目的不再必要；

（二）个人信息处理者停止提供产品或者服务，或者保存期限已届满；

（三）个人撤回同意；

（四）个人信息处理者违反法律、行政法规或者违反约定处理个人信息；

（五）法律、行政法规规定的其他情形。

法律、行政法规规定的保存期限未届满，或者删除个人信息从技术上难以实现的，个人信息处理者应当停止除存储和采取必要的安全保护措施之外的处理。

第四十八条　个人有权要求个人信息处理者对其个人信息处理规则进行解释说明。

第四十九条　自然人死亡的，其近亲属为了自身的合法、正当利益，可以对死者的相关个人信息行使本章规定的查阅、复制、更正、删除等权利；死者生前另有安排的除外。

第五十条　个人信息处理者应当建立便捷的个人行使权利的申请受理和处理机制。拒绝个人行使权利的请求的，应当说明理由。

个人信息处理者拒绝个人行使权利的请求的，个人可以依法向人民法院提起诉讼。

第五章　个人信息处理者的义务

第五十一条　个人信息处理者应当根据个人信息的处理目的、处理方式、个人信息的种类以及对个人权益的影响、可能存在的安全风险等，采取下列措施确保个人信息处理活动符合法律、行政法规的规定，并防止未经授权的访问以及个人信息泄露、篡改、丢失：

（一）制定内部管理制度和操作规程；

（二）对个人信息实行分类管理；

（三）采取相应的加密、去标识化等安全技术措施；

（四）合理确定个人信息处理的操作权限，并定期对从业人员进行安全教育和培训；

（五）制定并组织实施个人信息安全事件应急预案；

（六）法律、行政法规规定的其他措施。

第五十二条　处理个人信息达到国家网信部门规定数量的个人信息处理者应当指定个人信息保护负责人，负责对个人信息处理活动以及采取的保护措施等进行监督。

个人信息处理者应当公开个人信息保护负责人的联系方式，并将个人信息保护负责人的姓名、联系方式等报送履行个人信息保护职责的部门。

第五十三条　本法第三条第二款规定的中华人民共和国境外的个人信息处理者，应当在中华人民共和国境内设立专门机构或者指定代表，负责处理个人信息保护相关事务，并将有关机构的名称或者代表的姓名、联系方式等报送履行个人信息保护职责的部门。

第五十四条　个人信息处理者应当定期对其处理个人信息遵守法律、行政法规的情况进行合规审计。

第五十五条　有下列情形之一的，个人信息处理者应当事前进行个人信息保护影响评估，并对处理情况进行记录：

（一）处理敏感个人信息；

（二）利用个人信息进行自动化决策；

（三）委托处理个人信息、向其他个人信息处理者提供个人信息、公开个人信息；

（四）向境外提供个人信息；

（五）其他对个人权益有重大影响的个人信息处理活动。

第五十六条　个人信息保护影响评估应当包括下列内容：

（一）个人信息的处理目的、处理方式等是否合法、正当、必要；

（二）对个人权益的影响及安全风险；

（三）所采取的保护措施是否合法、有效并与风险程度相适应。

个人信息保护影响评估报告和处理情况记录应当至少保存三年。

第五十七条　发生或者可能发生个人信息泄露、篡改、丢失的，个人信息处理者应当立即采取补救措施，并通知履行个人信息保护职责的部门和个人。通知应当包括下列事项：

（一）发生或者可能发生个人信息泄露、篡改、丢失的信息种类、原因和可能造成的危害；

（二）个人信息处理者采取的补救措施和个人可以采取的减轻危害的措施；

（三）个人信息处理者的联系方式。

个人信息处理者采取措施能够有效避免信息泄露、篡改、丢失造成危害的，个人信息处理者可以不通知个人；履行个人信息保护职责的部门认为可能造成危害的，有权要求个人信息处理者通知个人。

第五十八条　提供重要互联网平台服务、用户数量巨大、业务类型复杂的个人信息处理者，应当履行下列义务：

（一）按照国家规定建立健全个人信息保护合规制度体系，成立主要由外部成员组成的独立机构对个人信息保护情况进行监督；

（二）遵循公开、公平、公正的原则，制定平台规则，明确平台内产品或者服务提供者处理个人信息的规范和保护个人信息的义务；

（三）对严重违反法律、行政法规处理个人信息的平台内的产品或者服务提供者，停止提供服务；

（四）定期发布个人信息保护社会责任报告，接受社会监督。

第五十九条　接受委托处理个人信息的受托人，应当依照本法和有关法律、行政法规的规定，采取必要措施保障所处理的个人信息的安全，并协助个人信息处理者履行本法规定的义务。

第六章　履行个人信息保护职责的部门

第六十条　国家网信部门负责统筹协调个人信息保护工作和相关监督管理工作。国务院有关部门依照本法和有关法律、行政法规的规定，在各自职责范围内负责个人信息保护和监督管理工作。

县级以上地方人民政府有关部门的个人信息保护和监督管理职责，按照国家有关规定确定。

前两款规定的部门统称为履行个人信息保护职责的部门。

第六十一条　履行个人信息保护职责的部门履行下列个人信息保护职责：

（一）开展个人信息保护宣传教育，指导、监督个人信息处理者开展个人信息保护工作；

（二）接受、处理与个人信息保护有关的投诉、举报；

（三）组织对应用程序等个人信息保护情况进行测评，并公布测评结果；

（四）调查、处理违法个人信息处理活动；

（五）法律、行政法规规定的其他职责。

第六十二条　国家网信部门统筹协调有关部门依据本法推进下列个人信息保护工作：

（一）制定个人信息保护具体规则、标准；

（二）针对小型个人信息处理者、处理敏感个人信息以及人脸识别、人工智能等新技术、新应用，制定专门的个人信息保护规则、标准；

（三）支持研究开发和推广应用安全、方便的电子身份认证技术，推进网络身份认证公共服务建设；

（四）推进个人信息保护社会化服务体系建设，支持有关机构开展个人信息保护评估、认证服务；

（五）完善个人信息保护投诉、举报工作机制。

第六十三条　履行个人信息保护职责的部门履行个人信息保护职责，可以采取下列措施：

（一）询问有关当事人，调查与个人信息处理活动有关的情况；

（二）查阅、复制当事人与个人信息处理活动有关的合同、记录、账簿以及其他有关资料；

（三）实施现场检查，对涉嫌违法的个人信息处理活动进行调查；

（四）检查与个人信息处理活动有关的设备、物品；对有证据证明是用于违法个人信息处理活动的设备、物品，向本部门主要负责人书面报告并经批准，可以查封或者扣押。

履行个人信息保护职责的部门依法履行职责，当事人应当予以协助、配合，不得拒绝、阻挠。

第六十四条　履行个人信息保护职责的部门在履行职责中，

发现个人信息处理活动存在较大风险或者发生个人信息安全事件的，可以按照规定的权限和程序对该个人信息处理者的法定代表人或者主要负责人进行约谈，或者要求个人信息处理者委托专业机构对其个人信息处理活动进行合规审计。个人信息处理者应当按照要求采取措施，进行整改，消除隐患。

履行个人信息保护职责的部门在履行职责中，发现违法处理个人信息涉嫌犯罪的，应当及时移送公安机关依法处理。

第六十五条　任何组织、个人有权对违法个人信息处理活动向履行个人信息保护职责的部门进行投诉、举报。收到投诉、举报的部门应当依法及时处理，并将处理结果告知投诉、举报人。

履行个人信息保护职责的部门应当公布接受投诉、举报的联系方式。

第七章　法律责任

第六十六条　违反本法规定处理个人信息，或者处理个人信息未履行本法规定的个人信息保护义务的，由履行个人信息保护职责的部门责令改正，给予警告，没收违法所得，对违法处理个人信息的应用程序，责令暂停或者终止提供服务；拒不改正的，并处一百万元以下罚款；对直接负责的主管人员和其他直接责任人员处一万元以上十万元以下罚款。

有前款规定的违法行为，情节严重的，由省级以上履行个人信息保护职责的部门责令改正，没收违法所得，并处五千万元以下或者上一年度营业额百分之五以下罚款，并可以责令暂停相关业务或者停业整顿、通报有关主管部门吊销相关业务许可或者吊销营业执照；对直接负责的主管人员和其他直接责任人员处十万元以上一百万元以下罚款，并可以决定禁止其在一定期限内担任相关企业的董事、监事、高级管理人员和个人信息保护负责人。

第六十七条　有本法规定的违法行为的，依照有关法律、行政法规的规定记入信用档案，并予以公示。

第六十八条　国家机关不履行本法规定的个人信息保护义务的，由其上级机关或者履行个人信息保护职责的部门责令改正；对直接负责的主管人员和其他直接责任人员依法给予处分。

履行个人信息保护职责的部门的工作人员玩忽职守、滥用职权、徇私舞弊，尚不构成犯罪的，依法给予处分。

第六十九条　处理个人信息侵害个人信息权益造成损害，个人信息处理者不能证明自己没有过错的，应当承担损害赔偿等侵权责任。

前款规定的损害赔偿责任按照个人因此受到的损失或者个人信息处理者因此获得的利益确定；个人因此受到的损失和个人信息处理者因此获得的利益难以确定的，根据实际情况确定赔偿数额。

第七十条　个人信息处理者违反本法规定处理个人信息，侵害众多个人的权益的，人民检察院、法律规定的消费者组织和由国家网信部门确定的组织可以依法向人民法院提起诉讼。

第七十一条　违反本法规定，构成违反治安管理行为的，依法给予治安管理处罚；构成犯罪的，依法追究刑事责任。

第八章　附　　则

第七十二条　自然人因个人或者家庭事务处理个人信息的，不适用本法。

法律对各级人民政府及其有关部门组织实施的统计、档案管理活动中的个人信息处理有规定的，适用其规定。

第七十三条　本法下列用语的含义：

（一）个人信息处理者，是指在个人信息处理活动中自主决定处理目的、处理方式的组织、个人。

（二）自动化决策，是指通过计算机程序自动分析、评估个人的行为习惯、兴趣爱好或者经济、健康、信用状况等，并进行决策的活动。

（三）去标识化，是指个人信息经过处理，使其在不借助额外信息的情况下无法识别特定自然人的过程。

（四）匿名化，是指个人信息经过处理无法识别特定自然人且不能复原的过程。

第七十四条　本法自 2021 年 11 月 1 日起施行。

参考文献

一、著作类

1. ［美］博登海默：《法理学　法律哲学与法律方法》，邓正来译，中国政法大学出版社 1999 年版。

2. ［美］埃里克·托普：《颠覆医疗　大数据时代的个人健康革命》，张南、魏薇、何雨师译，电子工业出版社 2014 年版。

3. ［德］马克斯·韦伯：《经济、诸社会领域及权力》，李强译，生活·读书·新知三联书店 1998 年版。

4. ［法］狄骥：《法律与国家》，冷静译，中国法制出版社 2010 年版。

5. 张莉主编、中国电子信息产业发展研究院编著：《数据治理与数据安全》，人民邮电出版社 2019 年版。

6. 李爱君主编：《中国大数据法治发展报告》，法律出版社 2018 年版。

7. 李建光：《医疗行为责任立法研究》，中南大学出版社 2006 年版。

8. 赵西巨：《医事法研究》，法律出版社 2008 年版。

9. 李圣隆：《医护法规概论》，华杏出版股份有限公司 1997 年版。

10. 孟强：《医疗损害责任争点与案例》，法律出版社 2010

年版。

11. 李有星等:《数据资源权益保护法立法研究》,浙江大学出版社 2019 年版。

12. 刘家安:《物权法论》,中国政法大学出版社 2015 年版。

13. 张继红:《大数据时代金融信息的法律保护》,法律出版社 2019 年版。

14. 金小桃主编:《健康医疗大数据》,人民卫生出版社 2018 年版。

15. 刘红:《大数据时代数据保护法律研究》,中国政法大学出版社 2018 年版。

16. 朱鹿杰主编:《大数据商业应用与法律实务》,知识产权出版社 2020 年版。

17. 钱亚芳:《大数据时代个人健康数据法律规制》,中国社会科学出版社 2018 年版。

18. 郭瑜:《个人数据保护法研究》,北京大学出版社 2012 年版。

19. 王利明主编:《人格权法研究》,中国人民大学出版社 2012 年版。

20. 张新宝:《隐私权的法律保护》,群众出版社 2004 年版。

21. 邱仁宗、卓小勤、冯建妹:《病人的权利》,北京医科大学、中国协和医科大学联合出版社 1996 年版。

22. 梁慧星主编:《民商法论丛》（第 12 卷),法律出版社 1999 年版。

23. 上海市卫生立法框架研究课题组编:《上海市科教兴市立法框架研究　卫生》,上海人民卫生出版社 2006 年版。

24. 陈志华:《医疗损害责任深度释解与实务指南》,法律出版社 2010 年版。

25. 龚幼龙主编:《社会医学》,人民卫生出版社 2000 年版。

26. COSR 编写组:《数据服务框架》,中信出版集团 2016 年版。

27. 叶必丰:《行政法的人文精神》,北京大学出版社 2005 年版。

28. 沈中、许文洁:《隐私权论兼析人格权》,上海人民出版社 2010 年版。

29. 周汉华:《中华人民共和国个人信息保护法(专家建议稿)及立法研究报告》,法律出版社 2006 年版。

30. 动脉网蛋壳研究院编著:《大数据+医疗 科学时代的思维与决策》,机械工业出版社 2019 年版。

31. 辞海编辑部:《辞海》,上海辞书出版社 1989 年版。

32. 张文显主编:《法理学》,法律出版社 2007 年版。

33. 姜明安主编:《行政法与行政诉讼法》,北京大学出版社、高等教育出版社 2011 年版。

二、论文类

1. 袁杨:"健康医疗大数据应用发展的 SWOT 分析",载《医学信息学杂志》2018 年第 7 期。

2. 徐志祥、王莹:"我国医疗行业大数据应用现状及政策建议",载《中国卫生信息管理杂志》2017 年第 6 期。

3. 颜延等:"医疗健康大数据研究综述",载《科研信息化技术与应用》2014 年第 6 期。

4. 李国杰、程学旗:"大数据研究:未来科技及经济社会发展的重大战略领域——大数据的研究现状与科学思考",载《中国科学院院刊》2012 年第 6 期。

5. 金松、张立彬:"图书馆大数据:权利界分、因应之道与风险破解",载《情报理论与实践》2020年第3期。

6. 那旭等:"国外居民电子健康档案共享服务体系建设及启示",载《中华医学图书情报杂志》2015年第10期。

7. 齐常程:"'互联网+'的健康医疗大数据应用",载《电脑知识与技术》2020年第6期。

8. 徐健:"加拿大电子健康档案建设新进展及启示",载《医学信息学杂志》2018年第7期。

9. 赵飞等:"健康医疗大数据共享开放模式研究",载《中国卫生信息管理杂志》2019年第6期。

10. 刘瑛、高逸:"健康医疗数据法律规制研究",载《天津师范大学学报(社会科学版)》2020年第2期。

11. 时诚:"重大疫情防控中个人信息的法律保护",载《中国矿业大学学报(社会科学版)》2020年第2期。

12. 肖卫华、戴蕾:"论疫情防控中个人信息保护——以CoviD-19突发公共卫生事件应急为视角",载《南华大学学报(社会科学版)》2020年第1期。

13. 王立梅:"健康医疗大数据的积极利用主义",载《浙江工商大学学报》2020年第3期。

14. 张建楠等:"健康医疗数据共享基本原则探讨",载《中国工程科学》2020年第4期。

15. 舒婷、梁铭会:"美国联邦政府医疗信息化战略规划(2015~2020)内容解析",载《中国数字医学》2015年第2期。

16. 王冰倩等:"HIPAA演变分析及其启示",载《医学信息学杂志》2016年第2期。

17. 王乐子等:"国外医疗信息化领域隐私数据保护现状及其启示",载《医学信息学杂志》2019年第2期。

18. 马骋宇:"美国健康信息隐私保护立法剖析及对我国的

启示"，载《医学信息学杂志》2014 年第 2 期。

19. 刘思、胡霞、余正："对我国医疗责任保险制度的分析及政策借鉴"，载《中国医院》2014 年第 2 期。

20. 余小平："犹他州卫生管理概况及对我国的启示"，载《中国卫生事业管理杂志》2002 年第 10 期。

21. 商希雪："超越私权属性的个人信息共享——基于《欧盟一般数据保护条例》正当利益条款的分析"，载《法商研究》2020 年第 2 期。

22. 岳丽欣、刘文云："国内外政府数据开放现状比较研究"，载《图书情报工作》2016 年第 11 期。

23. 李娟等："部分国家区域卫生信息共享做法及启示"，载《医学信息学杂志》2015 年第 7 期。

24. 黄如花、林焱："法国政府数据开放共享的政策法规保障及对我国的启示"，载《图书馆》2017 年第 3 期。

25. 西村洋："日本个人信息保护制度及其对中国的启示"，载《网络法律评论》2016 年第 1 期。

26. 王晓晔："行政垄断问题的再思考"，载《中国社会科学院研究生院学报》2009 年第 4 期。

27. 肖婧婧："我国将逐步实现健康档案与电子病历数据共享"，载《中国数字医学》2010 年第 12 期。

28. 李玉华："数字健康技术与商业健康保险的发展"，载《金融理论与实践》2020 年第 12 期。

29. 阿赛古丽、覃红："从尊重自主选择原则谈患者隐私权的保护"，载《医学与哲学》2007 年第 7 期。

30. 高玉玲："论医疗信息化中的患者隐私权保护——以电子病历运用为视角"，载《法学论坛》2014 年第 2 期。

31. 张平华、侯圣贺："环境民事公益诉讼中的利益结构问题探讨"，载《山东警察学院学报》2018 年第 2 期。

32. 郝娜："个人健康医疗数据匿名化的法律规则重塑——从场景理论的视角来探析"，载《医学与法学》2020 年第 3 期。

33. 孙政春、刘小平、田宗梅："健康医疗大数据信息安全保护刍议"，载《中国卫生事业管理》2021 年第 7 期。

34. 徐志祥、崔建民："大数据时代我国区域医疗数据共享存在问题及对策"，载《现代医院管理》2017 年第 3 期。

35. 尹燕："我国商业健康保险参与多层次医疗保障体系建设研究"，载《中国保险》2019 年第 12 期。

36. 高露梅："多主体利益视角下健康医疗数据利用及保护的法制优化"，载《医学与法学》2020 年第 6 期。

37. 李赞梅等："健康医疗科学数据共享标准体系框架构建"，载《医学信息学杂志》2018 年第 11 期。

38. 王利明："数据共享与个人信息保护"，载《现代法学》2019 年第 1 期。

39. 赵鹏："生物医学研究伦理规制的法治化"，载《中国法学》2021 年第 6 期。

40. 黄光辉："保险中'基因歧视'的法学思考"，载《广东经济管理学院院报》2004 年第 3 期。

41. 杨朝晖、王心、徐香兰："医疗健康大数据分类及问题探讨"，载《卫生经济研究》2019 年第 3 期。

42. 汪艳杰、霍增辉："医疗大数据时代的患者隐私权保护研究"，载《中国卫生法制》2018 年第 2 期。

三、报刊类

1. 陈小江："数据权利初探"，载《法制日报》2015 年 7 月 11 日，第 6 版。

2. 郭锦辉:"健康医疗大数据 标准体系需加快健全",载《中国经济时报》2021 年 4 月 7 日,第 3 版。

3. 张艳萍:"伦理素养应成为医务人员必备修养",载《医师报》2021 年 11 月 4 日,第 A2 版。

4. 王瀚洋:"建立国家级医疗健康数据平台的思考",载《中国银行保险报》2020 年 7 月 31 日,第 7 版。

四、学位论文类

1. 李佳迪:"个人医疗数据共享立法研究",中国政法大学2019 年硕士学位论文。

2. 魏波:"狄骥社会连带主义法学思想研究",首都经济贸易大学 2016 年硕士学位论文。

五、网络资源

1. 习近平:"顺应时代潮流 实现共同发展——在金砖国家工商论坛上的讲话(2018 年 7 月 25 日,约翰内斯保)",载人民网,http://cpc.people.com.cn/n1/2018/0726/c64094 - 30170246.html,访问日期:2020 年 3 月 4 日。

2. 单志广:"《促进大数据发展行动纲要》解读",载国家信息中心网,http://www.sic.gov.cn/News/609/9713.htm,访问日期:2020 年 3 月 4 日。

3. "典型案例分析:淘宝(中国)软件有限公司诉安徽美景信息科技有限公司不正当竞争纠纷案",载青岛市发展和改革委员会网,http://dpc.qingdao.gov.cn/n32569102/n3256910 6/n32569177/200108113540567430.html,访问日期:2022 年 2 月1 日。

4. 孟群等:"城乡居民健康档案基本数据集",载 https://

ishare. iask. com. cn，访问日期：2022 年 2 月 21 日。

5. "大众点评网诉爱帮不正当竞争案维持原判"，载 www. techweb. com. cn/internet/2011-07-11/1064056. shtml，访问日期：2021 年 11 月 1 日。

6. "动态报道：'大众点评诉百度'不正当竞争案一、二审判决理由精要"，载搜狐网，https：//www. sohu. com/a/169133884_825373，访问日期：2021 年 12 月 20 日。

7. 黄斌："新浪微博诉脉脉：网络不正当竞争行为的判定"，载无讼网，https：//victory. itslaw. com/victory/api/v1/articles/article/1363acfd-c589-4b4a-af76-86241db015fa？downloadLink=2&source=ios，访问日期：2021 年 12 月 20 日。

8. "什么是接触追踪，它将如何对抗冠状病毒的传播？"，载搜狐网，https：//www. sohu. com/a/390331540_120458691，访问日期：2020 年 11 月 7 日。

9. 厦门海西医药交易中心："改革开放 40 周年——医保、卫生、药监机构变迁记"，载搜狐网，http：//www. sohu. com/a/283092611_100010609，访问日期：2019 年 9 月 28 日。

10. "魏则西整个事件过程"，载 https：//www. sohu. com/a/73038639_393515，访问日期：2021 年 12 月 25 日。

11. 叶云夕："从谷歌流感趋势谈大数据分析的光荣与陷阱"，载 CSDN 网，https：//blog. csdn. net/u010999396/article/details/620709 68，访问日期：2022 年 1 月 20 日。

12. "从'事后理赔'到'疾病预防'京东安联保险推出全新百万医疗险"，载百度网，https：//baijiahao. baidu. com/s？id=1700699378437590178. wfr=spide&for=pc，访问日期：2022 年 5 月 1 日。

六、外文文献资料

1. Robert G. lee: "Confidentiality and Medical Records", from Clare Dyer, *Doctors*, *patients and the Law*, Blackwell Scientific Publications, 1992, p. 40.

2. *Mclnerney v. MacDonald* [1992] 93 DLR (4th) 415 (Can Sup Ct).

3. Annas G J. HIPAA Regulations—a new era of medical record privacy? New England Journal of Medicine , 2003, 348 (15), pp. 1486−1490。

4. Electronic Health Record Definition, Scope, and Context. ISO/TC 215 Technical Report, First Draft, July 2003, https://wenku. baidu. com/view/395e2f8d80c758f5f61fb7360b4c2e3f572725a3. html.

5. See Intersoft Consulting: 〈 GENERAL DATA PROTECTION REGULATION (GDPR) 〉, http://www. esrf. eu/GDPR.

6. See National Law Information Center: 〈ENFORCEMENT DE-CREE OF THE INFECTIOUS DISEASE CONTROL AND PREVENTION ACT 〉, https://www. law. go. kr/LSW/eng/engLsSc. do? menuId = 2&section = lawNm&query = % EA% B0% 90% EC% 97% BC +% EC% 98%88%EB%B0% A9&x = 15&y = 33#liBgcolor4.

7. Citizen Science: The Law and Ethics of Public Access to Medical Big Data Author (s): Sharona Hoffman, Source: Berkeley Technology Law Journal, Vol. 30, No. 3 (2015), pp. 1741 − 1805 Published by: University of California, Berkeley, School of Law, Stable URL: https://www. jstor. org/stable/10. 2307/26377581.

8. WHO/EURO (1978). The Declaration of Alma Ata: Conclu-

sions of the International /conference on Primary Health Care. Alma Ata, 6-12 September.

9. EFA (2006). Internet Censorship Laws in Australia. Electronic Frontiers Australia. North Adelaide, SA, Australia.

10. B. Mintzes, M. L. Barer, R. L. Kravitz. et al. (2003). How does direct-to-consumer advertising (DTCA) affect prescribing? A survey in primary care environments with and without legal DTCA, CMAJ, 169 (5), pp. 405-12.

11. G, . W. 't Jong. B. H. Stricker and M. C. Sturkenboom (2004). Marketing in the lay media and prescriptions of terbinafine in primary care: Dutch cohort study. BMJ, 17 April, 328 (7445), 931.

12. D. J. Graham, G. Campen, R. Hui et al. (2005). Risk of acute myocardial infarction and sudden cardiac death in patients treated with cyclooxygenase 2 selective and non-selective non-steroidal anti-inflammatory drugs: nested case-control study . Lancet, 365, 9456, 22 January (early online publication); Anon. (2005). Vioxx caused 88, 000 to 140, 000 cases of serious heart disease. Press Release, DrugInjuryLaw. com. Notes

13. See Nuffield Council on Bioethics, The Collection, Linking and Use of Data in Biomedical Research and Health Care: Ethical Issues, February 2015, p. 4.

后　记

卫生法学的发展与社会生活息息相关，大数据时代，健康医疗数据海量汇集，充分挖掘和运用健康医疗数据资源对人们健康的价值有目共睹。但是健康医疗数据犹如苦涩的海水，虽浩瀚但是并不能解渴。"天行健，君子以自强不息。"无疑，健康医疗数据保护和应用的法律问题值得探究。

由于健康医疗数据立法涉及法学、医学、互联网技术、医学伦理学等跨学科研究，加之本人才疏学浅，因此本书之写作，实乃对相关主题管窥一二，错漏之处，在所难免，恳请广大读者给予指正。

感谢中国政法大学大健康法治政策创新中心的对本书出版经费的大力支持！感谢北京市卫生健康大数据与政策研究中心的悉心指导和帮助！感谢泰康保险集团在本研究中的热情支持和鼓励！本书的写作，也参考了诸多相关专家学者的著述，虽极尽注释，也难免挂一漏万，在此一并致以谢意！

本书的出版，得到了中国政法大学出版社艾文婷编辑的大力支持和帮助，在此致以诚挚的谢意！

翟宏丽　于军都山下

2022 年 7 月